中国社会科学院创新工程学术出版资助项目

全球政治与安全报告（2016）

ANNUAL REPORT ON INTERNATIONAL POLITICS AND SECURITY (2016)

中国社会科学院世界经济与政治研究所
主　编 / 李慎明　张宇燕
副主编 / 李东燕

社会科学文献出版社
SOCIAL SCIENCES ACADEMIC PRESS (CHINA)

图书在版编目(CIP)数据

全球政治与安全报告.2016/李慎明，张宇燕主编.—北京：社会科学文献出版社，2015.12
（国际形势黄皮书）
ISBN 978-7-5097-8558-4

Ⅰ.①全… Ⅱ.①李… ②张… Ⅲ.①国际政治-研究报告-2016 ②国家安全-研究报告-世界-2016 Ⅳ.①D5 ②D815.5

中国版本图书馆CIP数据核字（2015）第302089号

国际形势黄皮书
全球政治与安全报告（2016）

主　　编／李慎明　张宇燕
副 主 编／李东燕

出 版 人／谢寿光
项目统筹／邓泳红
责任编辑／周映希

出　　版／社会科学文献出版社·皮书出版分社（010）59367127
地址：北京市北三环中路甲29号院华龙大厦　邮编：100029
网址：www.ssap.com.cn
发　　行／市场营销中心（010）59367081　59367090
读者服务中心（010）59367028
印　　装／北京季蜂印刷有限公司

规　　格／开 本：787mm×1092mm　1/16
印 张：17.5　字 数：265千字
版　　次／2015年12月第1版　2015年12月第1次印刷
书　　号／ISBN 978-7-5097-8558-4
定　　价／69.00元

皮书序列号／B-2002-014

主要编撰者简介

李慎明　第十二届全国人大常委会委员，第十二届全国人大内务司法委员会副主任委员。中国社会科学院原副院长、党组副书记，世界社会主义研究中心主任，研究员、博士生导师。中央马克思主义理论研究和建设工程咨询委员会委员、首席专家。全国哲学社会科学评审委员会国际问题组组长，国务院学位委员会第六届学科评议组政治组成员。中国政治学会会长、全国党的建设研究会副会长、中国中共文献研究会副会长、中共党史研究会副会长、中国科学社会主义学会副会长、中国国际战略学会顾问等。1978 年任《解放军报》记者。1983 年任中共中央办公厅、中央军委办公厅王震同志处秘书。1994 年任军事医学科学院副院长。1997 年被授予少将军衔。主要研究方向：党的建设、民主政治、国际战略。主要著作有《对习近平总书记所讲社会主义的体悟——科学社会主义理论与实践、机遇与挑战》《忧患百姓忧患党——毛泽东关于党不变质思想探寻》《居安思危——苏共亡党二十年的思考》《全球化背景下的中国国际战略》《全球化背景下的中国大党建》《王震传》（合著，上、下册），六集 DVD 党内教育参考片《苏联亡党亡国 20 年祭——俄罗斯人在诉说》总撰稿（2013 年 9 月 2 日，中央党的群众路线教育实践活动领导小组办公室向全党县处以上领导班子干部和领导干部发出《关于组织观看党内教育参考片〈苏联亡党亡国 20 年祭——俄罗斯人在诉说〉》的通知），数部作品获国家有关奖项。

张宇燕　经济学博士，中国社会科学院世界经济与政治研究所研究员、所长。中国世界经济学会会长，中国国际关系学会副会长，中华美国学会副会长。曾先后就读于北京大学和中国社会科学院研究生院。主要研究领域包括国际政治经济学、制度经济学等。著有《经济发展与制度选择》（1992）、《国际经济政治学》（2008）、《美国经济论集》（2008）等。

李东燕 中国社会科学院世界经济与政治研究所研究员，博士生导师，创新工程项目首席研究员。专业为国际政治，主要研究领域为联合国、全球安全与全球治理，研究成果包括《秘书长对联合国变革的影响：安南与潘基文之比较》（2008）、《如何评价联合国价值与价值整合》（2010）、《从国际责任的认定与特征看中国的国际责任》（2011）、《中国参与联合国维和建和的前景与路径分析》（2012）、《全球安全治理与中国的选择》（2013）等。

摘　要

《全球政治与安全报告（2016）》为“国际形势黄皮书”系列年度报告之一。报告旨在对本年度全球政治及安全形势的总体情况、热点问题及变化趋势进行回顾与分析，并提出一定的预测及对策建议。

在世界格局与国际安全部分，报告对中俄关系、中美关系、俄美关系，以及俄罗斯与七国集团关系的现状与趋势进行了分析。在这部分中，还包括了中国的周边安全环境、全球武装冲突及全球军事形势等内容，并对特殊转型期中国周边安全环境所面临的挑战与机遇进行了重点评析。在全球问题与全球治理部分，作者关注了网络安全、恐怖主义、能源安全、气候变化、国际难民等全球重大问题的应对与治理。本报告还对中国的“一带一路”倡议、中国的海外利益保护、世界战争与和平问题及联合国 70 周年做了专门讨论。作为年度热点受到关注的有乌克兰局势、2015 年全球选举情况、南海问题及西亚北非局势。此外，本报告也对一年来国际关系研究的进展及主要国家智库在国际政治、国际安全和全球治理领域的成果进行了梳理和点评。

作者通过事实梳理、数据分析、政策分析等途径，阐释了本年度国际关系及全球安全形势的基本特点，并在此基础上提出了具有启示意义的前瞻性结论。本书兼具知识性、理论性、战略性和对策性之特点，可供国际问题研究者、外交决策者及对国际问题感兴趣的广大读者阅读。

目录

Ⅰ 总论

Ⅱ 世界格局与国际安全

Ⅲ 全球问题与全球治理

Ⅳ 专题·热点

Ⅴ 国际关系研究与智库

Ⅵ 特 稿

皮书数据库阅读**使用指南**

总　论

Introduction

Y.1
2014 ~2015年全球政治与安全形势：分析与展望

《全球政治与安全报告》课题组*

摘　要：2014 ~ 2015 年度，全球政治与安全形势延续了上一年的发展态势，虽然没有新的冲突热点出现，但原有的热点问题出现了或解决、或缓和、或僵持等不同的发展走向，从中折射出当前世界格局多元化和大国关系冲突与合作并存的两面性。中俄关系仍然处于历史上最好的时期；中美关系的冲突一面有所上升，但在习近平访美之后，被成功地导入了合作与对话的渠道；俄美关系中冲突的一面不变，但合作的因素在伊朗核问题之后有所提升。中国的周边安全形势依然复杂多变，

* 本文参考了本书相关分报告，执笔人郎平，并由李慎明、张宇燕修改定稿。郎平，中国社会科学院世界经济与政治研究所副研究员。

中日关系因钓鱼岛问题陷入低谷，短期内很难改善，而南海问题虽然更加复杂，涉及国家众多，但基本处于可控的状态。中国外交主动塑造周边安全环境和参与国际事务的能力显著增强，“一带一路”战略得以顺利推进，周边外交、首脑外交和多边外交均取得了积极的效果，展现出中国新时期外交的大国面貌和卓越风范。

关键词： 国际形势　大国关系　打击“伊斯兰国”行动　欧洲难民危机　中国周边安全

2015 年是世界反法西斯战争胜利与联合国成立 70 周年，然而和平对于一些地区而言仍是可望而不可即。我们看到了持续 12 年的伊朗核危机最终达成政治解决方案、阿富汗战争落下帷幕、缅甸全国全面停火协议签署，同时也看到恐怖主义、教派冲突仍然在中东和南亚等地区猖獗肆虐，乌克兰冲突时断时续，叙利亚、也门炮火纷飞，大批民众逃离家园成为难民，而欧洲也遭遇了数十年来最严峻的难民危机。和平与发展仍然是国际关系的两大主题，在当前日趋多极化的世界格局背景下，只有携手合作，建立符合大多数国家利益的公正合理的国际秩序，才能实现世界和地区的和平与发展、稳定与繁荣。

一　安全局势与热点问题

2014 ~2015 年度，全球重大武装冲突的数量比上一年度略有上升，但冲突地区并没有大的变化，主要集中在中东、南亚和非洲东北部。总的来看，本年度并没有出现新的冲突热点，原有的冲突热点除伊朗核问题之外，大多处于胶着态势，很难在近期内显著改观，但一些新的重要动向仍然值得关注。

（一）俄罗斯军事介入打击"伊斯兰国"行动

自从美军2014年8月8日发动空中打击"伊斯兰国"行动以来，国际联盟的打击行动虽然取得了一定成果，遏制了"伊斯兰国"的持续扩张，但是由于联盟内部的分歧以及美国在叙利亚问题上缺乏有效的应对战略，空袭行动并没有从根本上抑制"伊斯兰国"的攻势。在这种背景下，从9月30日开始，俄罗斯强势介入叙利亚局势，对叙利亚境内的"伊斯兰国"武装发动了密集的空袭行动，重创"伊斯兰国"40%的基础设施，叙利亚政府军趁机发动地面攻势，收复了多个村镇，收到了明显的效果。到目前为止，俄罗斯的介入对中东北非地区的政治生态和地区力量格局已经产生了深远的影响。

首先，它直接冲击了美国对"国际反恐阵营"的领导力和影响力，或成为俄美展开新一轮较量的场所。俄罗斯在空袭行动开始之后，就提出与美国就打击"伊斯兰国"进行分工合作，由美国政府负责伊拉克境内的打击行动，俄罗斯则负责叙利亚境内，叙利亚总统也提出组建包括俄罗斯在内的反"伊斯兰国"军事联盟。但是，俄罗斯的建议遭到了美国的拒绝及其他一些国家的批评，认为俄罗斯军队主要是以反政府武装而非"伊斯兰国"激进分子为攻击目标，这样只会招致更多激进分子的反抗。

其次，俄罗斯的介入为叙利亚政府提供了强大的军事和政治支持，也将导致该地区其他力量的重新站队。在俄罗斯空袭问题上，中东北非国家态度不一。沙特阿拉伯、卡塔尔和土耳其与西方国家在推翻巴沙尔政权上立场一致，它们对俄罗斯的军事行动表示了担忧；埃及因视叙境内三大恐怖组织之一的穆斯林兄弟会为死敌而对俄罗斯表示支持，特别是伊朗与俄罗斯在稳固巴沙尔政权上利益一致，更是对俄罗斯的介入给予了最大的支持。俄罗斯的介入很可能会增加伊朗的砝码，伊朗试图获得地区事务主导权的外交空间大大增加；土耳其内忧外患明显，其崛起的势头可能会进一步被抑制；以色列尽管与伊朗结怨甚深，但迄今为止在推翻巴沙尔政权上立场相对保守，俄罗斯军事介入之后，以色列很可能调整其政策立场，明确站在美国一边，以压制伊朗的势力坐大。

再次，俄罗斯的军事行动还有可能促使美国等西方国家调整在叙利亚问题上的立场，为叙利亚危机的政治解决提供新的契机。10 月 19 日，美国国务卿克里表示，将在本周晚些时候和俄罗斯、土耳其、沙特阿拉伯和约旦等国领导人举行会晤，商讨重启政治解决叙利亚局势的各种途径。① 是否允许巴沙尔政权的参与是当前叙利亚政治解决进程的一个主要分歧，美国等西方国家和部分阿拉伯国家坚持叙过渡进程中没有巴沙尔的位置，而俄罗斯、中国等国家则认为，作为叙利亚政府的代表巴沙尔应该参加。俄罗斯对叙利亚危机的深度介入导致叙利亚局势出现了明显的变化，它很可能促使美国和西方重新调整叙利亚政策，将叙利亚政府纳入国际打击“伊斯兰国”的统一战线之中，以进一步推动叙利亚问题的政治解决，而叙政府军在反恐地面战中获得的战略优势，无疑也将增加巴沙尔政权在未来叙政府中的筹码。

最后，俄罗斯的军事行动有助于改善俄罗斯的国际形象，转移因乌克兰危机而带来的国际压力。自乌克兰危机以来，俄罗斯始终无法摆脱美国和欧盟国家制裁的困境。此次在美国等西方国家打击“伊斯兰国”为期一年未果的情况下，果断出击并取得显著战果，大大提升了俄罗斯勇于承担国际责任的大国形象。更为重要的是，如今欧洲各国正遭遇着近年来罕见的难民潮，对欧洲国家的经济、政治、社会和欧盟的一体化进程带来了巨大的冲击，如果俄罗斯的军事行动能够推动叙利亚局势的缓和，那么这对欧洲国家而言无疑是帮了一个大忙，对于缓解俄罗斯与欧盟的关系、取消对俄经济制裁也提供了有利的政治条件。

（二）欧洲遭遇严峻的难民危机

近一段时期以来，受中东、非洲安全局势的影响，数十万难民涌向欧洲，欧洲因此遭遇了数十年来最严峻的难民危机。在陆路上，经由土耳其－希腊－马其顿－塞尔维亚－匈牙利一线的难民潮严重失控，而地中海区域因

---

① 《美国务卿谈打击“伊斯兰国”寻找政治解决途径》，中国新闻网，2015 年 10 月 20 日。

为海难翻船事件频发则变成了迁徙者的死亡之路。9 月 9 日，欧盟委员会主席容克公布了 12 万难民的分摊方案，在欧洲各国引起了极大的争议。

从目前的形势来看，欧洲难民危机将会持续发酵，它的影响是多方面的。首先，欧洲难民危机进一步加剧了东西欧成员国之间的分裂，对欧洲的一体化进程带来新的问题和考验，并且很有可能会影响到一些国家的政局和政策走向。其次，难民危机对欧盟经济上的影响具有两面性，从近期看会加大欧盟各国的财政负担和社会不稳定因素，但从长期看也有可能缓解欧洲国家日益严重的老龄化和劳动力短缺的问题。最后，从国际关系视角来看，难民危机的深化不仅会影响欧洲难民接纳国之间的关系，也影响着欧洲接纳国与难民中转国、难民输出国之间以及与难民问题成因等涉事国之间的国际关系，俄罗斯此次出兵叙利亚，也间接缓解了欧洲的难民危机，对于推动俄罗斯与欧盟关系的改善创造了条件。一帆风顺未必是好事，遭遇危机也不尽是坏事，欧洲难民危机是对欧洲凝聚力和欧洲未来前景的一次重要考验，但或许也能成为加强国际合作、助力全球难民问题解决的一次契机。

（三）伊朗核问题全面协议签署

2015 年 7 月 14 日，伊核问题六国（美国、英国、法国、俄罗斯、中国和德国）和伊朗经过近 12 年的马拉松式的艰苦谈判，达成了历史性的伊核问题全面协议——《共同全面行动计划》，这也是本年度国际安全局势的一个亮点。伊朗放弃部分核计划换取西方解除对其经济和金融制裁，延续 12 年的伊核问题终于有了一个全面的政治解决方案，而伊朗也将从长达 10 年的国际制裁中得以解脱，这是美国调整伊朗政策、两国政策相向而行的结果。伊朗核问题的僵局已经打破，而考虑到各方采取措施的进度，国际制裁的最终解除很可能会持续数年，但对于伊朗核协议得以全面落实的前景是比较乐观的。

伊朗核协议的签署对各方而言都是一个共赢的结果。首先，迎来后制裁时代的伊朗将会获得更大的经济发展和外交空间。伊朗在维护了民族尊严的同时，得以打破外交孤立，保持和平利用核能的权力。其次，美国也得以更

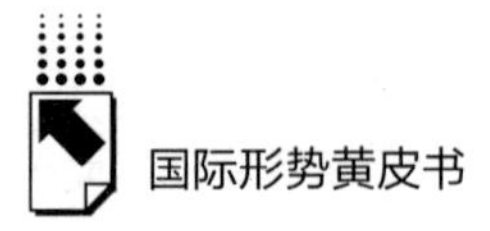

从容地从中东的泥潭中脱身，将战略重心转向亚太，实现其全球战略的“再平衡”。最后，伊朗在中东的影响力将会迅速提升，基于其在叙利亚、伊拉克等问题上的独特作用，有望成为该地区最重要的地缘政治力量和地区大国。但是，考虑到美国在中东地区的均势政策，伊朗也不可能超越土耳其、沙特和以色列而成为中东事务的主导者。

（四）乌克兰危机暂现缓和迹象

乌克兰东部局势暂时有所缓和，但大国力量的博弈介入其中，乌克兰问题的根本解决仍然不太现实。2015 年 2 月，乌克兰东部战火重燃，俄、德、法、乌四国领导人签署了新的《明斯克协议》，为乌克兰带来了短暂的和平。9 月 29 日，与解决乌克兰东部冲突问题有关的各方在明斯克达成了后撤重武器协议，为推动乌克兰危机的解决迈出了重要的一步。10 月 20 日，乌克兰军方表示，已开始进行武器后撤第二阶段工作，顿涅茨克州杰巴利采沃市后撤工作已经开始。乌克兰东部的局势虽然有所缓和，但是乌克兰问题的最终解决仍然希望渺茫，无论是联邦制还是芬兰化的解决方案均已被乌克兰当局否决。欧盟希望通过与俄罗斯的对话和平解决乌克兰危机，美国则考虑对乌克兰提供更多的援助，在大国战略分歧的背景下，俄罗斯与乌克兰政府都很难从当前的政治立场撤退。因此，当前对解决乌克兰危机而言最好的情况是俄罗斯能够释放更多的善意，美国和欧洲的立场也可以更加灵活，从而维持当前冲突缓和的局面。

（五）阿富汗战争落幕，美国延缓撤军

2014 年 12 月 28 日，随着北约官员宣布驻阿部队作战任务正式结束，阿富汗战争最终落下帷幕，但政府军与塔利班武装的战斗仍在进行，阿富汗政府战后清剿的任务仍然十分艰巨。按照美国总统奥巴马的撤军计划，驻阿美军人数将于 2015 年底降至约 5500 人，2016 年底降至约 1000 人。随着形势发展，尽管阿富汗政府部队打击反叛武装的行动取得了进展，但阿富汗的安全局势依然脆弱。2015 年 10 月 15 日，奥巴马宣布将放缓从阿富汗撤军

的计划，将阿富汗驻留的5500名美军士兵的撤军延长至2016年后，以帮助训练阿富汗部队和协助打击"基地"组织残余力量。

对阿富汗政府而言，美国延缓撤军有助于帮助仍然不够强大的阿富汗安全部队稳固国内局势；对美国政府而言，维持一定的军事存在，可以巩固此前的战斗成果，并凭借在阿的军事基地，遏制塔利班的攻势和极端组织"伊斯兰国"在阿境内的崛起，同时打击"基地"组织残余势力，为美国和北约在阿富汗的持续军事行动创造条件。10月19日，阿富汗安全部队与塔利班武装分子在阿富汗西部赫拉特省爆发激烈交战，这也表明，尽管奥巴马政府迫切希望体面地结束阿富汗战争，但是在阿富汗缺少强有力的政府和军队的情况下，美国在阿富汗的军事存在预计将会持续相当长的一段时期。

二 大国关系与国际格局

继2014年大国关系的跌宕起伏之后，2015年的大国关系仍然处于深化演变之中。从发展态势来看，中俄关系稳步加深，在"结伴不结盟"的道路上继续前进；中美关系仍然保持着合作与冲突并进的势头，合作在加强，但大国间冲突的疑虑也在增加；俄美与俄欧关系在乌克兰危机之后始终在"冰点"徘徊，双方的对立在短时期内难以消除。但无论大国关系在各自的轨道上如何演进，它们都无法背离当今世界多元化的国际格局。面对这一趋势，建立国际机制、以制度规则协调关系和利益的方式成为处理全球事务的主要方式，面对诸多安全问题和挑战，开展国际合作就成为现实的首要选择。本年度几对大国关系的基本情况如下。

（一）中俄关系

中俄关系在近一年中的表现比较符合其战略协作伙伴关系的定位。2015年，中俄在各个领域的合作都取得了新的进展：中俄战略协作伙伴关系的发展也惠及两国的普通民众，俄罗斯"列瓦达"分析中心10月14日的民调结果显示，87%的俄罗斯民众看好俄中关系。[①] 中俄关系之所以能够保持如此良好的互动，是因为它符合两国当前的战略利益诉求。但更应该看到，这并不意味着两国之间没有利益分歧的隐忧。无论在经济层面还是政治层面，都还存在一些影响因素，包括某些利益上的不一致。当然，这些不一致并不必然会成为两国关系中的负面因素，毕竟两个国家尤其是两个大国之间不可能在所有重要的利益关切上都能够实现战略协作。只要中俄两国充分尊重对方的利益诉求，理性、务实地看待双边关系，增强政治互信，中俄关系就能够继续成为两国实现各自对外战略目标的重要支撑，而不必刻意追求共同的外交立场。

（二）中美关系

过去一年中，中美关系并没有打破以往的态势，合作有增无减，竞争仍在多个领域继续，但是两国间的互疑情绪似乎达到了一个新的顶点。从积极的一面看，两国间的经贸合作再创新高，军事交流向制度化方向发展且级别和范围大大扩展，在伊朗核问题、朝鲜核问题、气候变化、反恐等问题上协调立场。从消极的方面看，中美两国在商业、意识形态、政治、外交和科技等各个领域几乎都存在竞争关系，从TPP、南海问题到网络间谍的指责，本质上都事关地区和国际秩序主导权的争夺。中国是崛起的大国，美国是守成的大国，两国之间是否会因为争夺世界的主导权而爆发大国间的冲突，一时间各种担忧和疑虑随之而来。

2015年9月22日，中国国家主席习近平对美国的首次国事访问正是在这样的氛围下进行的。9月26日，中国外交部公布了长达49项的习近平访美中方成果清单，涵盖新型大国关系、双边务实合作、亚太地区事务、国际与地区问题以及全球性挑战等多个领域的热点问题。在最为敏感和备受关注的网络安全问题上，两国领导人就投资安全审查、网络窃取知识产权、对恶

① 《俄媒：俄民众比较看好中俄关系　74%认为俄美关系不佳》，《环球时报》2015年10月15日。

意网络活动提供信息及协助等问题建立了合作和对话机制。习近平访美的重要意义不仅仅在于这49项成果清单，更重要的是两个大国的领导人向国际社会宣示了不对抗、不冲突、以对话方式解决分歧的政策立场，中美两国在网络安全领域的冲突是两国整体关系的一个结构性缩影。无论中美关系中的不和谐因素如何，相信中美两国政府都能够将其控制在适当的水平上，建立有效的危机管理与对话机制，改善双方的舆论环境，从而维护两国关系的整体稳定。

（三）俄美、俄欧关系

2015 年，俄罗斯与西方国家的关系表现出了对立与合作的两面性。一方面，乌克兰危机继续发酵，短时间内很难达成最终的解决方案，俄罗斯与西方国家通过相互交替进行频繁和大规模的军演向对方展示了自身的军事实力，有西方媒体将其称为“凉战”，而欧盟延长对俄罗斯的经济制裁也加剧了俄罗斯的经济困境。另一方面，俄罗斯 2015 年在伊朗核问题的政治解决过程中发挥了积极作用，并得到了美国总统奥巴马的赞扬，奥巴马表示他对两国关系出现进一步缓和充满希望。此外，自 2015 年 9 月起，俄罗斯突然加强其在叙利亚的军事力量，以稳固巴沙尔政权。奥巴马则希望俄罗斯直接参与现有的打击“伊斯兰国”行动，接下来就出现了俄罗斯 9 月 30 日空袭叙利亚境内“伊斯兰国”武装力量的一幕。

从目前的形势判断，乌克兰问题与核裁军及北约东扩问题一样，是俄罗斯与西方国家在战略底线上的较量，俄罗斯不可能在立场上后退，而俄美之间的战略对抗暂时也没有升级为“热战”或“冷战”的风险。俄罗斯此次军事介入叙利亚危机走势如何是判断其与西方国家关系的一个重要参照，如果双方能够在打击“伊斯兰国”问题上联手合作，那么这就会大大缓和俄罗斯与西方国家的关系。如果美国拒绝俄罗斯的介入，对俄罗斯采取排斥的立场，那么叙利亚问题也很可能成为俄罗斯与美国之间角力的新场所。对于欧盟而言，由于地缘因素和能源依赖，欧盟始终将和平的欧洲作为外交政策的首要目标，但是考虑到乌克兰危机可能导致在欧洲东部再现与西方国家对峙的俄罗斯阵营，从而触及欧盟的战略底线，因此欧盟一改之前对俄的温和立场，在对俄态度上与美国表现出高度一致。简言之，俄罗斯与西方国家的关系根源于双方结构性的战略利益冲突，这也意味着这种对立状态在近期内很难发生质的改变，但是这并不妨碍双方在具有共同利益的问题上进行合作。

三　中国周边安全形势与中国外交

中国周边安全形势在总体上仍然延续了前几年的发展态势，竞争博弈加剧，海洋领土争端升级，但合作与对话仍占主流，基本上不存在失控的风险。从地区来看，中国周边地区热点问题此起彼伏，朝鲜半岛局势扑朔迷离，中亚地区“三股势力”仍然猖獗，东南亚和南亚反恐形势依然严峻，缅甸政局动荡不安。然而，对中国周边安全形势影响最大的莫过于南海的海洋主权权益之争和东海的钓鱼岛争端，在这些争端的背后，是美国强化“亚太再平衡”战略，直接介入东海和南海争端以及谋求亚太主导权的一系列战略举措，这直接导致中美关系在亚太地区的竞争性加剧。在上述背景下，中国的周边安全形势和中国外交在过去一年中出现了几点新的变化。

（一）南海争端热度不减，但可控性逐渐增强

2015 年 5 月 29 ~ 31 日举行的香格里拉对话可以看作是南海争端相关国家政治立场的如实展示。在此次会议之前，美国以高调的舆论介入南海争端，包括美国国务卿克里访华就南海问题对北京施压，美国国防部长卡特呼吁中国立即停止南海填海造岛。美国政府的强硬立场对其南海的盟国提供了舆论和行动的支持，但本质上讲，中美在南海问题上的分歧并没有达到不可调和的程度。

在香格里拉会议上，美国国防部长卡特呼吁有关声索国停止在争议岛礁上填海造岛的表态更如实地显示了美国的战略意图：一方面对中国政府施压，强化美国在南海的军事存在和战略布局；另一方面也不希望事态升级到两败俱伤的地步。对于其他声索国来说，除菲律宾立场强硬之外，其他声索

国并不情愿与中国直接对抗，而是选择在中美之间寻求平衡，尽可能实现本国利益的最大化，在南海问题上通过双边或适当的多边外交途径加以解决。从总体上看，南海争端的走势仍将在很大程度上受到美国亚太战略布局的影响。考虑到声索国和该地区大部分国家对于发展和稳定的利益诉求，中国政府应该建立起更有效的对话机制，与相关国家进行积极的沟通，争取在最大限度上将南海争端的负面效应降至最低，确保南海地区实现冲突可控下的相对稳定。

（二）日本“扩军修宪”，中日关系对抗性加剧

2014 年 11 月，中日关系曾经随着两国领导人会晤并达成“四点共识”而一度有所缓和，但是在日本政坛不断强化的右倾化趋势下，却显得极为苍白无力。近一年来，安倍政府采取多项举措，力争加快推进“军事正常化”步伐。此外，在对外关系中，在美国的背书下，日本强化了与菲律宾、越南、马来西亚、印度等国的防务合作，帮助其进行海上能力建设，并且积极参与越南、马来西亚等国在南海争议海域的油气勘探开发。安倍政府还提出了“积极和平主义”国家安保战略，更加积极主动地参与地区和国际秩序的构建，体现在中日关系上，就是遏制中国的指向性更加明确，两国武装舰艇在钓鱼岛争端海域的冲突和小规模交火时有发生。

安倍政府的对外安全战略和对华政策的定位是与美国的亚太战略布局、中日力量对比以及日本国内民意的支持分不开的。就国内民意因素看，在二战结束 70 年之际，日本国内民众对成为正常国家的渴望，再加上右翼势力的根深蒂固，加速推进日本摆脱“战后体制”，实现所谓的“正常国家”。中日关系当前的困局主要缘于地区力量的结构性变化，两国间要想建立政治互信并非一日之功。在当前的态势下，两国应该积极展开消极合作，建立冲突的管控机制，在钓鱼岛问题上保持克制，明确彼此的底线，避免局势进一步恶化而最终危及两国间其他领域的合作与交往。中国政府应该通过经济、社会、文化等多种渠道，大力发展两国民间交往，努力改善中国在日本民众心目中的形象，毕竟民意才是国家政治的基础。

（三）中国外交更加积极主动，彰显大国风范

2014 年 11 月召开的中央外事工作会议为中国新时期的外交工作提出了新的理念和策略，确立了周边在我国发展大局和外交全局中的重要战略地位。如果用几个关键词来总结，那就是“打造周边命运共同体”“亲诚惠容”“互利合作”“互联互通”。在上述理念的指导下，中国外交出现了几个可圈可点的新变化。

第一，积极推进周边战略和“一带一路”建设的实施。设立丝路基金，倡议成立了亚洲基础设施投资银行，在美、日两国缺席的情况下，其意向创始成员国达到 57 个，遍及亚洲、欧洲、非洲、南美洲和大洋洲。从经济上看，亚投行的成立有利于加快亚洲的地区经济发展和区域经济一体化，从政治上看更是凸显了大多数国家对中国“合作共赢”外交理念的认同。

第二，将大国外交、首脑外交和经济外交完美融合。中国国家主席习近平在 2015 年前 9 个月里三度会晤俄罗斯总统普京，将中俄战略协作伙伴关系全方位地提升到了一个新的高度。9 月，习近平对美国进行了首次国事访问，两国就共同关心的问题以及两国间有关网络安全等重要分歧坦诚交换了意见，在多个领域达成了丰硕的成果。10 月，习近平首次出访英国，在经贸投资领域达成数十项合作协议，在金融业、“一带一路”建设、基础设施项目、合作打击网络犯罪等多个领域取得突破，赋予战略伙伴关系新的内涵。

第三，参与区域和国际组织等多边框架下的合作，积极介入国际事务。在过去一年中，中国支持并推动了上海合作组织的首次扩容，计划接纳印度和巴基斯坦成为新的会员国，这对维护区域安全和推动印巴两国的深度和解有着重要的历史意义。此外，中国还积极参与了伊朗核问题、朝鲜半岛问题等热点问题的解决，其中最令人称道的是中国政府公开为阿富汗和谈斡旋，敦促巴基斯坦政府展开军事行动打击激进组织，以推动阿富汗的和解进程。美国《纽约时报》认为，这是北京首次就一项既敏感又重要的地缘政治事务担当真正的领导角色，标志着中国的外交政策发生显著转变，开始走入大

国角色。[①] 在纪念世界反法西斯战争胜利 70 周年和联合国成立 70 周年之际，中国领导人访问了联合国，出席了联合国举行的系列峰会，向世界传达了中国具有新意的外交理念与承诺。

结　语

本年度全球政治与安全形势的主题词是叙利亚危机、乌克兰危机和伊朗核问题，前两者更多凸显了大国间博弈冲突的一面，而伊朗核问题的政治解决则更能体现大国间合作的积极效应。从这些热点问题来透视世界格局和大国关系，可以看到世界格局的发展正处于一个历史性的转折点，而大国关系日渐呈现出一种多元化的新趋势：冲突与合作并存。没有任何一个国家可以独自面对当前世界面临的重大问题和挑战。在复杂多变的国际形势和周边安全环境下，中国外交为中国的和平发展承载了更多的战略目标，无论是亚洲基础设施投资银行的成立还是阿富汗和谈的斡旋，抑或是习近平的首脑外交，中国外交主动塑造周边安全环境和参与国际事务的能力显著增强，逐渐展现出大国外交的智慧和气魄。

但是，不可否认，中国外交仍然面临着诸多的挑战。一方面，一些国家对于中国政府提出的和平倡议以及战略意图仍然心存疑虑，中国与美国以及周边国家在南海、东海等领土海洋争端上的立场在短期内难以调和，中国对于国际组织规则和世界秩序的塑造能力还有很大的提升空间。另一方面，中国外交在参与国际事务和承担更多的国际责任方面仍然欠缺经验和沟通技巧，在一些热点问题上还没有提出自己的方案，在介入国际事务时还显得有些小心翼翼。因此，对于刚刚开始进入大国角色的中国而言，中国外交还需要经过更多的历练，积累更多的经验，具有更大的智慧和勇气，唯其如此，才能更好地助力中国的和平发展。

---

① Andrew Small, "Chinese Foreign Policy Comes of Age," *The New York Times*, Mar. 26, 2015.

世界格局与国际安全

World Patterns and International Security

Y.2
大国关系——状态与走势

王鸣鸣*

摘　要：中俄关系政治基础良好，虽然经济合作还有待进一步推进，但只要中俄双方从大处着眼，选对道路、坚定信心，两国领导人共同确定的两国关系总目标就有望实现。中美之间在2015年有一些新的亮点，如习近平主席成功访美、双边军事交流继续、经贸关系稳定等，但中美之间的战略互疑仍存。俄罗斯与西方国家的紧张对立关系继续，主要表现在乌克兰东部冲突、西方国家对俄罗斯的经济制裁、军事上互秀肌肉以及在叙利亚危机中的较量。总之，2015年中俄关系仍然向好、中美之间互疑继续、俄罗斯与以美国为首的西方国家的对立未改。

* 王鸣鸣，中国社会科学院世界经济与政治研究所研究员，主要研究领域是外交政策。

关键词： 中俄关系 中美关系 七国集团 俄罗斯

回顾2015年大国关系，除中俄之间保持了过去几年友好合作、彼此支持、互利互惠的局面外，中美关系在网络安全和东海、南海问题面前显得有些脆弱，究其原因还是两国之间战略互信缺失和对对方的失望，这其中舆论氛围的作用不可小觑。俄罗斯与西方国家关系由于乌克兰东部冲突和克里米亚入俄而出现的严重倒退有所加速，西方的制裁更是深化了两方对立情绪。中俄关系友好、中美战略互疑以及俄罗斯与以美国为首的西方国家对立的这种大国关系特点已经延续数年且不断发展。

一 中俄关系：继续向好

中俄关系是当今世界上最好的大国关系之一。2015年，两国领导人仅前九个月就三度会面。在经济、军事和人文领域的一系列互动措施显示，中俄战略协作伙伴关系达到了一个新高度，在务实合作方面有了新进展，这一趋势符合两国各自的国家利益。

（一）两国在各领域的合作取得新进展

2014年，两国签署《中俄关于全面战略协作伙伴关系新阶段的联合声明》使两国关系得到全面升级，这一文件作为指导新世纪中俄关系的纲领性文件，概括了中俄关系的主要原则和精神。2015年，两国在多领域合作表明双方努力践行了这些原则和精神。

在政治方面，两国领导人相互出席了对方举办的二战胜利70周年庆祝和纪念活动，共同发表《中俄第十一轮战略安全磋商关于第二次世界大战胜利及联合国成立70周年的联合声明》，庄严承诺“中国和俄罗斯将以二战胜利和联合国成立70周年为契机，恪守《联合国宪章》宗旨和原则，共同倡导国际社会构建以合作共赢为核心的新型国际关系”。[①]

在战略合作领域，双方共同签署并发表了《关于丝绸之路经济带建设与欧亚经济联盟建设对接合作的联合声明》，指出双方将“努力将丝绸之路经济带建设和欧亚经济联盟建设相对接……通过双边和多边机制，特别是上海合作组织平台开展合作”。[②] 声明的签署说明双方已就各自关切的国家对外战略规划的重叠部分达成了合作共识。

为落实战略协作伙伴关系的原则和精神，双方在经济领域的务实合作取得了诸多具体成果。第一，在习近平出席俄方举办的二战胜利庆典期间，中俄双方就“莫斯科—喀山”高铁项目投融资模式签订了谅解备忘录，被称为中国高铁海外第一单。第二，在普京出席中方举办的抗战胜利 70 周年庆典期间，中俄石油公司签订了共同开发油气田的“合作框架协议”，表明两国的能源合作上了一个新台阶。第三，2015 年，中俄在金融、能源、技术等领域还达成一些具体协议或意向，包括俄罗斯成为亚洲基础设施投资银行意向创始成员国，并成为中印之后的第三大股东；国家开发银行分别与俄罗斯的储蓄银行、外贸银行、外经银行三家金融机构签署金融合作协议，共同支持中俄经贸合作项目及俄远东地区发展；俄罗斯超越沙特阿拉伯，10 年来首次成为中国的头号石油供应国等。[③]

在军事合作领域，5 月，中国和俄罗斯海军在地中海海域举行代号为“海上联合－2015”的军演；8 月，中俄两军在彼得大帝湾海域、克列尔卡角沿岸地区和日本海海空域举行代号为“海上联合－2015（Ⅱ）”的联合军演，这是中国海军第一次在日本海海空域展开军事活动。中俄两国之间的“海上联合”系列演习从 2012 年开始，已经基本机制化。从中国与其他国

① 《中俄第十一轮战略安全磋商关于第二次世界大战胜利及联合国成立 70 周年的联合声明（全文）》，新华网，http：//news. xinhuanet. com/world/2015－05/26/c_ 127840601. htm，登录时间：2015 年 9 月 17 日。

② Global Law 网站：参见 http：//policy. mofcom. gov. cn/section/gjty！ fetch. action？ id = TOEL000080，登录时间：2015 年 9 月 17 日。

③ 《俄媒：俄罗斯取代沙特成最大对华石油供应国》，中国新闻网，http：//finance. chinanews. com/ny/2015/06－24/7362218. shtml，登录时间：2015 年 9 月 18 日。

家海军之间举行的演习来看，中俄海军的联合演习机制化程度比较高，这也反映出中俄两国军队有较好的互信基础。

（二）中俄合作中面临的困难

尽管2015年中俄战略协作伙伴关系有所提升，务实合作也有不少新进展，两国关系正面临迄今历史最好时期，但是，两国关系在发展中仍然面临一些困难，有些不利因素非一年或几年就能消除。

首先，2015年，由于能源和大宗商品价格暴跌以及西方国家制裁，俄罗斯经济已从增长放缓或停滞转为衰退，这势必严重影响到中俄经济合作项目的实施和俄罗斯对中国商品的需求。中国经济进入“新常态”和增速放缓已成定局，这种状况削弱了中国对俄的美元投资能力，进而会影响到中俄之间的项目合作。

其次，2015年上半年，中俄两国贸易额较上年同期下滑30.2%，仅311亿美元。其中，中国对俄出口同比下降36.2%，至146亿美元；俄对华出口下降23.9%，至165亿美元。[①] 由此看来，全年1000亿美元目标已无望实现，而且会有较大幅度的下降。2014年，中国是俄罗斯的头号贸易伙伴，中俄贸易占俄外贸总额的11%；俄罗斯在中国的贸易伙伴中列第9位，占中国外贸总额的2%。[②] 双边贸易大幅下滑以及双边贸易占比的差距使两国经济合作的扩大颇为艰难。

再次，虽然“一带一路”与欧亚联盟的“对接声明”表示俄罗斯已经认可中国政府这一倡议的正面作用，但其如何在欧亚联盟国家落地则有诸多复杂而又具体的问题。“一带一路”不仅仅是修路造桥，还包括金融、能源、商品的合作与互通，而这些牵扯到俄罗斯的传统市场，具体操作中会否

---

① 《中俄贸易额急剧下跌　俄媒：或因多年积累的问题》，《参考消息》2015年7月15日，http：//www.cankaoxiaoxi.com/finance/20150715/850422.shtml? fr = pc，登录时间：2015年9月18日。

② 《2014年中俄贸易总值突破950亿美元增长6.8%》，中国网，http：//news.china.com.cn/world/2015 -01/14/content_ 34554821.htm，登录时间：2015年9月18日。

有阻力又另当别论。而且“一带”通过的是欧亚联盟国家，对于中国来说最便捷的平台当然是俄罗斯主导的欧亚联盟，以上合组织作为实施平台似有舍近求远的意味。

最后，在对方某些重要甚至是核心利益上两国难以做到“战略协作”。例如，克里米亚入俄问题和乌克兰东部冲突问题是俄罗斯的核心利益，但中国无法与之协作；叙利亚内战如何解决也是俄的重要利益，中国也难以与美欧立场针锋相对；东南海岛礁之争是中国的重大利益，俄罗斯因顾虑与日本和东盟国家的关系或东进战略前途而选择沉默。

总之，中俄关系政治基础良好，经济合作还有待于进一步推进。但只要中俄双方从大处着眼，选对道路、坚定信心，从小处着手，求真务实、互利互惠，中俄两国领导人共同确定的两国关系总目标就可以实现。

二　中美关系：互疑仍存

正如2014年的中美关系并未借习奥“庄园会”和新型大国关系的提出而出现人们所期盼的转折一样，“瀛台会”和美方提前7个月宣布邀请习近平主席访美也未能让2015年前9个月的中美关系明显改善。

（一）中美在交流合作中取得的积极成果

中美之间在过去的一年有一些新的亮点。

首先，两国经贸关系所发挥的“稳定器”和“压舱石”作用并未改变。2014年中美双边贸易额达到创纪录的5551亿美元，2015年上半年比上年同期增长4%，[①] 两国互为第二大贸易伙伴。中美还将组建合资公司，建设并经营美国西部快线高速铁路，这也是中国在美国建设的第一个“高速”铁路项目。

---

① 《2015年上半年我国对美贸易顺差扩大23.2%》，新华网，http://www.xinhuanet.com/live/20150713x/index.htm，登录时间：2015年9月18日。

其次，中美军事交流向制度化方向发展。2015 年初，由来自一线作战部队的舰长或副舰长组成的中国海军代表团访美，与美国海军一线指挥官进行互动，这是中国首次派出一线指挥官赴美交流。6 月，国家军委副主席范长龙访美，这是 6 年来中国军方这一级别的领导人首次访美。下半年，美国国防部长卡特也应邀访华。也就是说，这一年两国军方的低层和高层都实现了互访。双方在 2014 年 11 月签署的关于"两个互信机制"的谅解备忘录的基础上，完成了关于空中相遇安全和危机沟通的新增附件。

再次，2014 年，美国旅华人数达到 209.3 万人次，列中国主要客源国第三位；中国赴美旅游人数快速增长，达到 218.8 万人次，增长 21%。2015 年上半年，双方旅游往来规模继续扩大，尤其是中国旅美人数同比增长 16%。美国经济分析机构认为，每增加 65 名入境游客就能增加一个就业岗位，据此推算，最近 8 年来，中美旅游交流为两个大国创造了 34 万个就业岗位。中美之间每天上万人往来于太平洋两岸，2015 年两国人员往来有望突破 500 万人次。① 应该说，民众之间的交往构成了两国关系的基础，这种走动越密切、频繁，基础也就越深厚。

最后，也是最重要的，2015 年 9 月，习近平主席对美国进行了上任以来的首次正式访问。这次访问的背景是国际格局继续发生深刻复杂的变化，中美关系进入一个新的转型期，中国的改革开放也面临着攻坚克难的一个关键时刻。所以，这次访问的时机重要、意义深远。习主席这次访美，将推动两国合作迈上新台阶。双方就网络、经贸、金融、人文、气候变化、环保、科技、农业、执法、防务、航空、基础设施建设等诸多领域达成 49 项共识，签署了一批影响深远的合作协议。双方就当前各种地区和国际热点深入交换意见，进一步加强了协调与合作。

（二）中美增信释疑仍然任重道远

与往年一样，2015 年中美之间也出现了一些分歧和摩擦。这一年，

① 王栋：《中美关系的根基在"沉默的大多数"》，环球网，http://opinion.huanqiu.com/opinion_world/2015-06/6691867.html，登录时间：2015 年 9 月 18 日。

美国多次指责中国对美国的企业和政府机构发动网络攻击，美方在多个场合要求中方停止在南海水域的岛礁建设，美一军机飞临南沙永暑礁等岛礁侦察中方活动受到中方警告，以及美国司法部起诉6名中国公民从事商业间谍活动并逮捕其中一人等。如果仅看这些事件本身难以得出中美关系恶化的判断，它们与多年前中美在贸易、人权、汇率等领域的分歧相比显得有些琐细。世界各国利用高科技手段窃取情报存在了几十年，从未成为国际关系焦点问题，“斯诺登事件”全面曝光美国对盟国的网络丑行也未动摇它们之间的关系基础。所以，换一个角度看，与贸易等问题相比，网络攻击、岛礁建设、科技间谍一类的事件能成为主要分歧恰恰反映了中美彼此疑虑较深。

两国“信任赤字”主要表现在舆论氛围上。这里所说的舆论氛围主要指政界、学者和媒体的观点（专业舆论），以及大众看法（民众对专业舆论的内化）。首先，美国众多智库、咨询、媒体在2015年前所未有地发表了大量的评论和报告，呼吁重新评估美国对华政策，并对中国采取更强硬姿态。例如，亚洲问题专家白邦瑞在其新书中写道，中国从初期就实行一个“欺骗战略”，“与北京方面的长期竞争意味着要看清中国的野心”，否则美国会“输掉这场比赛”。[①] 美国外交学会3月发布了一份题为《美国对华战略大转变》的报告。[②] 报告在结论中称，中国变得强大对美国构成了最巨大、最深刻的战略性挑战。美国外交学会发布了题为《制衡而非遏制》的报告，建议“制衡中国实力的崛起，而不是继续助力其上升势头”，具体做法就是限制“中国滥用其日益增长的实力的能力”，培育出志同道合的地区伙伴组成制衡同盟。[③] 中国问题专家沈大伟指出，中美竞争已经成了主轴，双方之间的竞争不仅是战略上的，事实上是全面的：商业、意识形态、政治、外交、

① 《“美国鹰”与“中国龙”：未来谁主沉浮》，《参考消息》2015年4月27日，http://column.cankaoxiaoxi.com/2015/0427/758301.shtml，登录时间：2015年9月18日。

② 《外媒：中国发展被美国视为“大挑战”》，《参考消息》2015年8月4日，http://column.cankaoxiaoxi.com/2015/0804/890966.shtml，登录时间：2015年9月18日。

③ 《美国对华战略由“接触”转为“制衡”》，《参考消息》2015年8月4日，http://column.cankaoxiaoxi.com/2015/0804/890998.shtml，登录时间：2015年9月18日。

技术甚至学术。原因有几个，其中之一是在目前的双边关系中，安全的考量比经济更重要。[①]

在舆论的作用下，美国民众对中国的印象也发生了大幅改变。据美国皮尤研究中心2015年公布的中美好感度调查，54%的美国人对中国没有好感，有好感的人只有38%，而这个比率在2009年刚好相反。[②] 在信任度方面，只有30%的美国人说，他们对中国“比较（great deal/fair amount）信任”，却有25%的人说对中国“完全不信任（not trust at all)”。这种不信任使得60%的美国人支持更密切的美日关系。[③] 与美国相对应，中国公众对美国的好感比例也从2014年的50%下降到2015年的44%。[④]

（三）中美关系需在稳定大局的同时管控危机

当前中美关系中的问题是深层次（观念）和结构性（力量对比）矛盾不断发展的结果，不是解决了哪几个具体事件就能好转。正如美国对外政策理事会亚洲安全项目主任杰夫·史密斯所说，指导美国几十年对华接触战略的是“两个重要假设：①经济发展必然导致政治自由化；②支持中国融入全球秩序可以防止中国强行挑战全球秩序”。[⑤] 可见，美国的盘算已经落空，而对此中美双方都无能为力。所以，美国对华战略转型在所难免。在这个大背景下，中美要想继续交往下去，两国能够也必须做的事情就是稳定两国关系的大局。

---

① 《沈大伟：中美关系：从交往到全面竞争》，《联合早报》2015年6月15日，http：//www.zaobao.com/forum/views/opinion/story20150615－491971，登录时间：2015年9月18日。

② Pew Research Center：“Americans give China Mostly Negative Views，” http：//www.pewglobal.org/2015/09/09/americans－concerns－about－china－economics－cyberattacks－human－rights－top－the－list/u－s－perceptions－of－china－report－02/，登录时间：2015年9月19日。

③ 《美媒：美日大多数民众不信任中国　彼此信任度高》，新浪网，http：//mil.news.sina.com.cn/2015－04－08/0758827039.html，登录时间：2015年9月17日。

④ Pew Research Center：《美国全球形象调查》，http：//www.pewglobal.org/2015/06/23/1－americas－global－image/，登录时间：2015年9月19日。

⑤ 《美国对华战略由“接触”转为“制衡”》，《参考消息》，http：//column.cankaoxiaoxi.com/2015/0804/890998.shtml，登录时间：2015年9月19日。

稳定中美关系的措施其实双方决策层已经看到而且正在尽力推进，就是在能够合作的方面尽量合作，在有矛盾分歧的地方防范不测和危机。在全球治理和某些国家与地区安全方面中美都在进行合作，如气候问题、环境保护、经济稳定、能源安全、核不扩散、反恐等；在东南海争端应对方面，中美已经而且还在建立从上到下、方方面面的危机管控机制，此次习近平主席访美也已在网络安全方面与美方达成防范措施和行为准则协议。

此外，要使两国关系大局稳定，就应改善针对对方的舆论环境。官方减少负面表态并及时澄清媒体的误读；舆论对对方的动机、意图等观念性特质也不应随意解读。舆论塑造态度，态度决定政策，即使是出于稳定中美关系大局的需要，也应该对舆论氛围有所引导。

三　七国集团与俄罗斯：持续对立

2014 年，乌克兰危机与克里米亚入俄使西方国家与俄罗斯关系坠入冷战结束之后的谷底。2015 年，双方的紧张对立关系继续，呈常态化趋势，主要表现在乌克兰东部冲突、西方国家对俄罗斯的经济制裁、军事上互秀“肌肉”以及在叙利亚危机中的暗中较量。

（一）俄罗斯与西方国家在地区安全上的较量

2015 年 8 月，乌克兰东部局势再度升级。8 月 18 日，北约发起代号为“迅速反应 15”的空降演习，这是冷战后北约在欧洲举行的最大规模的空降演习。随后的 9 月 28 日至 10 月 16 日，北约再次举行有 3 万名士兵参加、在西南欧进行的“三叉戟”联合军演。爱沙尼亚、拉脱维亚、立陶宛、波兰、捷克、斯洛伐克、匈牙利、保加利亚和罗马尼亚等国积极推动北约在各自国家的存在，包括建立永久性军事基地。

俄罗斯方面于 9 月 14 日举行了 2015 年规模最大的“中央 –2015”战略指挥演习，并于 9 月 18 日在其领土东西南北四个方向同时举行多场军事演习。与此同时，普京宣布支持在白俄罗斯建立空军基地，而该基地是苏联解体前的一项计划，该计划能够提升西向的军事投放能力。俄罗斯还对西部军区的地面部队重组，将部分俄中部的军事力量西迁，这一调整被认为与乌克兰危机以及目前该国与北约关系恶劣有关。据报道，在2015年的前七个月里，北约军机起飞250架次，对过于接近北约领空的俄罗斯飞机实施拦截。这种频度的俄罗斯飞行活动是冷战结束以来没有出现过的。①

从以上情况可以看出，乌克兰危机是俄罗斯与西方矛盾的核心部分。由于危机的表现形式是军事冲突，双方的较量也主要表现在军事领域向对方展示实力。有西方媒体将双方这种交替军演秀“肌肉”的现象称为“凉战”。②

此外，从2015年9月中旬起，俄罗斯突然加强其在叙利亚的军事力量，包括向叙利亚运送作战坦克、增派部队，在俄驻叙空军基地部署苏－27等。西方情报官称这是自阿富汗战争后俄罗斯在原苏联地区之外“第一次重大的军事发展”。③ 普京表示，俄罗斯是帮助叙利亚“抗击恐怖分子侵略”；而奥巴马则希望俄罗斯直接参与现有的打击“伊斯兰国”联盟的行动。由于西方七国集团大部分成员国都已经在叙利亚境内执行空袭“伊斯兰国”的任务，俄罗斯站在叙利亚政府一方打击“伊斯兰国”给美国出了一个很大的难题，双方“擦枪走火”不是没有可能。有美国智库报告称，俄罗斯可能希望以介入叙利亚内战“作为杠杆”以解决与美国之间因乌克兰问题而引发的对抗。④

（二）七国集团的制裁与俄罗斯的经济困境

俄罗斯与西方关系恶化的另一个表现是后者集体对俄罗斯的经济制

---

① 《俄军演习七百伞兵对战假想敌》，新华网，http：//news. xinhuanet. com/world/2015－03/20/c_ 127599177. htm，登录时间：2015年9月19日。

② 《美国深感不安！奥媒：俄罗斯向哈萨克斯坦发射导弹》，新华网，http：//www. cankaoxiaoxi. com/mil/20150825/917114. shtml，登录时间：2015年9月23日。

③ 《俄罗斯继续向叙利亚派战机　美媒：小心美俄“擦枪走火”》，新浪网，http：//news. sina. com. cn/o/2015－09－19/，登录时间：2015年9月26日。

④ “Russia Complicates the Syrian Conflicts,” *Analysis*, Stratfor, September 16, 2015, https：//www. stratfor. com/analysis/russia－complicates－syrian－conflict，登录时间：2015年9月22日。

裁。2014 年 3 月俄罗斯吞并克里米亚之后，欧盟紧随美国实施制裁措施，其首要目标是迫使俄罗斯改变自己的行为，也就是说，要求俄归还被吞并的克里米亚，并且结束干涉乌克兰国内政治。2015 年 8 月，欧盟决定将其针对俄罗斯的制裁措施延长 6 个月，这也意味着现有制裁措施将延续到 2016 年 3 月。

美国对俄罗斯的制裁对象主要是俄罗斯大型银行、能源和国防企业，措施是限制它们获得资金、技术和市场。欧盟经济制裁的关键措施与美国类似。然而，与历史上的绝大多数国际制裁一样，西方的制裁并没有达到目的：普京政府并没有因经济困难而改变对乌克兰的政策，也没有明显感受到来自民众因生活水平下降而施加的压力。但俄罗斯经济的确由于国际市场油价下跌和无法从西方金融市场融资等原因遭到重创。国际货币基金组织预计，从中期看，西方对俄罗斯实施的制裁会使其 GDP 损失约 9 个百分点。①应该看到的是，俄罗斯此次经济危机与其经济结构的“三化”（经济原材料化、出口原材料化、投资原材料化）问题直接相关。俄罗斯总理梅德韦杰夫曾表示，俄罗斯发展停滞对经济总量造成的损失中，制裁原因仅占 5%，目前经济发展迟缓的主要原因是结构性问题。② 但制裁也使西方遭受损失，奥地利经济研究所的调查显示，欧盟共牺牲掉约 200 万个就业机会，1000 亿欧元的产值化为乌有。德国损失最惨重，受波及的就业机会约达 50 万个，相当于 270 亿欧元的产值。③

（三）从“7+1”到“8-1”：伙伴变对手

以 2014 年西方国家集体抵制索契八国集团峰会另起“8-1”布鲁塞尔峰会为开端，西方国家踏上与俄罗斯分道扬镳的道路。2015 年在德国召开

① 《俄罗斯第二季度经济衰退程度创六年来最大》，新华网，http://news.xinhuanet.com/world/2015-08/11/c_1116214620.htm，登录时间：2015 年 9 月 12 日。

② 《俄总理：制裁占俄经济损失 5% 结构性问题明显》，新华网，http://news.xinhuanet.com/world/2014-09/22/c_127013175.htm，登录时间：2015 年 9 月 25 日。

③ 《俄罗斯反制裁见成效：欧盟损失千亿 俄美贸易增长》，新华网，http://news.takungpao.com/world/exclusive/2015-07/3040435.html，登录时间：2015 年 9 月 10 日。

的七国峰会以对俄罗斯的猛烈批评拉开了序幕。从 1994 年的“7 + 1”到 1998 年的“G8”再到 2014 年的“8 - 1”和 2015 年的“G7”，七国集团又回到了原点，标志着西方国家历经 20 余年的融俄战略的彻底破产。

其实，乌克兰危机和克里米亚入俄仅是西方国家与俄罗斯决裂的导火索，双方在战略上的渐行渐远自 2000 年普京担任总统就已经开始。由于美国的导弹防御计划、北约东扩和格鲁吉亚问题，特别是 2008 年 8 月俄格军事冲突，西方与俄罗斯的关系一直在下滑。

从美俄关系看，奥巴马 2009 年就任总统后首先提出“重启”美俄关系的概念，就职仪式当月，时任美国务卿希拉里·克林顿与俄罗斯外长拉夫罗夫在莫斯科按下用英语和俄语写着“重启”二字的红色按钮。然而，“重启”不到两年，美俄关系就因核裁军、反导计划、俄罗斯民主进程、叙利亚问题和“斯诺登事件”而再度恶化。

西方七国集团中的欧盟国家与美国有所区别，欧盟与俄罗斯大致同时出现在冷战后的国际舞台上，彼此关系曾呈现出逐渐走近的态势。在贸易金融方面，欧盟各国与俄罗斯的关系都比美俄间紧密得多。经过 20 多年的磨合，双方已经建立了密切的人员交往、互补的经贸关系和基本正常的政治与安全对话机制。与欧盟合作，共建和平、稳定的欧洲地缘环境同样是俄罗斯经济发展的需要。总的来看，在俄罗斯眼里欧盟相对于以美国为首的北约来说是一股温和的力量。但是，乌克兰危机被认为是动了欧盟的“奶酪”，欧盟担心在欧洲东部又形成一个新的、与西方对峙的俄罗斯阵营。于是，西方七国集团中的欧盟国家在对俄态度上表现出与美国的高度一致，欧洲理事会主席图斯克在 2015 年七国峰会上甚至提出要加大对俄制裁力度。①

2015 年的俄罗斯与西方关系虽然持续紧张，但其中也有缓和“亮点”。在 7 月 15 日与普京的通话中，奥巴马赞扬了俄罗斯在伊朗核问题达成协议

① 《七国集团猛批俄罗斯　德前总理称峰会不会有大成就》，新华网，http：//news.xinhuanet.com/world/2015 - 06/08/c_ 127890502.htm，登录时间：2015 年 9 月 16 日。

过程中发挥的作用，称普京的合作令他“吃惊”，他对两国关系出现进一步缓和的“开端”充满希望。①

结　语

2015 年是世界反法西斯战争胜利与联合国成立 70 周年，二者都是大国合作的成果。然而此后 70 年中，国际关系似乎一直没有走出大国竞争超越合作的窠臼。回看过去几年，2015 年的大国关系似乎就是 2014 年的翻版，后者是再前一年的翻版。

总的来看，各大国间的经济实力在重新布局，但综合实力变化比人们的想象要慢得多。但即使是综合实力超群的美国也失去了主导地缘政治平衡的能力和兴趣，导致地区强国作用上升，比如伊朗和沙特阿拉伯在中东和北非扮演的角色。大国之间富有成效的全球性合作降至空前低下的水平，主要表现在全球治理方面，例如 WTO 的边缘化和 TPP、TTIP、RCEP、CAFTA 等纷纷亮相，“G0 时代”初现端倪。

在这种大背景下，“结伴不结盟”的中俄关系独树一帜。中俄关系的特点是：首先，中俄是有着 4200 多公里共同边界的相邻大国，历史教训深刻，关系只能好、不能坏。其次，两国程度不同地被以美国为首的西方世界视为“异类”，可以在“异”的地方发现认同。再次，两国都被美国看作对手，在心理上，“敌人的敌人是朋友”。最后，中俄在经济上有互补性，存在合作基础。但是，在发展同俄罗斯的密切关系时，必须把这种关系严格限定在一定范围，切忌走向以中俄为一方，以七国集团为另一方的准冷战模式。

中美关系是当今世界最重要也是最难处理的一对大国关系。与 15 年前相比，分歧在减少但焦虑反而在增加。中美之间原有的“互疑”有可能发展为“互怨”，看去问题不多，实则困难不少。所以，中美在建好危机管控

① 《奥巴马：俄罗斯在伊朗核谈协议达成中功不可没》，中国新闻网，http：//www.chinanews.com/gj/2015/07－15/7407117.shtml，登录时间：2015 年 9 月 22 日。

机制的同时，两国关系的大局必须稳定。为此，两国舆论应该发挥正面和积极的作用。

最后，中国的发展和改革任重道远，为此创造有利的国际环境仍然是中国处理与其他大国（包括欧盟）关系的出发点和原则。

参考文献

郑秉文、黄平主编《美国研究报告（2015）：美国再平衡战略新挑战》，社会科学文献出版社，2015。

王缉思：《大国关系：中美分道扬镳，还是殊途同归?》，中信出版社，2015。

王奇：《中俄战略伙伴对话：现状、问题、建议》，中央编译出版社，2014。

http：//news. xinhuanet. com/.

http：//www. chinanews. com/.

http：//www. people – press. org/.

http：//pewresearch. org/.

http：//www. eia. gov/.

http：//www. census. gov/foreign – trade/balance/.

http：//www. cfr. org/.

http：//www. ft. com/.

http：//www. whitehouse. gov/.

http：//www. defense. gov/.

http：//www. state. gov/.

Y.3
中国周边安全形势评估（2014~2015年）

王 雷*

摘 要： 过去一年，中国周边安全形势呈现了一些新变化：第一，美国强化“再平衡”战略、谋求亚太霸权的一系列做法加剧了中美关系的竞争性；第二，日本修宪扩军、摆脱战后体制、遏制中国崛起的一系列做法加剧了中日关系的对抗性；第三，大国深度介入、法理争辩加剧、军备竞赛增强导致中国海洋维权形势日益严峻；第四，地区热点、敏感问题频繁发作，增加了中国周边安全环境的波动性；第五，中国主动塑造周边安全环境的意愿和能力在加强，“一带一路”倡议面临新的机遇与挑战。

关键词： 周边安全 再平衡 “一带一路”倡议 中国安全观

当前，中国周边安全环境正处于特殊的转型期。从安全结构上看，随着中国、印度、东盟等新兴国家、区域合作集团的快速兴起，亚太地区的权力分布日益呈现扁平化走势。但就权力位次排序来看，中国的实力增长更为迅速，中美的实力差距在持续缩小，中国相对其他周边国家的实力优势在扩大。从安全观上看，中国大力倡导“互信、互利、平等、协作”的新安全

---

* 王雷，中国社会科学院世界经济与政治研究所助理研究员，主要研究领域是中国外交战略、周边安全等。

观，在周边积极推进“与邻为善、以邻为伴”“睦邻、安邻、富邻”的外交理念。但“中国威胁论”在中国周边仍然很有市场。从安全关系上来看，中国与周边国家在政治、经济领域的协调合作、相互依赖在增强，但在军事、安全领域竞争、对抗的成分也在增多。由于各方对地区安全形势的快速转变还很不适应，这导致转型期内的各种调整、磨合仍在持续。受这些因素的影响，2015 年中国周边安全形势总体上仍是近几年发展趋势的一种延续，不过也呈现出了一些新变化。

一　美国强化“再平衡”战略加剧中美关系竞争性

近年来，美国在亚太地区推行“再平衡”战略始终面临减速压力。从国内层面来看，经济复苏放缓、财政赤字问题以及国防预算削减始终是制约因素。从国际层面来看，应对中东乱局、乌克兰危机也牵扯了美国的大量资源和精力。在亚太地区，“再平衡”战略的执行效果也存在问题。就军事层面来讲，随着中国军事现代化进程的加速，美国在该地区的军事质量优势在削减，不得不依靠增加数量来弥补质量的不足。[①] 就经济层面来看，虽然推进跨太平洋伙伴关系协议（TPP）取得了一定进展，但美国有意排斥中国、侧重自身利益的做法也导致其在国际、国内层面面临诸多挑战和障碍。就国家关系层面来讲，随着“再平衡”战略对中国的指向性越来越强，亚太地区大多数国家，包括美国的一些盟友已经比较反感在中美之间选边站队，充当遏制中国的棋子。尽管面临上述不利局面，过去一年，美国推行“再平衡”战略依然不遗余力。

首先，在表态支持日本修改宪法解释、解禁集体自卫权之后，2015 年美国与日本正式修改了《美日防卫合作指针》，新防卫指针意味着日本在美

① Eric Heginbotham, Michael Nixon, “The U. S. – CHINA Military Scorecard: Forces, Geography and the Evolving Balance of Power 1996 – 2017,” *Research Reports*, RAND, 2015, http://www.rand.org/pubs/research.

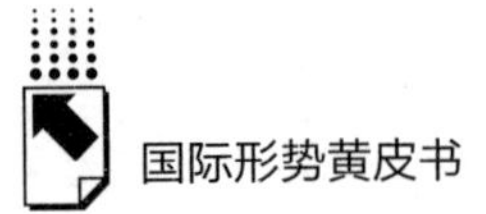

日同盟中的地位大幅提高，美国在亚太和全球战略中对美日同盟的倚重越来越大。[①]

其次，继哈格尔提出“防务新倡议”后，美国新任国防部长阿仕顿·卡特开始积极推动所谓的第三次“抵消战略”，将俄罗斯、中国等国视为对手。第三次“抵消战略”的提出和推进表明美军仍然保持着霸权主义、冷战思维的逻辑，将其他国家技术领域的突破视为对自身安全的威胁。在合作安全、共同安全成为主流发展趋势的今天，美国宁愿选择军备竞赛升级，也不愿考虑其他国家的安全焦虑。[②]

再次，2015 年美国总统奥巴马对印度进行了国事访问，双方在核能、反恐、防务、新能源领域达成多项共识。不仅如此，美国还积极推动美印日三边安全合作，显然是为了应对中国崛起，美国“再平衡”战略已经将印太地区作为一个战略整体，印度作为南亚地区大国，自然是美国重点拉拢的对象。尽管莫迪政府一直奉行大国平衡外交，对于加入遏制中国同盟的态度比较谨慎。但在美国看来，印度的地缘安全环境有助于美印加强合作，促使其倒向制衡或者对抗中国的一方。

最后，在许多涉华问题上，美国依旧保持积极干涉、不断施压的姿态。例如，在人权、网络安全、贸易投资领域，美国继续对中国不断指责；在南海争端上，美国继续纵容菲律宾、越南等国肆意挑衅；在亚洲区域经济合作问题上，美国利用 TPP 谈判排斥、打压中国等。虽然“再平衡”战略也有与中国接触的一面，但目前来看，是遏制有余、接触不足。

种种迹象表明，美国强化“再平衡”战略、谋求亚太霸权的一系列做法正在加剧中美关系的竞争性，也使中美关系发生冲突、出现倒退的风险在加大。

---

① 黄莹莹：《解码美日同盟“3.0 版”：加剧周边国家的不安全感》，《国际先驱导报》2015 年 5 月 7 日。

② 董春岭：《第三次抵消战略——延续美国军事霸权》，《世界知识》2015 年第 12 期，第 52 页。

二　日本右倾化、扩军修宪的趋势加剧中日关系紧张

2014 年 11 月，随着中日两国领导人恢复会晤并达成“四点共识”，中日关系一度出现改善迹象。但是，安倍政府随后否认共识具有法律效力，坚持认为钓鱼岛“不存在领土争议”的做法不仅破坏了中日之间来之不易的改善氛围，而且严重损害了中日之间的政治互信。过去一年，日本政治持续右倾化、对内扩军修宪、对外遏制中国崛起的一系列做法正在加剧中日关系的对抗性。

1. 安倍政权右倾化趋势不断强化

安倍第三次当选日本首相后，右翼分子纷纷入阁。目前，日本右翼势力及其修改和平宪法、否认二战罪行、美化侵略历史、恢复靖国神社战前地位等主张已经在日本政界占据上风，而安倍政权也在积极利用这种局势加速推进日本“摆脱战后体制”，实现所谓的“正常国家”。

2. 对内强推“扩军修宪”

2015 年 1 月，日本财务省公布了 2015 财年预算，其中国防开支增加 1.97%，实现三年连增，创造了日本历史上的军费预算新高。① 2015 年 4 月，美日两国时隔 18 年修改《美日防卫合作指针》，决定把自卫队与美军的合作扩大到全球。不仅如此，2015 年 9 月，安倍政权利用执政党多数在国会强行表决通过了 11 项安保法案，这是二战后日本在军事安全领域采取的前所未有的举动。日本强化军事力量，大幅调整军事安全政策，不仅违背本国和平宪法精神，而且给地区乃至全球的和平稳定带来很大的不确定性。

3. 对外谋求遏制中国崛起

过去一年，安倍政府的一系列动作对中国的指向性非常明显。在历史问题上，安倍继续美化侵略历史；在海洋领土争端问题上，不仅在东海问题上继续制造事端，而且联合美国、菲律宾等国介入南海问题；在军事上，日本

---

① 《日本 2015 年度预算案开始实施　防卫支出三年连增》，新华网，2015 年 4 月 9 日。

自卫队大量购买先进武器、调整军力部署，其主要目的就是强化所谓的“离岛防卫”，以及对中国军力发展进行“警戒监视”。在经济层面，日本提升了对东南亚、南亚和中亚国家的投资与援助，继续配合美国推进TPP，抵制中国筹建的亚洲基础设施投资银行。在外交战略层面，日本继续推进“价值观”外交，离间中国与相关国家的关系，打着维护“海洋航行自由”的旗号，谋求建立围堵、牵制中国的海洋联盟。

应该讲，中日关系持续紧张、对抗加剧主要是由日本单方面造成的。所谓的“中国威胁论”“中国强硬论”无非是安倍政权突破战后体制束缚、谋求政治军事大国化、抵消中国影响力上升的一种借口。

三　中国海洋方向面临的安全挑战日益严峻

过去一年，中国与周边各国在管控海上争议方面启动了一些危机预防机制，但整个海上争端态势并未得到有效缓解，反而因以下几方面因素有所加剧。

（一）域外大国介入力度持续加大，搅局意图明显

首先，美国实际上采取了“选边站”的立场。继2014年提出所谓的“冻结争端”提议后，2015年美国又采取了一系列激化矛盾、制造紧张局势的做法，挑拨中国与东盟国家的关系，建议东盟联合巡逻南海，[①] 唆使日本、澳大利亚、印度等国一同干预南海事务，鼓动日本将空中巡逻范围扩至南海，甚至扬言派遣舰机“直接挑战”中国在南海的岛屿主权等。[②]

其次，日本在南海问题上增强了介入力度：①从立场上看，日本开始抛弃“中立”态度，转向公开支持南海周边的一些国家侵犯中国海洋领土主权。比如扶植菲律宾、越南等国的海上能力建设，积极参与越南、马来西亚、文莱等国在南海争议海域的油气勘探开发；②炒作“中国威胁论”“中

① 《美军官鼓动东盟国家联合巡航南海试探中国》，人民网，2015年3月27日。

② 《美高官声称：考虑派舰机进入中国南海岛礁12海里》，人民网，2015年5月14日。

国海洋扩张论”，鼓动 G7 集团通过涉及南海和东海局势的海洋安全问题声明；[①] ③谋求在军事安全领域介入南海问题。过去一年，日本与菲律宾、越南、马来西亚、印度尼西亚等国显著提升了军事防务合作关系，日本不仅直接向南海周边国家提供海上执法巡逻艇等军民两用装备，而且扬言考虑派遣日本舰机巡航南海。显然，日本搅局南海、制造麻烦的意图越来越明确。

（二）围绕海洋领土权益争端的法理较量加剧

2014 年底，美国国务院正式发布了《海洋界限——中国在南中国海的海事主张》的报告，这份材料详细分析了中国的海洋声索问题，重点挑了南海“断续线”的“毛病”，指责“中国的主权声索、历史性权利与国际海洋法实践存在矛盾”。无独有偶，过去一年，菲律宾借助海牙国际法院要求中方做出回应，不断炒作国际仲裁话题，美、日等国则遥相呼应，明确表态支持菲律宾的仲裁提案，种种迹象表明，这些国家正在谋求从法理层面入手“解构”中国对南海领土权益的声索和主张，动摇中国处理南海问题的基础。[②] 不仅如此，2015 年 8 月，东盟外长会联合公报也首次对南海问题表示了严重关切，呼吁有关各方加快“南海行为准则”的具体制定。显然，无论对搅局者、当事方，还是南海周边国家而言，中国应对多边性质法理争斗的压力在加大。

（三）军备竞赛加剧

过去一年，在东海方向，日本大幅提高国防预算后，正在加速购买海空先进装备。陆上自卫队的采购重点是 MV－22“鱼鹰”运输机和 AAV7 水陆两栖战车。显然，为了强化离岛防御，日本正在提升两栖作战能力和快速反应能力，谋求掌握亚太地区的制海权和制空权。在南海方向，澳大利亚、越南、马来西亚、新加坡等国正在强化反潜作战能力。随着奥巴马政府对越南

① 《日本推动 G7 发表涉东海南海声明拉拢西方制约中国》，人民网，2015 年 4 月 17 日。

② 晓岸：《南海法理斗争即将进入深水区》，人民网，2014 年 12 月 12 日。

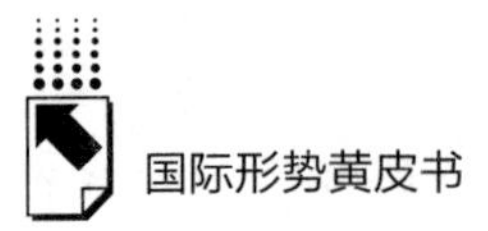

放松武器出口限制，越南开始与美国军火公司积极接洽，还打算从俄罗斯购买无人侦察机和战斗机，从印度采购“布拉莫斯”超音速反舰巡航导弹。毫无疑问，这些动作与南海争端密切相关。

四　地区热点、敏感问题加剧周边安全的不稳定性

2015 年，中国周边地区热点问题、敏感问题频繁发生，增加了中国周边安全的不稳定性和不确定性。

（一）朝鲜半岛局势充满变数

过去一年半岛局势依然高度紧张。2015 年 8 月 4 日，因两名韩国军人在非军事区被地雷炸伤，韩国恢复了停止十多年的对朝鲜的高音喇叭广播。朝鲜认为韩国发动心理战意在颠覆朝鲜政权。8 月 17 日，韩、美两国开始举行“乙支自由卫士”联合军演，朝鲜威胁如不取消军演，将予以报复。8 月 20 日，朝韩在边界地区互射炮弹，局势骤然恶化。20 日晚，朝鲜最高领导人金正恩命令前线部队进入战时状态。朝鲜军方随后发出最后通牒，要求韩方在 48 小时内停止对朝心理战，否则将采取军事行动。韩国方面毫不示弱，下令全军进入作战准备。虽然紧张局势因高级别会谈达成妥协暂时得到缓解，但是，各方在朝核问题以及朝鲜发射卫星问题上的对抗和博弈仍在持续。

目前来看，半岛局势依然面临严峻挑战。第一，由于各方预设的对话门槛都很高，短期内恢复六方会谈仍比较困难。第二，如果朝鲜觉得对话没有前景，安全又没有保证，很可能再次进行导弹试射和核试验。第三，由于长期受到经济制裁和外交孤立，朝鲜国内情况值得担忧。第四，如果对话得不到及时恢复，那么在目前半岛局势持续紧张、军事高度对峙的情况下，不能排除再次“擦枪走火”的风险。

（二）中亚安全局势仍存隐忧

2015 年以来，塔利班武装活动日益频繁，甚至一度占领了阿富汗北部

重要城市昆都士。种种迹象表明，阿富汗安全部队目前依然缺乏抗击塔利班的足够实力。迫于形势压力，阿富汗总统加尼访问了美国，谋求获得援助。加尼和阿卜杜拉上任后，一度比较紧张的阿美关系出现了缓和迹象，美国也谋求在阿富汗继续保持影响力。但是，接下来局势如何演进——美国如何撤军？何时撤军？阿美能否持续合作？加尼政府如何与塔利班打交道？能否稳住国内局势？这些问题，仍面临很大的不确定性。

不仅如此，中亚地区“三股势力”不断从事毒品走私、人口武器贸易、恐怖袭击活动，对中亚国家和中国西北地区的安全稳定构成了严重威胁。值得注意的是，当前“伊斯兰国”极端组织在中亚国家的渗透活动也在加大。乌兹别克斯坦、哈萨克斯坦、塔吉克斯坦、吉尔吉斯斯坦、土库曼斯坦都有宗教极端分子秘密前往伊拉克和叙利亚接受培训并从事恐怖活动。种种迹象表明，中东已成为中亚恐怖分子新的训练基地。除此之外，金融危机持续发酵也导致中亚国家面临经济衰退的巨大压力，一些国家抵御外部安全威胁、维持国内局势稳定的能力有所下降。2015 年 9 月塔吉克斯坦内部爆发了武装冲突，目前该国国内局势比较紧张。

（三）东南亚反恐形势日益严峻

2015 年 8 月 17 日，泰国曼谷著名景区遭遇恐怖袭击，爆炸造成多名中国公民伤亡。初步调查结果显示，该事件与泰国政府配合中国引渡非法越境者有关，乃偷渡组织、极端分子蓄意报复所为。应该看到，该事件的发生不是偶然现象，近两年来东南亚地区的恐怖主义活动大有反弹之势：第一，恐怖组织、极端主义势力在东南亚地区招募参加“圣战”的人数在迅速增加；第二，“伊斯兰国”的影响和渗透使得一些东南亚国家的分离活动与恐怖活动出现合流迹象；第三，东南亚各国不断发生“伊斯兰国”涉嫌的暴力事件。①

值得注意的是，中国西南边境的偷渡活动日趋活跃。东南亚地区正在成

---

① 张洁：《中国－东盟：联合防范“迁徙圣战”》，《世界知识》2015 年第 6 期。

为中国新疆极端分子非法越境、前往中东参与“圣战”的中转站。他们偷渡的基本路线是从新疆到云南、广西等地，偷渡进入越南、缅甸，再辗转泰国、柬埔寨、马来西亚、印尼，然后飞赴土耳其，进入叙利亚或伊拉克。这些偷渡人员大部分会在当地接受训练并参加战斗，部分成员返回母国，从事“宣传”“招募”等恐怖活动。不仅如此，极端分子在偷渡过程中一旦行动受阻，便会就地从事暴恐活动。[①] 目前，这条偷渡路线已经对中国－东盟国家的安全稳定构成直接威胁。

五　中国主动塑造周边安全环境的意愿和能力加强

尽管当前中国周边安全环境面临的不确定因素在增多，但在过去一年，随着新的周边外交理念、原则和策略的提出，中国自身实力的不断增强以及相关具体实践的有效推进，中国主动塑造周边安全环境的意愿和能力在提升。

2014 年 11 月召开的中央外事工作会议为新时期中国深化外交战略布局，主动塑造中国周边安全环境提出了新的理念和策略。此次会议确定了周边在我国发展大局和外交全局中的重要地位，提出了要切实抓好周边外交工作，打造周边命运共同体，秉持“亲诚惠容”的周边外交理念，坚持与邻为善、以邻为伴，坚持睦邻、安邻、富邻，深化同周边国家的互利合作和互联互通。会议强调，新时期中国周边工作要切实加强务实合作，要积极推进“一带一路”建设，努力寻求同各方利益的汇合点，通过务实合作促进合作共赢。[②] 显然，面对国际形势、周边安全环境错综复杂的新变化，面对外界对中国崛起的各种复杂反应，新时期的中国周边外交正在传递三个清晰的信号。

第一，中国将坚定不移地走和平发展道路，中国始终是维护地区、世界

① 《极端分子偷渡遇阻就地发动暴恐》，《京华时报》2015 年 1 月 19 日。

② 《习近平出席中央外事工作会议并发表重要讲话》，新华网，2014 年 11 月 29 日。

和平稳定的坚定力量。面对中国实力的快速提升、影响力的不断扩大，一些国家特别是周边国家对中国的崛起日益感到担忧和疑虑。但是，一国的发展到底是不是威胁，是否对其他国家构成威胁并不是由这个国家的实力大小决定的，归根到底还是要看其奉行何种安全理念、何种外交政策。中国在周边地区追求的目标既不是中国古代朝贡体系的主导地位，也不是西方列强过去推行的殖民主义，更不是美国当前在亚太地区大搞特搞的霸权主义。中国真正追求的就是和平发展、合作共赢，真诚希望与周边国家成为命运共同体，大家共同努力，共同缔造本地区的和平稳定、持久繁荣。

第二，中国对自己选择的发展道路以及维护国家主权、安全和发展利益的能力充满信心。近几年，一些国家出于各种目的，对中国释放的友善信号、和平倡议反应并不友好。在海洋争端问题上，有的国家以“坚持和平发展”为要挟，谋求中国牺牲核心利益，吞下损害自己主权的苦果。在地区和国际事务上，有的国家以“负责任大国”为要挟，谋求中国承担不合理的国际责任和义务，吞下损害自己安全、发展利益的苦果。还有一些国家拿“中国经济调整结构、增长出现正常减速”大做文章，蓄意炒作“中国崩溃论”。不管这些做法背后的动机是什么，中国的发展及综合国力的提升显示，中国具有维护自身权益和维护地区和平与稳定的底气和信心。

第三，新时期中国将致力于主动塑造安全环境，维护和延长国家发展的重要战略机遇期。过去一年，中国采取了一系列重大举措和行动。在大国关系层面，中俄战略、军事协作得到了显著推进，中印政治、经济合作也日趋务实。在多边层面，上海合作组织开始接受扩员，随着印度、巴基斯坦的同时加入，该组织即将发展成一个横跨东欧到南亚的安全和经济组织，上合模式的影响力和示范效应也在不断扩大。[①] 而且，“一带一路”倡议已经步入务实推进的阶段。随着丝路基金、亚洲基础设施投资银行、金砖国家开发银行的相继成立，“一带一路”“两个走廊”的共商、共建、共享的推进，以及亚洲互联互通建设的推进，沿线国家的政治互信、经济合作、民间往来、

① 《上合组织扩员大门正式打开，启动接收印巴加入决议》，中国新闻网，2015 年 7 月 6 日。

文化交流都在迎来新的发展机遇。

新时期中国主动塑造周边安全环境仍然面临不少挑战，比如一些国家仍然秉持霸权主义、冷战思维，对中国的和平倡议、战略意图表示怀疑；中国与周边国家的分歧和矛盾可能会影响甚至降低相关政策、战略的执行效果；“一带一路”倡议不仅面临着大国的竞争和猜忌，也存在一定的经济风险和安全隐患；中国在相关方面还需要不断积累经验和教训。但不可否认，中国主动塑造周边安全环境的意愿和能力在显著提升。不难发现，虽然美国、日本没有加入亚投行并且极力阻止其他国家加入，但该组织的意向创始成员国依然达到了 57 个国家，覆盖了大多数主要经济体。从某种程度上讲，这就是新时期中国主动塑造周边安全环境的能力、潜力及影响力的重要体现。

结　语

虽然中国周边安全环境正变得日益复杂，充满变数，大国竞争博弈加剧，海洋领土争端升级，地区热点敏感问题频繁发生，都在削弱周边安全环境的稳定性，但中国周边安全形势的大格局并没有发生根本逆转。求和平、谋发展、促合作仍然是主流趋势。

中国与周边国家的矛盾、摩擦乃至冲突，尽管存在进一步激化的可能，但失控的风险较小，各方仍在努力控制局势，避免危机失控、破坏相互间合作的基本关系架构。

中美、中日关系过去一年竞争性、对抗性成分显著增多，主要原因还是美国、日本作为守成大国不能摆正心态，正确看待和处理与中国的关系。中国并非现行国际秩序的挑战者，无意与他国争霸、主导亚太或是进行军备竞赛。试图打压中国并损害中国的核心利益，这势必会导致中国做出强硬回应。各方与其将有限的资源用于权力对抗，重蹈零和博弈的历史悲剧，不如勇于尝试建立新型大国关系，共同推动亚太和平发展，实现合作共赢。

就海洋领土权益争端来讲，正是由于中国的克制，东海、南海的和平才得以维系。近些年来，部分国家和国际媒体热衷于议论中国海洋政策发生变化，但如果没有挑衅也就没有中国的反制。[①] 事实上，中国的海洋政策没有什么质的变化，只不过更加注重发展友好合作关系与维护海洋主权间的平衡。一方面，中国真诚希望各方能与中国一道搁置争议、凝聚共识、深化合作；另一方面，中国维护海洋主权的意志也是坚定的。

就未来发展趋势而言，中国周边安全环境的转型与调整短期内将难以完成。显然，各方目前对地区安全形势的快速转变还很不适应，需要对自身和对方重新审视，需要不断地通过接触、对话调整互动方式，通过合作建立互信。中国需要进一步适应自己的大国身份和责任，周边国家也需要不断适应中国作为大国的和平发展。如果各方能够抓住机遇、相向而行，尽快就地区安全合作机制、规范达成共识，那么中国与周边国家的上述调整和磨合就会显著缩短。显然，这符合各方的利益。

---

① 胡波：《中国在南海既能克制也能反制》，《人民日报》2015 年 8 月 8 日。

Y.4
全球重大武装冲突与军事形势评估（2014～2015年）

徐 进 郭 楚*

摘 要： 2014～2015年度，全球重大武装冲突的数量与上一年度相比有所上升，冲突仍然集中在中东、南亚和非洲东北部。其中影响较大的战争和武装冲突包括国际打击“伊斯兰国”行动、南亚印巴冲突、阿富汗战争、乌克兰内战、叙利亚内战以及伊拉克、利比亚、巴基斯坦、尼日利亚等国的国内冲突。在世界军事形势方面，2014年全球军费开支比2013年略有下降，但亚洲、大洋洲、非洲、中东和东欧地区的军费开支持续增加。国际油价的波动也对军费开支造成一定的影响。

关键词： 武装冲突 内战 军事形势 军费开支

一 全球重大武装冲突

根据瑞典乌普萨拉大学和平与冲突研究系冲突数据库（UCDP）的统计，2014年全球正在进行的武装冲突共有40场，比上年增加6场。其中国家间冲突1场，比上年增加1场；国内冲突26场，比上年增加1场；国际

---

* 徐进，中国社会科学院世界经济与政治研究所副研究员，主要研究领域是国际关系理论和国际安全；郭楚，中国社会科学院世经政系2014级研究生。

化的国内冲突 13 场，比上年增加 4 场。[①] 德国海德堡国际冲突研究所（HIIK）的年度报告（*Conflict Barometer 2014*）认为，在 2014 年，全球正在进行的有限战争有 25 场，与上年持平；正在进行的战争有 21 场，比上年增加 1 场。[②] 系统和平中心（Center for Systemic Peace）主任马歇尔（Monty G. Marshall）汇编的冲突报告（*Major Episodes of Political Violence 1946 – 2014*）指出，到 2015 年初仍在继续的冲突有 23 场，冲突程度大大减弱甚至停止的有 12 场，还有 8 场冲突存在重燃战火的危险。[③]

综合看来，2014 ~ 2015 年度全球重大武装冲突发生的国家或地区包括：亚洲的南亚、东南亚地区；中东与北非的阿富汗、叙利亚、伊拉克、也门等；美洲的哥伦比亚和墨西哥；撒哈拉以南非洲的中非、索马里、南苏丹、苏丹共和国、民主刚果、马里、肯尼亚和尼日利亚，欧洲的乌克兰、俄罗斯。具体情况见表 1。

表 1　2014 ~ 2015 年度全球重大武装冲突

亚洲	中东与北非	美洲	撒哈拉以南非洲	欧洲
印度(分裂势力) 巴基斯坦(派系冲突) 泰国(分离主义势力) 菲律宾(分离主义势力) 缅甸(少数民族武装) 印巴冲突	伊拉克(反政府武装) 叙利亚(反政府武装) 也门(反政府武装) 巴以冲突 埃及(反政府武装) 阿尔及利亚("基地"组织) 黎巴嫩(逊尼民兵) 阿富汗(塔利班) 以色列(哈马斯) 利比亚(反政府组织)	哥伦比亚(反政府武装) 墨西哥(准军事武装,贩毒卡特尔集团)	中非(派系冲突) 索马里(伊斯兰组织) 南苏丹(种族间暴力) 苏丹共和国(种族间冲突) 民主刚果(反政府武装) 马里(反政府武装) 尼日利亚(反政府武装) 肯尼亚(国内民族暴力)	乌克兰(分离主义势力) 俄罗斯(伊斯兰武装组织,北高加索势力)

资料来源：Heidelberg Institute for International Conflict Research at The Department of Political Science, University of Heidelberg, *Conflict Barometer 2014*。

① http：//www. pcr. uu. se/research/ucdp/.

② Heidelberg Institute for International Conflict Research at The Department of Political Science, University of Heidelberg, *Conflict Barometer 2014*, http：//www. hiik. de/en/konfliktbarometer/pdf/ConflictBarometer_ 2014. pdf.

③ http：//www. systemicpeace. org/warlist/warlist. htm.

（一）“伊斯兰国”扩张遭遏制，但国际联盟分歧凸显

第一，国际联盟的打击行动取得一定成果，但难度很大。自从美军2014年8月8日发动空中打击“伊斯兰国”行动以来，美军和盟国战机共执行了大约2000次空袭任务。伊拉克军队和什叶派民兵在地面战场也取得了一些成果。比如，2015年2月8日，伊拉克军队收复了石油重镇萨拉赫丁省拜伊吉市。[①]

虽然奥巴马2015年2月11日向国会提交了为期三年的《打击“伊斯兰国”军事授权法案》，向外界展示了决心，但极力避免地面部队介入。[②] 美国目前主要依赖五支力量作战，即伊拉克政府军、叙利亚政府军、伊拉克什叶派民兵、库尔德武装、叙利亚反对派武装。从现有打击强度看，不仅空中打击严重不足，缺乏有效情报支持，而且地面部队实力也较弱，空地配合难以形成，因而“摧毁”该组织的前景非常不明朗。[③]

第二，联盟内部分歧日渐彰显，“敌人的敌人并非朋友”。在联盟内部，美国同土耳其、卡塔尔、沙特阿拉伯等国的分歧也显现端倪。由于各自利益差异，多国联盟如何合力反恐乃至推动叙利亚危机解决面临挑战。沙特阿拉伯等海湾国家表面目标是打击“伊斯兰国”，但实际是希望借机推翻巴沙尔政权。伊朗的目标是乘机扩大什叶派势力，打通伊拉克—叙利亚通道，助力叙利亚政府。土耳其对打击“伊斯兰国”并不热心，主要目标是遏制库尔德人扩张和推翻巴沙尔政府。伊拉克政府的主要目标是收复失地，但不希望外部势力进入伊领土作战。库尔德人不仅要保卫其自治区，还希望抢占与伊拉克中央政府存在争议的地区，并借此争取国际社会对其政治诉求的支持。叙利亚政府的主要任务是借机剿灭对手，并争取与西方和解。而叙利亚反对派武装对打击“伊斯兰国”也不感兴趣，主要是希望借西方军事支持来武

---

① 《伊拉克军队重新收复石油重镇拜伊吉》，http：//news. xinhuanet. com/world/2015 -02/08/c_1114296375. htm。

② 《打击“伊斯兰国”，美国寻求法案授权》，《人民日报》2015年2月13日。

③ 《美军打击“伊斯兰国”难逃反恐魔咒》，《中国社会科学报》2014年10月16日。

装自身。以美国为首的西方国家希望借多个国家的基地武装和培训“温和反对派”，一方面将军事优势化为政治筹码，逼迫巴沙尔下台；另一方面亦可在地面打击极端势力。

第三，反恐任务重于颠覆叙利亚政权，巴沙尔的战略压力有所减小。从叙利亚危机开始，西方阵营就坚持“巴沙尔必须下台”的立场。而“伊斯兰国”的崛起改变了地区形势，美国更不希望“伊斯兰国”取代叙政府。目前叙政府的外部环境已大为改善，比如政府与反对派的非正式接触开始增加；法国议员以私人名义对叙利亚进行了访问，并与叙总统巴沙尔会晤。来自土耳其和美国的代表也都于近期同叙政府进行了非官方接触。在共同的反恐诉求面前，一些国家关于“巴沙尔必须下台”的调门已有所减弱。但是，各方反恐诉求的背后其实各有算盘，相互之间缺少协调和互信，这令反恐行动事倍功半。①

（二）也门局势急剧恶化，国内安全问题和地区大国竞争纵横交错

2015 年也门局势急剧恶化，国内冲突与地区权力斗争交织。2015 年 1 月，长期盘踞在也门北部萨达省的胡塞武装组织攻入首都萨那，宣布成立总统委员会和全国过渡委员会。在联合国特使的斡旋下也门各政党谈判，各方同意成立总统委员会。遭软禁多日的哈迪被释放并前往南方城市亚丁。② 之后，哈迪宣布在亚丁履行总统职责。他指责胡塞武装组织的行动为“非法”。此后，胡塞武装向南一路攻城略地，最终攻占亚丁，哈迪被迫逃往国外。

围绕也门问题，地区干涉和国际斡旋同时并进，战场形势泾渭分明。2015 年 3 月 26 日，沙特牵头组织的阿拉伯联军对胡塞武装组织发动打击，

---

① 《叙利亚危机难见缓解之势》，《人民日报》2015 年 3 月 16 日。

② 《也门总统软禁被解除离开首都》，http：//news. xinhuanet. com/world/2015 - 02/21/c_1114414310. htm。

并在也门设立“禁飞区”。[①] 但联军没有从根本上重创胡塞武装，反而造成大量平民伤亡，引发国际社会谴责。4 月 14 日，联合国安理会通过决议，对胡塞武装相关个人和实体实施武器禁运。决议重申支持也门总统哈迪的合法性，要求胡塞武装撤出其占领的地区。7 月中旬，沙特与阿联酋联军 3000 人进入也门，配合亲哈迪的南方部落武装，向胡塞武装发起反攻。到 8 月初，胡塞武装已经丢失南方地区，但仍然固守萨那和北方大部分地区，也门战事由此转入南北对峙阶段。

也门冲突背后有沙特和伊朗较量的影子。伊朗欲扩大什叶派的势力范围，而沙特希望遏制伊朗的影响，守住逊尼派的阵地。长此以往，也门内战或会沦为沙特和伊朗、逊尼派和什叶派间的“代理人战争”。[②]

（三）尼日利亚反恐形势严峻，联合反恐聚力艰难

2015 年 1 月初，极端组织“博科圣地”在尼日利亚北部的博尔诺州烧毁了至少 16 个城镇和村庄，接连制造“巴加屠村”和“女童人肉炸弹”等恐怖事件，造成大量无辜平民伤亡，大批难民涌入邻国，引发严重的人道主义危机。随后，喀麦隆、尼日利亚、乍得、尼日尔等国的军队分别发起清剿行动，取得一定的效果。

然而，“博科圣地”在尼北部壮大的原因比较复杂，既有历史、宗教、部族传统、单一石油经济结构造成区域经济发展不平衡的原因，也有各政治势力派别相互倾轧，借代理人作乱的因素。同时，还与尼同周边国家长期存在领土与资源争端有关联。

“博科圣地”的跨国性特点使其难以被固定打击。周边国家因担心惹火上身，对它采取了容忍态度，使其屡屡化险为夷并得以重整旗鼓。另外，非盟的协调能力欠缺，不能提供必要的物质保障。虽然非盟委员会主席祖玛曾表示建议组建一支 7500 人的区域性多国联合特遣部队，但

---

① 《沙特空袭也门胡塞武装行动致 13 名平民丧生》，《人民日报》2015 年 3 月 27 日。

② 《联合国安理会决议对也门胡塞武装实施武器禁运》，http：//china. cnr. cn/yaowen/20150415/t20150415_ 518320828. shtml。

有关国家仍面临合作战略制定、经费来源以及后勤保障等一系列现实问题。[①]

“博科圣地”宣布效忠“伊斯兰国”后，该组织活动的国际化因素加强。2015 年 3 月，“博科圣地”宣布效忠“伊斯兰国”，之后又改名为“伊斯兰国西非省”，这既表明其正被不断削弱，也表明它试图借此获得更多外援，更多效仿“伊斯兰国”的恐怖活动方式。[②]

（四）乌克兰局势曲折反复，根本解决难度很大

2015 年 1 月，乌克兰东部马里乌波尔再次爆发大规模冲突，造成 16 名平民丧生，80 多人受伤。[③] 1 月 31 日，乌克兰问题三方联络小组（乌克兰、欧洲安全与合作组织和俄罗斯）代表，以及乌东部民间武装代表举行新一轮停火谈判，但无果而终。乌方坚持指责俄罗斯向东部武装提供军事支持，但俄罗斯坚称从未向乌派遣任何军队。乌克兰危机背后大国博弈继续凸显，美国积极介入，俄罗斯很难改变立场。3 月下旬，美国宣布，将于下月向乌克兰派遣近 300 名士兵帮助训练乌克兰军队。同一天，英国国防部宣布已经在乌克兰境内展开培训乌军的工作。[④]

美国与欧盟并非铁板一块，技术问题折射战略分歧。2015 年 2 月 11 日，在德法新一轮斡旋下，德、法、乌、俄四国首脑会晤，四国领导人达成了协议，却没有举行共同签字仪式，协议中还存在许多问题，因此暂时不能说和平已经实现。欧洲国家强调冲突不能通过军事手段解决，而美考虑对乌克兰提供更多援助。德国强烈主张欧洲走和平道路，俄罗斯是欧洲的一部分。在对俄制裁等问题上，欧盟与美国的利益不尽一致，这决定了它们的目标也不完全相同，甚至在一定程度上存在矛盾。

---

① 《多国打击“博科圣地”　尼日利亚选举或“让路”》，http：//news. xinhuanet. com/world/2015 -02/09/c_ 127471413. htm。

② 《博科圣地改名伊斯兰国西非省》，《环球时报》2015 年 4 月 29 日。

③ 《乌克兰东部危机加剧》，《人民日报》2015 年 1 月 25 日。

④ 《美英同时宣布训练乌军队》，《环球时报》2015 年 3 月 21 日。

二　世界主要国家的军费与军备建设

根据斯德哥尔摩国际和平研究所（SIPRI）公布的数据（见表2），2014年全球军费开支为1.776万亿美元，占全球GDP的2.3%，或人均开支245美元。全球开支相比2013年下降0.4%。非洲、东欧和中东地区军费开支持续快速增长。2014年下半年油价的上扬和地区冲突加剧是这些地区军费开支上升的原因。乌克兰、伊拉克和叙利亚国内的冲突驱动地区军费开支。然而，2014年底开始的油价下跌也将影响军费开支，尽管并不明显。2014年亚洲和大洋洲的军费开支也有所上扬，不同国家有增有减。与此同时，南美洲军费略有减少，而中美洲和加勒比地区军费有所增加。①

表2　2014年全球各地区军费开支情况

地　区	军费(十亿美元)	增长率(%)
非　洲	(50)	5.9
北　非	20.1	7.6
撒哈拉以南非洲	(30.1)	4.8
美　洲	705	-5.7
中美洲和加勒比地区	10.4	9.1
北美洲	627	-6.4
南美洲	67.3	-1.3
亚洲和大洋洲	439	5.0
中亚和南亚	65.9	2.0
东　亚	309	6.2
大洋洲	28	6.9
东南亚	35.9	-0.4
欧　洲	386	0.6
东　欧	93.9	8.4

① *SIPRI Yearbook 2015*, http://www.sipri.org/yearbook/2015/downloadable - files/sipri - yearbook - 2015 - summary - pdf.

续表

地　区	军费(十亿美元)	增长率(%)
西欧和中欧	292	-1.9
中　东	(196)	5.2
总　计	1776	-0.4

注：( ) 代表不确定的估算。开支以美元（2014 年）计算。

资料来源：*SIPRI Yearbook 2015*，http：//www. sipri. org/yearbook/2015/。

（一）美国的军费与军备发展动向

受美军从阿富汗撤出以及 2011 年的预算控制决议（Budget Control Act）的影响，美国 2014 年军费继续下降，但 2014 年国会达成一致，意图减小该议案对军费的影响。由于美军撤出阿富汗，在阿的海外应急行动费用将减少，但在伊拉克和乌克兰的减少幅度将不会太大。无论如何，2015 年美军费开支预计继续下降，尽管这一幅度会更慢一些。①

2014 年 12 月 12 日，美参议院表决通过 2015 财年国防预算法案，数额 5850 亿美元。② 12 月 19 日，奥巴马签署了《国防授权法案》，共拨款 5771 亿美元，其中国防部获得 4959 亿美元，海外作战获得 637 亿美元，能源部国家安全项目和国防核设施安全委员会获得 175 亿美元。在国防部拨款中，装备采办拨款 914 亿美元，陆军获得 136 亿美元、海军和海军陆战队获得 400 亿美元、空军获得 336 亿美元、跨军种采购获得 40 亿美元拨款。研究、开发、试验和鉴定（RDT&E）获得 638 亿美元拨款，其中陆军占 66 亿美元、海军占 162 亿美元、空军占 234 亿美元、跨军种占 170 亿美元。作战与维持获得 1654 亿美元拨款。军事人员获得 1347 亿美元拨款。其他项目，如各军种投资基金、健康项目等共获得 340 亿美元。军事建设获得 65.5 亿美元拨款。海外作战获得 637.2 亿美元拨款，其中采购费用占 84.8 亿美元，研究、

① *SIPRI Yearbook 2015*，http：//www. sipri. org/yearbook/2015/downloadable - files/sipri - yearbook - 2015 - summary - pdf.

② 《美国 2015 财年国防预算达 5850 亿美元》，《解放军报》2014 年 12 月 15 日。

开发、试验和鉴定（RDT&E）占3.4亿美元，作战与维持占468亿美元，人员费用56亿美元，其他项目占22.8亿美元，军事建设占2.2亿美元。[①]

谋求在新领域的尖端技术领先地位始终是美军的重要发展方向。美国国防部副部长2015年7月表示，美国防部年底将启动首个服务情报和军事的联合太空运行中心，加强国防部和情报机构协作，发展更好的一体化太空能力，增加太空力量的弹性以应对与日俱增的俄罗斯等国家的威胁。[②]

美国也力图加强应对网络安全威胁，提升应对攻击的反制能力。2015年4月23日，美国国防部发布了一项网络新战略，首次明确讨论了美国在何种情况下可以使用网络武器来对付攻击者，并且还列出了美国自认为“威胁”最大的国家：中国、俄罗斯、伊朗和朝鲜等。报告提出国防部在网络安全方面的三大使命：一是防卫国防部的网络、系统和信息；二是保卫美国国土及国家利益不受重大网络袭击活动的侵犯；三是集中网络军队力量支持军事行动和应急计划。[③]

7月1日，美国防部公布了2015年度的《国家军事战略》报告。报告指出：大国开战的可能性“较低，但在上升”；俄罗斯“蔑视他国主权”，中国在南海的行动“令亚太紧张”，美国对于中国的崛起表示支持，并期望中国能在更广泛的国际安全领域里同美国建立合作关系。美国应保证有同时应对来自“伊斯兰国”以及俄罗斯等国际秩序“挑战者”的能力。值得一提的是，美国认为，中国尽管可能会对美造成威胁，但与俄罗斯、朝鲜、伊朗这样的国家在性质上有所不同。[④]

（二）中国的军费与军备发展动向

2015年，中国国防预算的增长幅度是10%左右，约为8900亿元。这低

① 《美国总统签署2015年〈国防授权法案〉》，http：//www. dsti. net/Information/News/92055。

② 《美国防部年底将启动首个服务情报和军事的联合太空运行中心》，http：//www. dsti. net/Information/News/95192。

③ 《美国国防部发布网络战略（2015）》，http：//www. infseclaw. net/news/html/921. html。

④ 《五角大楼公布2015版国家军事战略报告　强调中俄威胁》，http：//world. huanqiu. com/exclusive/2015 -07/6831360_ 2. html。

于2014年的12.2%，也是五年以来最低的。这个数字仍然大大低于美国2013年6004亿美元的军费开支。世界主要国家军费开支一般占GDP的2% ~4%，而中国只有约1.5%。在军费使用方面，中国推进军民融合式发展战略，推动国防建设和军费投入对国民经济的促进作用。同时，加大对信息化建设的投入。全面推行军费绩效管理，提高军费使用效益。①

2015年5月，中国公布国防白皮书《中国的军事战略》。这部白皮书从国家安全形势、军队使命和战略任务、执行积极防御战略方针、军事力量建设发展、军事斗争准备和军事安全合作六个方面阐述了中国的国防政策。近期，中国人民解放军将按照能打仗、打胜仗的要求，坚持以解决重点难点问题为导向，真抓实备，全面提高军队威慑和实战能力，增强基于信息系统的体系作战能力，统筹推进各方向各领域军事斗争准备，保持常备不懈的战备状态，提高军事训练实战化水平，并准备组织非战争军事行动。

（三）俄罗斯军费与军备发展动向

2015年俄罗斯国防预算减少5.3%，下调至570亿美元，但此数目仍然比2014年高出25.6%。② 2015年，俄军队将获得700辆装甲车、1550辆其他各类车辆、126架固定翼飞机、88架直升机、两组“伊斯坎德尔－M”战术弹道导弹系统、两艘多功能潜艇和5艘水面舰。军工企业交付的装备将比2014年多20%。这些订单的完成将使俄军装备的现代化水平至少达到30%。③

2015年，俄国防战略的首要任务是维持和升级核武能力。年内3个战略导弹兵团都已部署了新的导弹系统。4种战略轰炸机，Tu－160和Tu－95MS都已进行改造并投入使用。2014年两台高厂准备（high factory

① 《2015年中国国防预算增长幅度为10%左右　比去年有所下降》，http://news.xinhuanet.com/mil/2015－03/04/c_ 1114523494.htm。

② 《俄罗斯削减2015年国防开支》，http://www.dsti.net/Information/News/94792。

③ 《俄罗斯公布2015年国防订单　将装备700辆装甲车》，http://www.chinanews.com/mil/2015/01－22/6996296.shtml。

readiness）雷达已在加里宁格勒和伊尔库茨克投入使用，另有两台也已分别在巴尔瑙尔和叶尼塞斯克进入实验阶段，2015 年将投入使用。①

加紧建设统一航天系统，将提升太空防御能力列为俄军建设的优先任务。新型航天器发射地面基础设施已在俄北部的普列谢茨克发射场完成建设，这是俄统一航天系统框架内的项目之一，未来发射场可发射系统所需的卫星和航天器等。除了导弹预警，它还可用于监控领空，追踪所有可能入侵的目标，如飞机、直升机、无人机、各种射程的巡航导弹，监视航天设备和有威胁性的太空垃圾，为反导防御和防空部队提供信息保障，关注外国境内的导弹测试等。此外，统一航天系统的航天设备还能为俄国防部提供通信联络服务。②

（四）日本军费与军备发展动向

2015 财年日本政府防卫预算为 4.98 万亿日元，创历史新高，这也是日本防卫预算连续第三年增加。加上刚刚通过的 2014 财年补充预算案中 2110 亿日元的防卫经费列支，日本 2015 财年实际防卫经费将达约 5.2 万亿日元。增加防卫经费主要用于加强冲绳县等地的防卫力量，特别是离岛防卫能力。日本为此计划在 2015 财年购进 5 架“鱼鹰”运输机、30 辆水陆两栖战车、20 架 P－1 反潜机、6 架 F－35 战机等新装备。③

2015 年 2 月，日本政府推出《宇宙基本计划》，并加大了对太空军事的投入。该计划虽然声称所谓和平开发太空，但掩盖不住涉及安全、卫星、船舶监视、太空垃圾等方面的重大军事战略目标。这一计划反映了日本在陆、海、空之外的“第四战场”建设上的勃勃野心，自卫队力量的运用范围将实现陆海空天全方位跨越，日美军事同盟的合作领域也更加宽广，日本向军

① 《俄公布 2015 年国防重点：维持升级核武器居首》，http：//news. qq. com/a/20150101/023763. htm。

② 《俄罗斯加紧建设统一航天系统》，《人民日报》2015 年 1 月 12 日。

③ 《日本 2015 财年防卫预算创新高》，《人民日报》2015 年 1 月 12 日。

事大国目标又迈进一大步。[①]

2015 年 7 月 16 日，日本众议院通过了以解禁集体自卫权为核心的《和平安全法制整备法案》和《国际和平支援法案》，标志着战后日本长期坚持的“专守防卫”安保政策被彻底颠覆，也标志着日本首相安倍晋三挣脱战后体制的政治夙愿迈出了关键性一步。2015 年 4 月美日签署了新的《日美防卫合作指针》，日美军事合作地域扩大到全球，合作领域拓宽。新安保法案正是对该指针的配合，使得日本能够在日美同盟中承担更多责任，推动日本军力扩张，并在全球使用武力。[②]

（五）中国周边地区国家的军费与军备发展动向

2015 年 3 月，印度公布了 2015 ~2016 财年国防预算，国防预算从上一财年的 2. 22370 万亿卢比（约合 358. 6 亿美元）增长至 2. 46727 万亿卢比（约合 398. 0 亿美元），增长率为 6. 0% ~7. 5% 。2015/2016 财年印军将采购 15 架“阿帕奇”直升机、22 架 CH –47F“支奴干”运输直升机、C –17 重型运输机、护卫舰和潜艇。[③]

2015 年 4 月，印尼众议院宣布支持政府提高国家的国防预算，到 2020 年达到 200 万亿印尼盾（150 亿美元）。这个目标大约是 2015 年国防预算的两倍。该举措符合政府将军费开支占 GDP 的比例从现有的 0. 8% 增加到 1. 5% 的承诺。这些资金将主要用于支持军事采购，从而加强印尼领土防御和安全，应对更加不确定的威胁。[④]

加强军购和国际军事合作始终是越南强军的重要方向。2014 年 10 月，印度和越南重申发展两国的战略伙伴关系。印度计划向越南提供 1 亿美元的军事援助，以支持越南购买印度制造的巡逻艇，并扩展军事训练和联合演习

---

① 《日〈宇宙基本计划〉暗藏祸心》，http：//world. huanqiu. com/hot/2015 –01/5514803. html。

② 《“专守防卫”安保政策被彻底颠覆》，http：//www. chinadaily. com. cn/micro –reading/dzh/2015 –07 –17/content_ 13994346. html。

③ 《印度 2015 ~2016 财年国防预算不足以支撑军队现代化建设》，http：//www. dsti. net/Information/News/93357。

④ 《印尼计划大幅增加国防预算》，http：//www. dsti. net/Information/News/94118。

计划。[①] 3 月，越南和以色列签订国防合作谅解备忘录，加强包括军事行动、技术转让、军工合作等领域内的合作。[②] 5 月，美国国防部长卡特访问越南，双方签署了《防务关系共同愿景的联合声明》。7 月，越南海军从俄罗斯接收了第四艘基洛级改进型潜艇。[③]

结　语

2014～2015 年度的全球重大武装冲突数量与上一年度相比有细微增加，主要冲突仍是集中在中东、南亚和非洲等地。在美国及其盟国的大力打击下，“伊斯兰国”的扩张态势基本被遏制。叙利亚内战双方处于战略僵持状态，同时由于“伊斯兰国”的崛起，巴沙尔政权面临的以美国为首的西方国家压力得到了一定缓解，但问题的根本解决前景仍不明朗。乌克兰问题进入了一个美俄长期博弈中的相对稳定状态。由于“胡塞武装”的崛起，引发了以沙特为首的联军对也门进行的军事干预，增加了地区动荡和冲突。南亚在继续面临恐怖主义和极端势力威胁的同时，印巴之间的小范围军事摩擦时有发生。中非和西非地区由于历史和现实的纠葛原因，联合打击恐怖主义难度较大。在阿富汗，美军逐步撤出，但是“战后清剿”仍任重道远，局势远未“尘埃落定”。

2014 年全球军费开支总额为 1.776 万亿美元，占全球 GDP 的 2.3%。非洲、东欧和中东地区军费开支持续快速增长。乌克兰、伊拉克和叙利亚国内的冲突驱动地区军费开支上扬。亚洲和大洋洲的军费开支也有所上扬，不同国家有增有减。与此同时，南美洲军费略有减少。中美洲和加勒比地区的军费开支有所增加。

中国军费开支稳居世界第二，中国军队的装备正在快速缩小与世界先进

① 《印度和越南进一步加强战略合作关系》，http://www.dsti.net/Information/News/91234。

② 《越南、以色列签署国防合作协议》，http://www.dsti.net/Information/News/93159。

③ 《越南接收新的俄罗斯潜艇与俱乐部－S 导弹》，http://www.dsti.net/Information/News/95101。

水平的差距。根据 2015 年《中国的军事战略》白皮书，中国将坚持和平、发展、合作共赢的国防政策理念。中国人民解放军将坚决维护中国共产党的领导和中国特色社会主义制度，坚决维护国家主权、安全、发展利益，坚决维护国家发展的重要战略机遇期，坚决维护地区与世界和平，坚决捍卫祖国统一。中国人民解放军将执行积极防御的战略方针，着眼建设信息化军队、打赢信息化战争。

参考文献

Heidelberg Institute for International Conflict Research at The Department of Political Science, University of Heidelberg, *Conflict Barometer 2014*, http：//www. hiik. de/en/konfliktbarometer/pdf/ConflictBarometer_ 2014. pdf.

SIPRI Yearbook 2015, http：//www. sipri. org/yearbook/2015/downloadable – files/sipri – yearbook – 2015 – summary – pdf.

http：//www. pcr. uu. se/research/ucdp/.

http：//www. systemicpeace. org/warlist. htm.

http：//www. satp. org.

新华网，http：//www. xinhuanet. com。

环球网，http：//www. huanqiu. com。

人民网，http：//www. people. com. cn。

腾讯网，http：//www. qq. com。

国防科技信息网，http：//www. dsti. net/。

全球问题与全球治理

Global Issues and Global Governance

Y.5

网络安全与治理：新事件与新挑战

郎　平*

摘　要：2015 年度，互联网的发展继续呈增长态势，网络安全问题与国际互联网治理问题日渐突出。一方面，索尼影业遭受黑客攻击事件不仅关系到一个企业的经济损失和西方国家言论自由的价值观，更体现出在网络攻击常态化的背后，一个国家应该如何应对网络攻击所带来的对经济发展和国家安全的威胁。另一方面，在美国同意移交对 IANA 职能的管理权之后，ICANN 的国际化改革进程也正在逐步推进。目前，有关管理权移交的提案已经出台，只需等待美国商务部的批准和美国国会的通过。鉴于历史沿革的因素，美国将会继续保持在互联网治理和网络空间的主导权与绝对优势，但网络空间的独

* 郎平，中国社会科学院世界经济与政治研究所副研究员，主要研究领域为网络空间安全与治理等。

特性也决定了只有通过多方合作才能实现网络空间的健康有序发展以及各方利益的共赢。

关键词：网络安全　互联网治理　索尼影业黑客攻击　ICANN 国际化　中美关系

2015 年，互联网的发展继续呈增长态势。根据国际电信联盟的统计，到 2015 年底，互联网用户预计将由 2013 年的 27 亿增加到 32 亿，接近全球人口总数的一半。但是，发达国家与发展中国家的数字鸿沟依然存在，虽然发展中国家的互联网用户已经达到 20 亿，但仍有 40 亿人口未上网，占发展中国家总人口的 2/3；固定宽带普及率只有 6%，远远低于发达国家的 27.5%；在发展最快的移动互联网领域，发展中国家的普及率是 21%，发达国家则已经达到 84%。[①] 在上述国际背景下，网络安全与治理问题的重要性凸显，一方面，网络安全在国家安全战略中的意义大幅提升；另一方面，关于国际互联网治理原则与改革的争论也在不断深化。在国际关系舞台上，索尼影业遭受黑客攻击事件和 ICANN 的国际化改革问题无疑是本年度网络安全与治理领域的两件大事，从深层次分析，这两起事件无疑是对上述两个特征的最好诠释与回应。

一　从索尼影业遭受黑客攻击事件看网络安全

2014 年 11 月 24 日，美国索尼影业娱乐公司（Sony Pictures Entertainment）遭到严重的黑客攻击，再次引发关于网络安全的讨论。

---

① ITU, *Measuring the Information Society Report 2014*, Geneva: International Telecommunication Union, 2014.

（一）由索尼影业黑客事件引发的国际争端

此次网络攻击事件，除了制造恐怖视觉冲击之外，恶意软件在很短的时间内迅速覆盖了全球的索尼园区和各大洲服务器，彻底摧毁了索尼全球一半的网络，窃取并抹掉了全公司 6797 台电脑中 3262 台以及 1555 台服务器中 837 台的全部数据。在接下来的三周内，黑客分 9 次将窃取的机密文件发表在公共文件共享平台上，爆料了索尼影业即将上映的影片信息、员工工资邮件和 4.7 万个社会安全码。12 月 8 日，一家名为“和平守卫者”的黑客组织公开宣称对此次黑客攻击事件负责，要求索尼娱乐取消好莱坞喜剧电影《采访》（*The Interview*）的上映计划。16 日，黑客组织发布最后通牒，扬言将对放映地点发动“9·11”式的恐怖袭击。出于安全考虑，索尼娱乐 17 日发表声明，决定正式取消该影片在美国和全球其他国家的一切发行计划。在随后一周时间里，索尼公司因为制作这样一部刺杀主权国家最高领导人的电影以及随后向黑客组织妥协的做法陷入了全球的舆论风暴。24 日，索尼娱乐宣布重新上映这部电影，但只是通过视频点播的形式并只在数百家影院进行了播放。

出乎意料的是，事态的发展使得此次黑客事件迅速升级为一起划时代的国际政治争端。首先不得不回到此次事件的导火索——索尼娱乐发行的一部电影《采访》。它讲述了两个美国特工伪装成记者到朝鲜进行采访，并借机刺杀金正恩的故事，因此网络又称之为《刺杀金正恩》。这部影片自公布起就招致了极大的争议，朝鲜政府多次指责该影片将一个国家领导人摆上台面玩弄是令人发指的行径，是一种战争行为，如果影片上映，不排除朝鲜采取报复行动，包括动用武力。12 月 19 日，美国联邦调查局发表声明将此次攻击归咎于朝鲜，声称“朝鲜的行为对美国商业、美国公民的权利造成了侵害，这样的恐吓行为超出了我们可接受的范围，我们将对此进行彻查，并让他们付出代价。我们决不允许任何其他国家、群体或个人通过网络手段以此来威胁美国，侵犯美国的国家利益”。① 美国总统奥巴马也在次日公开指控朝鲜支持了

① 徐娉婷：《索尼影业遭黑客攻击事件始末》，腾讯文化，2014 年 12 月 23 日。

黑客攻击事件，将其定性为“网络恶意破坏行为”，并指出取消影片公映是一个“错误”。但是，朝鲜对于指控进行了否认。2015 年 1 月 2 日，白宫决定启动对朝鲜新一轮的经济制裁。至此，由一部影片引发的索尼娱乐遭受黑客攻击事件，升级为一起严重的国际政治斗争，网络安全问题再度升温。

索尼影业事件引发了媒体和学术界的热议，激进的观点认为应该向朝鲜宣战，温和派则主张采用经济制裁的手段或是与中国合作来制约朝鲜的挑衅行为。美国智库布鲁金斯东亚政策研究中心学者凯瑟琳·摩恩（Katharine H. S. Moon）认为，向朝鲜宣战是一件极其严肃的事情，由于黑客攻击并没有造成人员的伤亡，因此它并不能被看作是网络战争行为，美国也没有理由因此对朝鲜发动网络战争。此外，对于朝鲜的经济制裁已经够多了，很显然经济制裁的作用也非常有限。如果向中国求助恐怕会更麻烦，美国一直怀疑中国在暗中帮助朝鲜进行网络破坏活动。凯瑟琳认为，最关键的因素还是消费者，应鼓励影片播放，重新树立保卫言论自由的决心。① 乔治城大学东亚研究中心主任维克多·查（Victor Cha）则对美国政府采取经济制裁的手段表示了肯定，认为虽然朝鲜政府对美国之前的经济制裁措施进行了抵制，但美国此次制裁措施针对的是朝鲜权贵阶层，而朝鲜政府对这些权贵之后的经济链极为敏感。② 美国外交关系委员会军事专家克林特·海诺特（Clint Hinote）在《外交》杂志撰文称，美国应该在网络空间建立起威慑，给予网络攻击者足够的惩罚，但是这种惩罚并不能有效地依靠网络报复行动来实现，更有效的手段是通过现实空间的军事打击行动，让网络攻击者知道美国确实能对他们采取惩罚措施，毕竟在现实世界中，没有哪个国家可以确信能够抵挡美国的武装攻击。③

---

① Katharine H. S. Moon, "Terabyte Terror Bites Sony," Brookings Institution, http://www.brookings.edu/blogs/up-front/posts/2014/12/19-north-korea-sony-cyber-attack-moon.

② Michael A. Memoli and Ryan Faughnder, "U. S. sanctions on North Korea suggest prospect of further retaliation," *Los Angeles Times*, Jan. 2, 2015, http://www.latimes.com/world/asia/la-fg-north-korea-sanctions-20150102.

③ Clint Hinote, "How to Stop Next Hack: Deterrence in Cyberspace," *Foreign Affairs*, Jan. 4, 2015.

（二）索尼影业黑客事件与美国网络安全

近年来，随着越来越多的美国政府部门和企业遭受黑客攻击，美国政府对于网络攻击所带来的安全威胁表示严重关切。人们或许会认为，美国作为一个国家，大可不必为一家娱乐公司遭受黑客攻击而大动干戈。从表面上看或许如此，但从深层次看，索尼影业遭受黑客攻击事件之所以升级到国际政治层面，一方面是因为它威胁到美国“言论自由”的价值观理念，另一方面则是基于维护网络安全的考虑，为网络攻击甚至是网络战的到来敲响了警钟。具体来看，美国政府对于网络攻击的安全关切主要集中在以下两个方面。

首先，对国家关键基础设施安全的威胁。2013 年 2 月，奥巴马政府签署了美国总统第 13636 号行政令《提高关键基础设施网络安全》，明确提出：“针对关键基础设施的网络威胁持续增长，是我们必须面对的最严重的国家安全挑战之一。在面对这样的威胁时，美国的国家安全和经济安全依赖于国家关键基础设施的可靠运行。”① 2014 年 2 月，奥巴马政府正式发布了基于美国国家标准与技术研究院（NIST）完成的《关键基础设施网络安全框架》。该框架提供了“优先、灵活、可重复、基于绩效的和成本效益”的网络安全风险管理流程和方法，旨在用“标准、指南和最佳实践”为关键基础设施部门管理网络安全风险提供指引。② 此外，作为 13636 号行政令执行的配套成果，美国国土安全部推出了关键基础设施网络社区（简称为 C^3）志愿计划，通过对自愿参考本框架的组织机构提供免费支持，以加强关键基础设施网络安全。

其次，网络黑客事件导致政府信息和商业窃密事件屡有发生，致使美国

---

① The White House, “Executive Order: Improving Critical Infrastructure Cybersecurity,” Feb. 12, 2013, https://www.whitehouse.gov/the-press-office/2013/02/12/executive-order-improving-critical-infrastructure.

② The White House, “Launch of the Cybersecurity Framework,” Feb. 12, 2014, https://www.whitehouse.gov/the-press-office/2014/02/12/launch-cybersecurity-framework.

企业竞争力遭受侵蚀。2014 年 5 月，美国中央情报局前任局长罗伯特·盖茨在纽约召开座谈会时表示，除中国外，世界上仍有 12 ~ 15 个国家试图通过网络盗取美国商业机密，法国就是其中的一员。2014 年 9 月 17 日，美国参议院发布报告称，2012 ~ 2013 年，与中国军队有关联的网络黑客曾 20 次入侵为美国军方服务的私营运输公司的电脑系统。2015 年 5 月，天津大学教授张浩等 6 人在美被控"经济间谍罪"，称其在长达 10 年的时间内从硅谷高科技公司窃取 4G 核心技术。

从深层次看，当前以中国为代表的新兴大国快速崛起，而美国的相对实力逐渐下降，中美战略力量对比的变化使得美国政府对于"中国政府支持的网络窃密事件"越发不能容忍，进而不断向中国政府施压，并且态度日趋强硬。2015 年 6 月，美国政府再度质疑中国黑客盗取联邦政府人事数据。而美国前国务卿、民主党下一届总统候选人希拉里更是在 7 月初的一次竞选活动中公开声称，"中方盗窃了美国政府方面的大量的信息，寻求占上风的机会"。7 月 31 日，美国资深记者戴维·桑格（David Sanger）在《华尔街日报》《纽约时报》撰文援引白宫消息称，美方已经决定对华实施网络报复，以惩罚"窃取 2000 万美国政府雇员信息"的黑客行为；美方已经制定了若干可供选择的行动方案，其中既有温和的外交渠道交涉，也有更加重大的行动，例如攻破中国的防火墙，美方希望通过"部分公开的方式来达到威慑的效果"。①

随着网络攻击的常态化，为了进一步确保美国的网络和信息安全，美国政府采取了一系列重要举措，加快了国内各部门之间的协调与整合，以充分保障美国的网络和信息安全。2015 年 2 月，奥巴马总统的国土安全和反恐事务高级顾问莫纳科表示，白宫将成立一个"网络威胁与情报整合中心"，负责分析整合来自国土安全部、联邦调查局、中央情报局、国家安全局等机构的网络威胁信息，并将之分享给美国相关政府部门和美国企业，从整体上

---

① David Singer, "U. S. Decides to Retaliate Against China's Hacking," *The New York Times*, Aug. 1, 2015.

提高美国防范应对网络攻击的能力。3 月，美国中央情报局局长约翰·布伦南宣布，将对该部门进行大规模重组，增设一个专门负责网络情报搜集的指挥部，着力加强中情局的网络情报搜集能力。① 经与司法部长和国务卿协商，4 月 1 日，奥巴马发布行政命令，授权财政部长对他认定的“可能导致或实际上已造成对美国国家安全、外交政策、经济健康或金融稳定的重大威胁”的海内外网络恶行者采取制裁措施，例如冻结在美国管辖范围的资产（如银行账户）以及禁止美国公民或实体与受制裁目标进行交易等。② 4 月 23 日，美国国防部发布了一项新的网络战略，首次明确讨论了美国在何种情况下，可以使用网络武器来对付攻击者；明确了国防部在网络安全方面的三大使命是：防卫国防部的网络、系统和信息；保卫美国国土及国家利益不受重大网络袭击活动的侵犯；集中网络军队力量支持军事行动和应急计划。③

作为当今世界的头号军事强国和网络大国，网络攻击已经成为威胁美国国家安全和经济最严峻的挑战之一。近几年来，美国政府对网络攻击的威胁越发重视，在应对举措上也日渐成熟和系统化。考虑到网络安全问题的难以追踪、成本低、跨越国界等特性，美国网络安全战略的制定更具实用性和针对性，一方面它更加重视网络攻击防御的能力建设，另一方面它突破了军用和民用之间的传统分野，将网络战略的内涵和外延提升到新的战略高度。

二 ICANN 国际化与互联网治理改革

随着互联网在全球的迅速普及，网络空间的治理问题逐渐受到国际社会

① 刁海洋：《美中情局开启史上最大规模重组，着力网络情报搜集》，中国新闻网，2015 年 3 月 6 日。

② 郑怡雯：《加大反网络攻击力度，奥巴马发布对海内外黑客的新制裁措施》，澎湃国际，2015 年 4 月 2 日。

③ U. S. Department of Defense, “The Department of Defense: Cyber Strategy,” http://www.defense.gov/News/Special - Reports/0415_ Cyber - Strategy.

的高度关注。由于历史原因，互联网治理的核心内容“互联网名称与 IP 地址的分配”由 1998 年成立的互联网名称与地址分配机构（ICANN）负责，而其监管权则归属于美国商务部下属的电信和信息管理局（NTIA）。2003 年，联合国信息社会世界峰会的召开首次提出了 ICANN 的国际化问题，但是在此后的 10 年中，互联网治理的改革问题进展缓慢。直到 2013 年“斯诺登事件”出现之后，美国政府因监听丑闻陷入难堪的尴尬境地，而国际社会深刻感受到实现民主、公平的网络资源决策与分配的迫切性和重要性，ICANN 的国际化呼声再创新高。在 2014 年 3 月巴西举办的全球互联网大会前夕，美国政府宣布有条件地[①]将其对互联网号码分配机构（IANA）的职能管理权移交给全球多利益相关方社群，NTIA 要求 ICANN 启动多利益相关方流程来为移交制定方案。

（一）ICANN 改革进程

ICANN，是美国政府为了平息国际社会对美国政府独自掌控互联网的不满而做出的妥协之举。根据 ICANN 的章程，全球被划分为非洲、欧洲、亚太、拉美以及北美五个区域，由每个地区推选出不超过 5 名的代表进入董事会，作为 ICANN 的决策机构；采用自下而上的决策程序，只有社群才能发动政策的制定，经章程组织通过后最后提交董事会批准；各国政府的代表组成“政府咨询委员会”，可以就社群方案提供建议，但是没有决策权。美国商务部 NTIA 虽然不再直接行使管理权限，但会以招标的形式将管理权委托给某个管理机构进行管辖，由管理机构制定对顶级域名解析系统的管理政策，接受对根区文件和文件系统的更改要求，但必须得到 NTIA 的书面许可，因此美国政府仍然牢牢把握着互联网关键资源的实际控制权。

① NTIA 提出了四项原则和两点期望，前者包括：支持并加强多利益相关方模式；维护互联网域名系统（DNS）的安全、稳定和弹性；满足 IANA 服务全球客户和合作伙伴的需求和期望；维护互联网的开放性。后者包括：广泛的社群支持；不得以一家政府或政府间组织来替代 NTIA 的职责。参见 http：//www. ntia. doc. gov/press – release/2014/ntia – announces – intent – transition – key – internet – domain – name – functions。

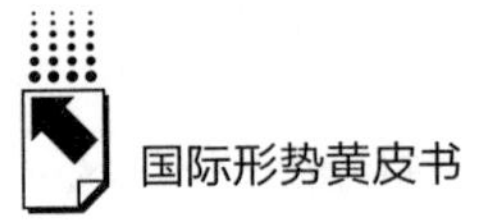

美国宣布移交 IANA 的管理权之后，IANA 将成为一个独立的法律实体，而不需再继续与美国政府签署合同进行授权，那么 ICANN 的主要任务就是制定提案，来替代 NTIA 之前对 IANA 职能的管理权。在管理权移交的同时，由于美国政府退出后留下了监督权的空白，ICANN 还必须强化原有的问责制，以便对 ICANN 董事会的决定进行监督。因此，ICANN 的改革实质上是一个管理权移交和问责制强化并进的双轨进程。2014 年 7 月，经过社群讨论，IANA 管理权移交协调小组（ICG）成立，其主要任务在于确保所有的社群提案均能达到 NTIA 的要求，并得到广大社群的一致支持。考虑到 ICANN 由下至上的决策模式，ICANN 改革的推进主要分为以下几个步骤：第一步，先由负责管理权移交的跨社群工作组（CWG）和负责问责制的跨社群工作组（CCWG）起草建议草案，并进行共同评议。第二步，经决策机构章程组织中的支持组织和咨询委员会批准，将草案提交到 IANA 管理权移交协调小组。第三步，ICG 对改革方案进行整合，提交 ICANN 董事会。第四步，董事会将改革方案报送美国商务部下属的 NTIA 批准，最后经美国国会审议通过。

2015 年 6 月，ICANN 第 53 届会议在阿根廷布宜诺斯艾利斯召开，会议围绕 IANA 职能管理权移交、ICANN 问责制等问题进行了审议，并提出了在 2016 年 7 月底之前完成改革的时间表。2015 年 7 月和 8 月，ICG 先后公布了 IANA 职能管理权移交和加强 ICANN 问责制两份提案草案。按照草案的设想，移交后的 IANA 将成为 ICANN 附属的一个法律实体，ICANN 为新实体提供资金和管理支持，从法律上实现功能的分离；签署 IANA 服务协议，规定运行 IANA 功能的若干条件；设立客户常设委员会，负责监督职能；成立 IANA 职能审核小组，定期审核移交后的 IANA 绩效。① 在强化 ICANN 问责制方面，提案主要包含了四项内容：一是修改 ICANN 章程，明确其使命、义务和核心价值，扩大与域名系统相关的组织活动范围，纳入《义务确认

① http：//www. ianacg. org/icg - files/documents/IANA - Stewardship - transition - proposal - EN. pdf.

书》，强化社群审核流程；二是赋予多利益相关方社群更多的管理权力，支持组织和咨询委员会可以在ICANN违反原则时联合采取行动；三是明确ICANN董事会的职责是指导ICANN的事务，社群可通过权力向董事会问责；四是改革独立审核机制，建立请求启动重申流程，成立常任专家组，进行独立的司法裁决，其决策对董事会具有约束力。①

按照ICANN公布的时间表，管理权移交的完成还面临着三道门槛：一是ICG要整合关于域名、IP地址和协议参数三个社群的提案，在2015年10月的第54届大会前后，将最后方案经ICANN董事会提交给美国商务部下属的NTIA。二是美国商务部和国会将先后对提案进行评估，审核时间需要4～5个月，如果能够批准，在2016年3月完成审批。三是落实一些先决条件，例如章程的调整、新机构的成立，乐观的情况是在2016年7月完成管理权移交工作。从目前的形势判断，在2015年10月第54届大会前的几个月，是改革最终方案出台的关键时期，是否能够达成各方一致同意的解决方案，还取决于支持组织和政府咨询委员会这两个章程组织内的最终利益博弈。目前有两种可能性：一是最终方案没有达成一致，将NTIA与IANA合同继续延期；二是改革方案最终得到章程组织的批准，并在都柏林大会上提交董事会。但是，即使最终方案达成，还要面临着是否能够得到美国政府和国会批准的问题，因此，ICANN改革最终的结果还面临着很大的不确定性。

（二）ICANN改革前景

从改革进程来看，IANA职能管理权移交的目标是改变由美国政府独家管理互联网关键资源的情况，但后者显然不会轻易放弃对ICANN的掌控和影响力。2015年6月23日，美国众议院通过了《2015年持续审视域名公开事务法案》，将国会对法案批准程序的介入合法化，以便确保美国的国家利益不受损害。7月8日，美国众议院召开了关于“ICANN第53届会议之后的互联网治理进展”的听证会，要求确保ICANN的改革符合美国政府的利

① https：//community. icann. org/m/mobile. action？dest = %23page%2F53783460.

益，确保美国的话语权。可以想象，即使得到奥巴马政府的推动和认可，但是考虑到美国国内政治的因素，2016 年美国大选已经拉开帷幕，IANA 管理权的移交问题很可能成为美国国内两党讨价还价、相互攻击的筹码。

作为全球网络空间的主导者，很显然美国并不情愿放弃其现有的利益和优势地位。美国的设想是名义上放弃对 ICANN 的管理权，但事实上将其控制权交付于一个排除各主权国家政府在外的私营机构手中。这在一定程度上又倒退至美国商务部 1998 年的政策立场，即“确保私营机构在域名管理中处于领导地位”。[①] 在架空了其他政府的管理权限之后，美国仍然可以凭借美国高校和公司在互联网领域的绝对优势，间接维持对互联网关键资源事实上的管辖权和影响力。在维持全球互联网运转的 13 个根服务器中，有 10 个处于美国政府部门、高校、公司及非营利机构的实际控制之下，而 NTIA 所负责的根区调整授权也并不在管理权移交的提案范围之内。换言之，即使美国政府交出了 IANA 的管理权，只要互联网得以运转的根区服务器依然置于美国的单一司法管辖之下，美国政府就可以继续保持对互联网关键资源的影响力。

在不同的国际场合，巴西、欧盟、印度等也提出了体现各自利益诉求的改革方案。[②] 巴西在很大程度上接受了美国治下的互联网治理框架和原则，以此在政治上换取美国对巴西立场的支持，因此巴西方案只是试图对 ICANN 多利益相关方模式进行有限的改良，而不再谋求革命性地重建网络空间新秩序。相比较而言，欧盟的利益诉求是分享美国对网络空间的治理权，尽可能摆脱受制于美国的局面，但欧盟方案同样不希望彻底改变现有的互联网治理架构。在 2014 年柏林网络空间合作峰会上，美国传统的温和派智库东西方研究所提出的改革方案获得了德国等欧洲国家的认同，其核心内容是对多利益相关方模式进行重新界定，在制度设计上赋予主权国家政府相

---

① “Statement of Policy on the Management of Internet Names and Addresses,” Jun. 5, 1998, http://www.nita.doc.gov/federal-register-notice/1998/statement-policy-management-internet-names-and-addresses.

② 沈逸：《全球网络空间治理原则之争与中国的战略选择》，《外交评论》2015 年第 2 期。

应的实质性管理权限，打破美国政府独享霸权的局面。印度在2014年ICANN釜山会议上提出了一个革命性的颠覆方案，希望利用自身在ITU中的话语权对现有的治理框架进行革命性变革，因此建议由ITU接管互联网治理的主要职能，将互联网治理重新导入主权国家政府间的多边制度框架，由主权国家来发挥主导作用。

从目前的形势来看，美国政府想要独揽互联网的主导权也并不容易，它既需要面对国际社会的广泛压力，同时也难以实现对掌控互联网关键资源的技术专家、公司、非营利机构的绝对控制权。在当前多利益相关方治理模式已经得到国际社会普遍认同的情况下，印度方案虽然代表了广大发展中国家的诉求，但从现实来看很难实现。巴西和欧盟的方案相对来说可能更容易被各方接受，因此有可能成为互联网治理改革更现实的预期目标。无论最终结果如何，ICANN的国际化已经是大势所趋，最终的进程将取决于国家间的利益博弈。

结　语

当互联网逐渐成为一个国家政治、经济和社会生活中不可或缺的重要支点时，互联网就已经超越了经济和技术层面而跃升至国家战略的高度。从国际关系的视角来看，网络安全与互联网治理是两个分属不同层面但实质上相互关联的一枚硬币的两面。网络安全问题事关国家经济与军事安全，黑客攻击不仅关系到商业技术机密的保护和企业的竞争力，而且威胁到一国的信息安全和关键基础设施的安全，而网络空间的攻击和防御能力建设就成为维护一国网络安全的重要手段。互联网治理问题的核心是全球重要网络资源的使用权和管理权，它需要包括技术专家、企业、非政府组织、政府等多利益相关方的共同参与。尽管表面上它归属于技术层面，但由于技术的基础性地位，互联网治理的结构会直接影响到国家间政治权力的分配格局。这两个层面结合起来，网络空间就毫无疑问地成为国家间较量的新“战场”，对中美两个大国来说尤其如此。中美之间固然在网络安全和互联网治理问题上有相当大的分歧，但是更应该看到，两国在维护本国网络安全和确保国际互联网健康发展方面的共同利益，相信随着习近平主席 9 月的美国之行，中美两国能够妥善处理双方的利益关切，以合作推动彼此之间利益的双赢和国际社会利益的共赢。

参考文献

沈逸：《全球网络空间治理原则之争与中国的战略选择》，《外交评论》2015 年第 2 期。

U. S. Department of Defense, "The Department of Defense: Cyber Strategy," http://www. defense. gov/News/Special – Reports/0415_ Cyber – Strategy.

ITU, *Measuring the Information Society Report 2014*, Geneva: International Telecommunication Union, 2014.

Clint Hinote, "How to Stop Next Hack: Deterence in Cyberspace," *Foreign Affairs*, Jan. 4, 2015.

The White House, "Executive Order: Improving Critical Infrastructure Cybersecurity," Feb. 12, 2013, https://www. whitehouse. gov/the – press – office/2013/02/12/.

The White House, "Launch of theCybersecurity Framework," Feb. 12, 2014, https://www. whitehouse. gov/the – press – office/2014/02/12/launch – cybersecurity – framework.

互联网名称与地址分配机构（ICANN）网站，https://community. icann. org。

互联网号码分配机构（IANA）网站，http://www. ianacg. org。

美国商务部下属电信和信息管理局（NTIA）网站，http://www. ntia. doc. gov。

白宫网站，https://www. whitehouse. gov。

Y.6
国际气候谈判进程：回顾与展望

田慧芳*

摘　要：国际气候治理不仅是个特殊的环境议题，也是全人类发展议程在新的全球战略格局下的延伸。作为一种“强制性全球公共物品”，气候问题的解决必须而且只能依靠构建具有约束力的国际气候治理框架来正式解决。在大致由发达经济体、新兴工业化发展中经济体和最不发达发展中经济体组成的现代世界经济体系背景下，国际气候谈判的焦点始终聚集于各缔约方如何划分和落实减缓气候变化的责任以及气候适应、资金和技术安排等方面。2015年是关键节点，全球将在2015年底的巴黎气候大会上继《京都议定书》后，再次签署一份新的对所有缔约方都有约束力的国际气候协议。这份协议将是国际气候谈判进程的一个重要的里程碑，必会对未来气候制度安排产生深远影响。

关键词：气候变化　国际气候谈判　国家自主贡献目标　国际气候制度

全球变暖已经是不争的事实。联合国政府间气候变化专门委员会（IPCC）在2014年11月正式发布的《第五次评估综合报告》称，近100多

---

* 田慧芳，中国社会科学院世界经济与政治研究所副研究员，主要研究领域为气候变化、清洁能源、全球治理等。

年来，地表平均温度上升了0.85摄氏度，海平面升高了19厘米，大气中温室气体浓度已上升到过去80万年来的最高水平。与其他全球环境问题相比，气候变化具有特殊的社会经济属性。一国过度的温室气体排放带来的影响往往跨越国境，影响到周边甚至全球环境状况，是一种典型的“强制性全球公共物品”。而各国更多倾向于让其他国家多承担减排责任。这种“搭便车”行为严重破坏国际气候合作的有效性和稳定性。在一定时段内，将大气二氧化碳浓度控制在某个适当的水平之内，已成为全球政治共识。共同应对气候变化也是全人类发展议程在新的全球战略格局下的延伸：主题依然是发展，但增加了全球发展共同面临的环境空间约束的考虑。气候问题的特殊属性决定了气候作为一种全球公共物品必须而且只能依靠全球性的解决方案，即构建具有约束力的国际气候治理机制来正式解决。国际气候谈判也因此成为20多年来全球影响最为广泛、深刻的多边进程之一。

一 国际气候谈判历程回顾

一直以来，国际气候谈判的焦点始终聚集于在发达国家之间和发达国家与发展中国家之间如何划分和落实减缓气候变化的责任。隐藏在这一热门话题背后的争论早已超出气候变化本身，延伸到国际利益格局的重塑和国际事务话语权的争夺。

（一）1992~2007年：《联合国气候变化框架公约》和《京都议定书》

1990年第45届联合国大会正式启动了国际气候谈判议程。随后194个缔约方国家公开签署了《联合国气候变化框架公约》（简称《公约》），于1994年正式生效。这一国际公约明确提出国际社会普遍接受的低碳发展原则，是国际社会应对气候变化的第一个根本大法。1997年12月《公约》第三次缔约方大会（COP3）签署了包括28个条款和2个附件在内的《京都议定书》（简称议定书），于2005年正式生效。议定书是国际社会应对气候变化的首份强制性量化安排协议，在气候谈判史上具有里程碑意义。这一时期国际气候谈判的典型进展表现如下。

第一，首次确认了“共同但有区别的责任”原则（以下简称“共区”原则）。承认工业发达国家对温室气体排放现状负主要责任，要求它们率先减排，并向发展中国家提供资金和技术支持，帮助发展中国家提高应对气候变化的能力。发展中国家可视获得的资金和技术援助状况自愿采取减排行动。

第二，为实现全球气候目标，首次在全球范围内以法律形式要求发达国家履行减排承诺。议定书为发达国家设定了具有法律约束力的温室气体减排目标和时间表。为保证减排结果，议定书制定了严格的温室气体报告、核查制度及相应的履约机制。

第三，采取“自上而下”的强制减排机制。议定书明确提出第一承诺期（2008～2012 年）总减排目标是实现 6 种温室气体年均排放量比 1990 年的水平至少降低 5%。同时将减排目标依据各自能力和国情差异，进行差别分解：欧盟总体减排 8%，日本减排 6%，俄罗斯 0 减排，澳大利亚可增排 8% 等。议定书还引入排放贸易（ET）、联合履约（JI）和清洁发展机制（CDM）三种灵活的市场机制，协助附件 I 国家通过与发展中国家开展 CDM 项目等方式以较低成本实现减排目标，为建立全球性的排放权交易市场奠定了法律基础。

（二）2007～2012年：巴厘岛路线图与《京都议定书》第二承诺期谈判

这一时期的突出成果有两个：一是 2007 年的“巴厘岛路线图”，它为 2012 年之后《京都议定书》第一承诺期到期后的国际气候管理体制的谈判做出规划；二是 2012 年多哈会议形成的包括议定书第二承诺期、长期合作行动工作组、德班平台工作组和资金机制等方面的一揽子成果，它启动了后 2020 年的气候谈判议程。这一时期国际气候谈判的进展表现如下。

第一，通过“双轨制”推进国际气候谈判进程。2007 年的巴厘岛会议为“双轨制”做了具体安排：一轨是在《京都议定书》下就发达国家后续减排承诺设立谈判特设工作组（AWG－KP），目标是敲定议定书第二承诺期（2012～2020年）减排安排；另一轨是在《公约》下建立长期合作行动特设工作组（AWG－LCA），对2020年后的全球气候治理做出制度安排。

第二，巴厘岛路线图把减缓、适应、技术和资金确定为国际气候谈判的四大核心要素，搭建起国际气候管理的基本框架。被忽略的适应问题作为发展中国家长期关注点，正式成为国际气候谈判的重点议题之一。技术转让和资金机制安排也被纳入谈判的核心框架。

第三，首次正式将气候变暖2℃阈值（即全球气温增幅要控制在比工业革命前高2℃范围内）作为全球减排目标。

第四，气候融资机制建设取得重要进展。2010年坎昆会议正式建立绿色气候基金（GCF），作为资金机制的运作实体，构想是发达国家在2020年前每年拿出1000亿美元帮助发展中国家减缓和适应气候变化。

第五，启动德班平台，拉开后2020年国际气候谈判议程的序幕。平台主要工作是围绕减缓、适应、资金、技术转让、能力建设等内容，推动2015年达成一个适用于所有缔约方的具有法律约束力的全球新减排协议。

（三）2013年至今：德班平台与后2015年全球气候协议

2012年的多哈会议后，国际气候谈判进入以德班平台为重心的全新阶段。在德班平台上有两大议题平行推进：一是2020年前国际减排行动力度的提升；二是2020年后国际气候制度安排，其中2015年巴黎气候协定是这一进程最关键的一步。这一阶段的国际气候谈判的显著特征如下。

第一，谈判由“双轨”转为“单轨”。2012年巴厘岛路线图下AWG－KP和AWG－LCA两个特设工作组正式结束，国际气候谈判由“双轨制”转为“单轨”，其最大特点就是发达国家和发展中国家自此在一个共同的平台上就未来国际气候机制展开谈判。

第二，推动达成一份新的全球气候协议，确立后2020年国际气候制度安排。2015年底的巴黎气候大会是这一进程的关键节点，全球将在继《京都议定书》之后，签订新的由发达国家和发展中国家共同参与的国际气候协议。

第三，“自上而上”的强制承诺减排机制转变为“自下而上”的“预期的国家自主决定的贡献（INDC）”机制，国际气候治理机制从严格走向松散。[①] 2013 年的华沙气候大会邀请各缔约国准备各自的自主贡献目标。为保证全球减排努力能够符合 2℃ 阈值的全球目标，美国提出“国家自主贡献”+“核查机制”的机制。从承诺到贡献，表明减排目标的约束力在不断弱化，未来国际气候体制将以更加灵活和松散的形式呈现。

第四，国际气候力量发生重组，从“南北阵营”转变为“三组力量”的博弈。一是欧盟和小岛国联盟及最不发达国家集团。它们在减排、出资模式、法律形式等问题上立场接近，是推动德班平台谈判的最积极力量。二是美国、澳大利亚等伞形国家。它们在要求发展中国家参与减排承诺与承担出资义务等关键问题上与欧盟保持了一致，但在未来协议的法律形式上及减排模式上与大多数发展中国家立场接近。三是以“基础四国”为代表的新兴市场经济体。这些国家人均和累积排放低，但又处于经济的快速成长期和温室气体排放的急速增加期，因此面临欧美等发达国家及小岛国联盟等发展中国家的双重压力。

二　巴黎气候谈判的关键议题和主要分歧

从《联合国气候变化框架公约》下的《京都议定书》到后京都时代的巴厘岛路线图，再到德班平台，全球气候谈判在各国经济利益、发展空间和国际公平的角力中缓慢前行。谈判的内容即全球气候变化治理机制，包括减缓、适应、透明度、资金、技术等具体行动标准。这些行动标准也构成 2015 年巴黎气候协定的核心要素。

① 王文涛、朱松丽：《国际气候变化谈判：路径趋势与中国的战略选择》，《中国人口·资源与环境》2013 年第 9 期。

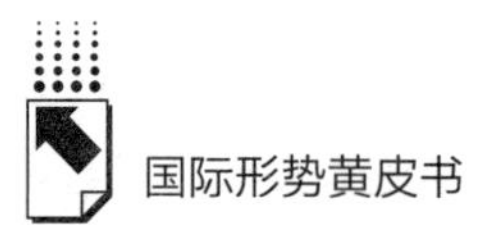

（一）对“共同但有区别的责任”原则的认知与解释

缔约方在公约原则上的分歧主要是如何理解、解释“共同但有区别的责任”原则。① 发达国家和发展中国家在《公约》和《京都议定书》下一直都有明确的区分，承担不同的责任。但随着所有国家自主决定未来“贡献”的提出，越来越多的发达国家认为，发达国家和发展中国家间绝对的区分将不复存在。发展中国家坚持保留“共区”原则，强调发达经济体应对其历史累计排放和当前的高人均排放负责，率先做出强有力的量化减排承诺；同时向发展中国家提供资金和技术援助，帮助发展中国家提高适应气候变化的能力；发展中国家可在持续发展框架下采取适当行动应对气候变化。而发达国家缔约方则提出应该动态理解“共区”原则，随着新兴大国的崛起和温室气体排放的迅速增加，这些国家必须承担“共同责任”。“共区”原则是《联合国气候变化框架公约》的基石。国际气候治理机制，包括减排机制、资金机制、履约核查机制等都是在此原则指定下展开的。能否在《公约》框架下将这一原则“实质性”保留，是国际气候谈判的首要难题，也必然对未来资金、技术、能力建设等一系列机制建设产生影响。

（二）减排目标与透明度

减排目标是巴黎气候协定的核心内容。2015 年巴黎气候协定谈判中，缔约方在此问题上的核心分歧仍然是减缓的责任分担以及透明度等方面的新规则是否应受“共区”原则指导。欧盟、小岛国联盟希望各国按照 IPCC 科学评估报告的结论，设定具有雄心的全球减排目标，在 2015 年协议中做出具有法律约束力和时限性的减排承诺，尽早达到排放峰值，实施国家排放总量减排目标，并以国际、国内法的形式，保障目标实现。美国等伞形国家则倾向于各国基于自身条件，提出减排目标，并建立目标审评机制。中国及大

① 张天桂：《全球气候谈判的关键分歧与主要博弈方的基本立场》，《江苏商论》2014 年第 16 期。

多数发展中国家坚持重申各国减排目标应遵循公约原则，区分历史责任和国情差异，保障发展中国家未来发展空间。[①] 透明度方面的分歧也集中在是否不加区分地设立一个适用于所有缔约方的统一核算框架和“三可”体系。发达国家主张设立严格普遍的透明度规则和统一的国际核算规则，提高缔约方减排承诺的可比性。而发展中国家则主张透明度规则和“三可”框架应该尊重发展中国家的国情和能力，发达国家应该首先在资金、技术和能力建设等方面给予支持。[②]

（三）资金及技术转让

资金议题是德班平台谈判的核心和焦点议题。发展中国家在谈判中所做出的减排行动目标承诺，多以发达国家提供资金支持为条件。发展中国家主张公共资金应该是气候资金的主要来源，希望发达国家设立明确的时间表，尽快完成绿色气候基金（GCF）的注资承诺。发达国家资金兑现情况不容乐观。承诺的到 2020 年每年提供 1000 亿美元的资金规模，目前 GCF 仅筹集到 100 亿美元。发达国家主张资金应该公私合作共同完成，并提出部分非附件 I 国家应该根据自身能力共同出资。巴黎气候协定需要找到弥补资金差距的路线图。低碳技术转让仍然是谈判无法突破的焦点，[③] 发达经济体强调技术的知识产权保护和商业化转让，普遍对发展中国家的适应问题、技术和资金援助缺乏兴趣。虽然技术机制实现了在 2012 年全面运行的目标，但成果多局限于程序性问题，促进技术开发与转让的关键议题，由于发展中国家与发达国家分歧严重久拖未决。[④]

---

① 潘家华、王谋：《国际气候谈判新格局与中国的定位问题探讨》，《中国人口·资源与环境》2014 年第 4 期。

② 薄燕、高翔：《2015 年全球气候协议：中国与欧盟的分歧》，《现代国际关系》2014 年第 11 期。

③ IEA：《能源技术展望 2010》，http：//www. iea. org/techno/etp/etp10/Chinese_ Executive_ Summary. pdf。

④ 王克、邹骥、崔学勤、刘俊伶：《国际气候谈判技术转让议题进展评述》，《国际展望》2013 年第 4 期。

（四）协议的法律约束力问题

德班平台授权谈判过程中，2015 年巴黎谈判成果的法律形式问题是各方关注的焦点。相对严格的法律形式能保证协议的有效实施，但可能会影响国家的参与积极性。欧盟、小岛国联盟等希望推动达成具有法律约束力的协议文件；发展中国家经济发展目前存在较大不确定性，不赞成在现阶段采取严格的协议法律形式。预计各方在德班平台成果法律形式问题上的分歧还将长期存在。

三　巴黎气候大会的展望

巴黎气候谈判已经进入冲刺期。各缔约方都在利用有限的时间做最后努力，以期能够推动在 2015 年底就 2020 年后全球气候安排达成新协议。

（一）各主要缔约方对“2015年巴黎气候协定”的主要立场

1. 欧盟及小岛国联盟的基本立场与主要态度

欧盟是全球气候谈判的发起人，一直以领导者身份自居。2008 年的金融危机和“主权债务危机”在一定程度上影响了欧盟的既定方针和计划，降低了其在气候谈判方面的领导力。近年来欧盟再次把应对气候变化作为提高内部竞争力和重回领导地位的重要契机，陆续出台了《欧盟气候变化协定》《适应气候变化：欧盟行动框架》《2030 年气候与能源政策框架》《欧盟 2050 年能源路线图》《欧盟 2050 年低碳经济路线图》等一系列政策文件，试图“以身作则”，通过提高自身减排承诺作为引领全球气候谈判方向的重要筹码。其做出的有法律约束力的减排承诺包括：到 2020 年、2030 年、2050 年，欧盟成员国国内的温室气体排放量在 1990 年基础上分别减少 20%、40% 和 80% ~ 95%；可再生能源比重分别提高到 20%、不低于 27% 和 55% 以上；并将促进发达国家到 2050 年温室气体排放降低 50% 目标的实现作为自身的长期战略目标。这些框架已经获得德法等欧盟大多数成员国的支持。

对于2015年巴黎气候协定，欧盟期望中美等其他国家也提出类似雄心勃勃的目标。欧盟一方面承认有所区别的多元化国家自主贡献目标倡议，另一方面反复重申2015年巴黎气候协定应该是一个100%覆盖所有缔约方的具有法律约束力的全球统一减排议定书，还一度将之作为欧盟接受《京都议定书》第二承诺期的首要条件。从2013年起，欧盟就积极针对2020年后国际气候制度安排广泛征求意见，并得到小岛国联盟、最不发达国家（LDCs）及独立美洲和加勒比海国家联盟（AILAC）等小集团的响应和支持。

2. 美国等伞形国家的基本立场与主要态度

美国早在1997年前，参议院就一致通过《伯德－哈格尔决议》，规定美国政府不得签署任何严重损害美国经济且发展中国家不承担任何约束性减排目标的气候变化国际条约。因此，美国拒绝“自上而下”的绝对减排承诺，作为第一个批准《公约》的国家，其最早退出了《京都议定书》。2008年金融危机后，奥巴马开始审视美国经济发展方向，重新做出战略部署，把提高能效和发展清洁能源作为美国未来经济的新增长点，积极推动通过《美国2009年清洁能源与安全法案》和“碳关税”的立法，首次提出美国减排的总量目标：到2020年实现总排放比2005年减少17%，到2025年减少26%～28%，到2050年减少83%。美国政府政策的调整至少试图实现以下两个层面的政策目标：一是通过推行“自下而上”的减排机制，打破附件I国家和非附件I国家之间在不对称责任上的谈判僵局，确立在气候变化治理中的国际领导地位；二是利用其在新能源领域积累的技术优势，提升对国际经济格局的控制力。2009年的《复苏与再投资法》《清洁能源与安全法案》，2013年的《气候变化应对计划》，2014年的《削减甲烷排放计划》《中美气候变化联合声明》等都表明美国正在逐步加快国内国际应对气候变化的步伐。

国际谈判舞台上，美国倡导“自下而上”、多元化、多层次的全球减排架构，即构建一个所有缔约方参与的、包括关键设计要素的、自愿且不具法律约束力的“一揽子协议”（hub agreement）。尽管在未来减排机制设计方面，欧美之间存在根本分歧，但两者无疑都一致反对采取《京都议定书》下的发达国家与发展中国家的“两分法”来确定各国减排义务，要求新兴市场经济体承担减排义务。

3．“基础四国”的基本立场与主要态度

2009 年 11 月中国、印度、巴西、南非结成“基础四国”，积极推动国际气候谈判进程。四国多次通过部长级会议协调彼此立场，就气候变化谈判中争议的问题进行集体回应。谈判中，“基础四国”除共同坚持基本立场的同时，也各有侧重。巴西对“减少森林砍伐和森林退化造成的温室气体排放计划”尤为重视。南非更加强调应对气候变化应与非洲减贫相结合，优先考虑适应性问题。印度和中国强调不应该重新谈判、取代、重构或重新解释《公约》及其原则、条款和附件，去创立一个全新的国际气候机制，而是应该在遵守《公约》“共同但有区别的责任”原则基础上，达成新的气候协定。发达国家向发展中国家提供资金、技术和能力建设的承诺应该与其减缓承诺具有相同的法律约束力。

（二）巴黎气候大会最新进展与成果预期

《联合国气候变化框架公约》（UNFCCC）秘书处于 2015 年 2 月在日内瓦正式发布了一项新的 2015 年巴黎气候协定谈判文本，明确新的 2015 年协议应该包括减缓、适应、资金、技术开发和转让、能力建设和透明度等基本要素，为签署一项具有法律约束力的新协议奠定了基础。

按照 UNFCCC 的要求，各国须在 2015 年 10 月前提交各自的自主贡献（INDC）文件。根据其网站统计，截至 2015 年 9 月 8 日，共收到 147 个成员国提交的 INDC，占全球温室气体的 87%。日本的目标是到 2030 年实现温室气体排放量比 2013 年减少 26%。中国的自主行动目标包括二氧化碳排放 2030 年左右达到峰值并争取尽早达峰，单位国内生产总值二氧化碳排放比 2005 年下降 60% ~65% 等。作为东道国的法国争当全球“生态先锋”，提出在 2050 年前减排 75% 的目标。英国提出 2050 年前减排 80% 的目标。2015 年的 G7 领导人峰会更是公布了雄心勃勃的目标：到 2050 年温室气体排放量削减40%～70%，到21世纪末逐步取消使用化石燃料，实现无碳经济。但围绕2015年协议要素的谈判并非一帆风顺，各缔约方之间存在巨大分歧。在关键议题上，大部分时间是重复阐述各自立场，还没有真正深入如何细化新协议基本要素等核心问题，国际气候谈判的进展显然还需要缔约方继续做出努力。

结合当前谈判进展，我们预期2015年底的巴黎气候大会可能出现三种情景。

情景一：巴黎气候大会以失败告终，未形成全球范围内的新气候协定。这种情景出现的最可能的影响因子就是发达国家与发展中国家在“核心”协议方面存在巨大分歧，比如“共区”原则、适应、资金机制上的根本分歧。分歧可能导致“共区”原则形式上保留，实质上抛弃，从而在减缓、适应、透明度、资金、技术等方面均出现不利于发展中国家的新规则。以2014年10月联合国波恩气候谈判为例，为期6天的谈判没有取得实质进展，根本原因是发达国家仅仅把2015年协议看作是减排协议，反对把向发展中国家提供资金、技术和能力建设支持等内容放到协议中。从目前已提交的INDC文件涵盖的要素来看，所有缔约方的INDC都包括了减缓内容，但非附件I缔约方的提案里涉及较多适应问题，而附件I缔约方则对适应问题明显回避，不排除大会陷入僵局的可能。

情景二：基于各国提交的国家自主减排目标，达成一份“弱”巴黎气候协定。“弱”是指新达成的2015年巴黎气候协定无法达成实质性的内容，而最终以“原则和框架性的协议+附件/决议”形式出现。这一情景出现的可能性最大。

一方面，自“哥本哈根协定”和“坎昆协议”以来，美国倡导的“自主承诺+审评”已经成为国际气候合作的主流思路。2015年6月的波恩气候谈判中，196国代表最终达成了一项最低程度的草案，并承诺在巴黎气候大会开幕前至少一个月制定一份先行方案。此外大国积极推动谈判进程。欧盟一直希望保持气候变化领域的旗手地位，而美国与中国之间的气候变化合作不断升温。中国、欧盟和美国三者都相继提出强有力的2020年后的减排目标。这些都为2015年底巴黎气候协定的达成提供了积极信号。另一方面，考虑到2015年底并不是每个国家都能按时提交自主贡献目标，而且已经交付的INDC在承诺形式、基准年和目标年选择等方面存在巨大差异，难以加总和比较，2015年底巴黎气候大会形成类似《京都议定书》那样各国普遍认可的具有较强法律约束力的协议的可能性不大。最可能的结果是形成一个强化版的“坎昆协议”。2015年11月UNFCCC秘书处将在各国提交的INDC基础上，综合估算2025年和2030年的全球减排贡献，并发布综合影响报告。我们可以预期，即使形成一份全球性的巴黎气候协定，基于自主承诺的减排目标下的全球减缓气候变化行动力度与2℃温控目标要求之间一定存在较大差距。“巴黎气候协定”的签署只是未来国际气候谈判漫漫征途的第一步。

情景三：在国家自主贡献预案的基础上考虑到减排缺口，各国对原有目标进行调整，最终形成“强”巴黎气候协定。“强”有两层含义，一是各国目标更为雄心勃勃，二是协定具备较强的法律约束力。一个强有力的气候协议至少包括三个核心元素：向低碳经济转型的长期目标；为不断增强目标雄心预留空间；具备加强各国严守气候承诺的透明机制。结合各国提交的INDC，及各谈判主体在关键问题上的分歧和协调难度，这一情景出现的可能性也比较小。但如果缔约方大国能积极响应，制定资金和技术路线图，充分发挥协调作用，再加上清洁能源技术的进步和减排成本下降，以“强”为方向的气候谈判取得长足进步非常有可能。

结　语

从全球气候谈判进程看，各国碳排放的博弈已不仅仅限于气候变化问题本身，开始延伸到国际利益格局的重塑和国际决策话语权的争夺。随着以中国为代表的新兴经济体国家国际地位和影响力的提升，新的巴黎气候协定必然包含更多有利于发展中国家利益的部分，同时新兴大国也必然将承担更多的、越来越与发达国家趋同的国际减排义务。中国需要对此有清醒认识。全球气候治理既是中国的战略挑战，又是中国的战略资源。应对气候变化是一个迭代决策的过程，2015 年的巴黎气候协定只是未来国际气候进程的另一个重要里程碑。作为南北合作与南南合作的核心参与者，中国应本着缩小分歧的立场，在坚持联合国谈判的主平台外，借助 G20、金砖及其他多边、诸边、双边合作机制，加强与欧美等国在“共区”原则、减缓、适应、资金、技术、能力建设和透明度等方面的沟通与合作，推动未来国际气候谈判进程。[①] 同时深化南南合作，继续加大对较不发达国家和岛国的资金与技术输出力度，兑现向其他发展中国家提供技术和资金支持的承诺，增加合作，减少分歧，建立稳固联盟。在保护全球利益的道德制高点上，创建有利于中国发展的良好国际环境。

参考文献

薄燕、高翔：《2015 年全球气候协议：中国与欧盟的分歧》，《现代国际关系》2014 年第 11 期。

潘家华、王谋：《国际气候谈判新格局与中国的定位问题探讨》，《中国人口 · 资源与环境》2014 年第 4 期。

王克、邹骥、崔学勤、刘俊伶：《国际气候谈判技术转让议题进展评述》，《国际展望》2013 年第 4 期。

IEA：《能源技术展望 2010》，http：//www. iea. org/techno/etp/etp10/Chinese_Executive_ Summary. pdf。

① 田慧芳：《中国参与全球气候治理的三重困境》，《东北师大学报（哲学社会科学版）》2014 年第 6 期。

Y.7
全球能源政治（2014～2015年）

薛　力*

摘　要：2014年下半年以来的油价暴跌，强化了能源消费大国在能源政治博弈中的地位，但给油气出口大国造成了巨大的经济损失。出口大国对此做出了不同反应：沙特坚持不限产，委内瑞拉则采取减产保价措施，俄罗斯强化了与欧美的对抗，伊朗则转向与欧美合作。乌克兰依然是欧洲能源政治的热点，并可能继续下去。亚洲能源政治的热点在西亚，“伊斯兰国”问题、也门内乱短期内看不到好转迹象。美国与委内瑞拉的制裁与反制裁是西半球能源政治的主旋律，委内瑞拉经济形势进一步恶化。虽然都发生了内战，南苏丹实现了油气产量的增长而利比亚则大幅减产。全球核电继续复苏的迹象明显。伊朗核问题取得突破性进展，关键是下一步的落实。

关键词：油价　俄乌天然气争端　西亚能源　委内瑞拉　南苏丹石油　核电

在经历了几年的相对平稳后，过去一年多时间里，国际油价急剧变动，并对全球能源政治产生了相应的影响。①“油价腰斩”，纽约商品交易所西得

* 薛力，中国社会科学院世界经济与政治研究所副研究员，主要研究领域为国际战略与中国外交、能源政治。近期比较关注“一带一路”与南海问题。

克萨斯轻质油期货价从 2014 年 7 月 30 日的 100.27 美元/桶跌到 2015 年 8 月 24 日的 38.24 美元/桶，跌幅超过六成。[①] 这一现象，被赋予不同的政治学解释，部分学者认为这是欧美打压俄罗斯的手段之一。但主流观点认为，全球经济疲软、石油供大于需及美元升值是油价下跌的主要原因。[②] ②油价下跌严重冲击了一些产油国的经济，俄罗斯、委内瑞拉、伊朗等国所受影响更大，经济陷入低增长乃至负增长。③主要油气出口国的立场出现分化。伊朗、委内瑞拉等欧佩克成员国要求限产保价，墨西哥、俄罗斯、沙特等国则反对，沙特更试图借此机会扩大市场份额。④部分与油价急降有关，伊朗在政治上转向与西方合作，签署了核问题协议。俄罗斯则采取与西方对抗的态度，同时也强化与中国、土耳其、伊朗、希腊等国家的能源合作。

一 欧洲能源政治：围绕乌克兰的博弈

在石油与天然气价格大幅下跌的背景下，围绕乌克兰问题，以俄罗斯与乌克兰东部三个州为一方，以乌克兰政府与欧美为另一方，双方之间表现为“大对抗辅以小合作”的态势。具体表现为以下几个方面。

俄罗斯中短期内的乌克兰政策是维持一个衰弱的乌克兰，为将来走向联邦制奠定基础。为此，俄罗斯并不希望东部三州“克里米亚化”，但也不放弃对东部地方武装的支持，试图维持一种中度冲突状态，使之成为乌克兰的一个沉重包袱，而不是俄罗斯的包袱。[③] 冷战后疏于国防建设的乌克兰政府军战斗力有限，而乌克兰东部亲俄罗斯武装则得到俄罗斯志愿军的支持，[④]

---

① *Cushing, OK Crude Oil Future Contract 1* (*Dollars per Barrel*), EIA, http: //www.eia.gov/dnav/pet/hist/LeafHandler.ashx? n = PET&s = RCLC1&f = D.

② 张国宝：《对 2015 年能源形势的几点分析和建议》，中国电力企业联合会网，http: //www.cec.org.cn/xinwenpingxi/2015 - 03 - 16/135193.html。

③ 此点受益于 2015 年 9 月 13 日笔者与苏黎世联邦理工学院（ETH - Zurich）一位乌克兰籍教授的交流。

④ 《俄军入侵乌克兰真相：士兵以志愿军形式越境参战》，观察者网，http: //www.guancha.cn/broken - news/2014_ 08_ 29_ 262120.shtml。

可能也有俄罗斯军队进入乌克兰境内。[①] 这使得俄罗斯可以根据需要“调控”乌克兰东部的冲突程度。

俄罗斯不会把乌克兰彻底赶进西方怀抱，而将维持与乌克兰必要的政治经济关系。这在能源领域表现为，俄罗斯从 2014 年 6 月起对乌克兰采取预付款供气机制，从 7 月 1 日起对乌克兰采取“断气”措施，但在 10 月底就“冬季计划”达成协议，使得乌克兰与欧洲的冬季供暖得以保证。[②] 2015 年 4 月续签了“春季计划”，并依据市场行情变化，把每千立方米价格下调了 81 美元。[③]

俄罗斯对欧盟的措施是：一方面采取反制裁措施，2014 年 8 月公布食品进口禁令清单，一年内禁止或限制从一些西方国家进口部分食品，包括牛肉、猪肉、蔬菜、坚果等。并在 2015 年 6 月延长反制裁措施一年。[④] 同时，也对一些欧洲国家减少天然气供应。[⑤] 另一方面在能源领域接受欧盟调停俄乌天然气争端、下调对欧盟的天然气价格。制裁与油气价格大幅度下跌对俄罗斯经济影响甚大，2014 年经济增长率仅为 0.6%，比上一年下降 0.7%，[⑥] 2015 年可能负增长 3.4%。[⑦] 欧盟是俄罗斯最主要的天然气消费市场，没有其他市场可以取代。俄罗斯必须保住欧盟这个市场。此外，俄罗斯也在一些事务上给欧盟一些“薄面”，即使是减少天然气供应，也主要针对中东欧小

---

① 王维丹：《普京如何导演乌克兰攻防战大逆转》，华尔街见闻，http：//wallstreetcn. com/node/208169。

② 《俄乌天然气谈判达成一致　欧洲人将温暖过冬》，新华网，http：//www. cq. xinhua. org/2014 - 10/31/c_ 1113055256. htm。

③ 《乌克兰与俄罗斯签署购买天然气新协议》，新华网，http：//news. xinhnanet. com/fortune/2015 - 04/16/c_ 11131904261. htm。

④ 《俄罗斯宣布对欧盟反制裁措施延长一年》，新华网，http：//news. xinhuanet. com/world/2015 - 06/25/c_ 127946655. htm。

⑤ 《俄罗斯开始减少对欧盟多国的天然气供应量》，新华网，http：//news. xinhuanet. com/world/2014 - 09/14/c_ 126983154. htm。

⑥ 《俄罗斯央行说俄 2014 年经济增长率为 0.6%》，人民网，http：//world. people. com. cn/n/2015/0131/c157278 - 26483322. html。

⑦ *Russia Feeling The Pinch of Cheaper Oil*, *Sanctions*, IMF, http：//www. imf. org/external/pubs/ft/survey/so/SinglePodcastHighlight. aspx? PodcastID = 362.

国，而没有对德国、意大利等国家采取行动。[①] 同时，俄罗斯加强了与中国等国家的能源合作。2014 年 5 月，中俄双方签署 4000 亿美元的供气大单，9 月中俄东线天然气管道“西伯利亚力量”俄罗斯境内段动工，2015 年 6 月中国境内段动工，[②] 整个工程预计 2022 年完工。俄罗斯表示将让中国增加在俄罗斯境内能源资产的控制权，如增加亚马尔半岛液化天然气项目中所持的股权。[③] 2015 年 9 月，中石化与俄石油签署协议联合开发两大油气田。[④] 希腊、土耳其、塞尔维亚等国家表态支持“土耳其流”天然气管道项目，这距离“南溪”项目夭折不过半年。[⑤] 伊朗也表示将来很可能通过“土耳其流”向欧洲出口天然气。[⑥]

“加入欧盟与北约”已经成为乌克兰（及格鲁吉亚）官方与民间的主流共识。但短期内乌克兰很难在这方面采取激进措施，总统波罗申科需要应对的是挽救濒临崩溃的经济（2015 年石油与天然气的消费量分别下降了 14.3% 与 15.7%）[⑦]、提升军队的战斗力、适当缓和与俄罗斯的政治关系以获得必要的天然气、稳步强化与美欧的关系。为此，他在 2014 年 6 月与欧盟签署《自由贸易和政治合作协议》后，又在 10 月签署一个有效期为 3 年的法案，给予东部顿涅茨克州和卢甘斯克州某些地区以自治地位。波罗申科一方面与普京在明斯克密谈并在 2014 年 9 月达成停火协议，另一方面又在 2015 年 1 月携带武器到前线鼓舞士气，并在 5 月底任命俄罗斯非常讨厌的格鲁吉亚前总统萨卡什维利为奥德赛州州长。

---

① 《俄罗斯开始减少对欧盟多国的天然气供应量》，新华网，http://news.xinhuanet.com/world/2014-09/14/c_126983154.htm。

② 王建：《中俄能源合作不断扩大》，环球网，http://world.huanqiu.com/hot/2015-06/6810655.html。

③ 《莫斯科或为中俄能源合作“开绿灯”》，环球网，http://world.huanqiu.com/exclusive/2015-05/6366336.html。

④ 《中石化将与俄石油联合开发俄罗斯两大油气田》，中新网，http://www.chinanews.com/ny/2015/09-03/7505062.shtml。

⑤ 张智勇：《“土耳其流”登陆巴尔干半岛》，《光明日报》2015 年 6 月 23 日。

⑥ 《俄媒：伊朗未来或考虑借“土耳其流”对欧输气》，中新网，http://www.chinanews.com/gj/2015/06-03/7320030.shtml。

⑦ *BP Statistical Review of World Energy 2015*, pp. 9, 13.

对欧盟来说，油气价格大跌是一大利好，可以减轻对俄罗斯天然气的依赖程度。2014 年来自俄罗斯的天然气份额下降，来自挪威的份额上升，并从第四季度起挪威超过俄罗斯成为欧盟最大的供气国。[①] 可见对欧盟来说，俄罗斯天然气的重要性在下降，欧盟不大可能因为俄罗斯“断气”而挨冻（俄罗斯一般也不会这么做）。欧盟与俄罗斯的经济依赖是不对称的，加上美国不愿意在制裁俄罗斯上打头阵，因此欧盟成了制裁俄罗斯的主流，其制裁措施也比俄罗斯的反制裁措施广泛、深入得多，涉及金融、能源、国防、人员等行业。[②] 欧盟还利用这个机会对俄罗斯进行反垄断指控，2015 年 4 月发表“异议声明”，指控“俄气”垄断中东欧国家天然气市场。[③] 而且，欧盟的对俄制裁除了延期之外还进行了加码。[④]

二　亚洲能源政治：热点在西亚四国

2014 年以来，亚洲东部与能源相关的热点事件大部分发生在西亚。在石油产量方面，沙特阿拉伯、科威特、阿联酋、卡塔尔等地区内主要产油国产量保持稳定，伊拉克继续保持产量增长的势头，伊朗在连续减产两年后出现了 2% 的增长。但叙利亚与也门则分别出现 44.4% 与 3.7% 的减产，[⑤] 正对应了其国内发生的动乱以及对能源业利益的争夺。因此，我们重点分析这两个国家，虽然其油气产量在西亚国家中并不算高。伊拉克的石油产量主要来自南部地区，北部产油区摩苏尔被“伊斯兰国”占领，影响了其石油产

① 《欧盟策略奏效！挪威超俄罗斯成西欧最大天然气供应国》，新浪网，http：//finance.sina.com.cn/money/forex/20150525/121722259172.shtml。

② 《欧盟对俄罗斯新一轮制裁生效 俄罗斯誓言反击报复》，央广网，http：//china.cnr.cn/xwwgf/201409/t20140912_ 516428260.shtml。

③ 《欧盟对俄罗斯天然气公司提起反垄断指控》，新华网，http：//news.xinhuanet.com/energy/2015 -04/24/c_ 127727989.htm。

④ 《欧盟延长对俄制裁背后的考量》，人民网，http：//world.people.com.cn/n/2015/0624/c157278 -27201269.html；《欧盟延长制裁俄罗斯和乌克兰公民》，搜狐新闻，http：//news.sohu.com/20150915/n421125867.shtml。

⑤ *BP Statistical Review of World Energy 2015*, p. 8.

量与经北部管道出口的石油数量。同样，伊拉克原先制定的石油增产幅度也受到了影响，2014 年的日产量才 312 万桶，2018 年达到 1000 万桶的目标很难实现。

2013 年起欧盟接收的难民数量激增，其中叙利亚是最大来源国，[①] 其次是厄立特里亚、利比亚等非洲国家。到了 2015 年，来自叙利亚等国的难民潮更成为震撼欧盟的热点，成为许多国家大选的主要议题之一。[②] 一个叙利亚 3 岁男童在偷渡途中溺亡，最后伏尸土耳其海滩的照片震惊世界，促成许多欧洲国家降低难民接收门槛，欧洲议会首次出面把希腊等三国境内的 12 万难民分配给 22 个成员国。[③] 叙利亚石油储量不大，经过多年开采产量处于下降期，2005 年以来产量持续下降。但 2012 年以来的断崖式下降，则与国家陷于大动荡、“伊斯兰国”势力的崛起有关。2011 年 3 月叙利亚内战爆发，2011 年底叙利亚反对派中战斗力最强的“救国阵线”崛起，占领叙利亚北部、东部与南部地区，进而向伊拉克境内渗透，并在 2013 年 4 月与“基地”组织伊拉克分支合并成立“伊斯兰国”。叙利亚的主要油田在东部的代尔祖尔，2014 年 7 月中旬被“伊斯兰国”占领，此前霍姆斯省的沙尔天然气田已经被“伊斯兰国”控制。[④] 因此，叙利亚 2014 年石油日产量才 33 万桶，不到 2011 年产量的 10% 。[⑤]

控制了伊拉克北部产油区摩苏尔及叙利亚主要油气田的“伊斯兰国”还得到一些中东国家的支持，加上有极端宗教理念的支撑、组织严密、对于控制区的治理比较有成效、善于打仗等特点，“伊斯兰国”已经成为西亚一股不可忽视的力量。奥巴马政府只愿意组建空中打击国际联盟，不考虑再次

---

① 《地区冲突等导致涌入欧盟难民数量激增》，新华网，http：//news. xinhuanet. com/world/2014 -06/21/c_ 1111249241. htm。

② 笔者 9 月中旬在瑞士出差时发现，这个在移民问题上十分保守的 800 万人口小国，难民问题也成了大选的两大议题之一。

③ 《欧盟公布难民分摊方案　美国极力置身事外》，新华网，http：//xuan. news. cn/cloudnews/wyxh/20150910/2540264_ c. html。

④ 《和马航坠机同样意外：恐怖组织占领叙利亚所有油田》，华尔街见闻，http：//wallstreetcn. com/node/100587。

⑤ *BP Statistical Review of World Energy 2015*, p. 8.

派出地面部队，伊拉克安全部队又没有能力消灭“伊斯兰国”。在叙利亚，其他反政府武装完全不是“伊斯兰国”的对手，能够对“伊斯兰国”发动大规模打击的巴沙尔政府又不为美欧所接受。俄罗斯不但不同意推翻巴沙尔政权，还从9月底开始以打击“伊斯兰国”的名义正式军事介入叙利亚，英美指责俄罗斯打击的主要目标并不是“伊斯兰国”，而是反政府军，认为俄罗斯是在强化巴沙尔的地位。[①] 大国角力的结果，很可能导致“伊斯兰国”在西亚的存在长期化，2000多万人口的叙利亚将长期成为欧洲难民的主要来源地。

也门局势引发全球关注源于2015年3月沙特阿拉伯等多国对也门胡塞武装的大规模空袭，空袭还得到埃及、美国等国的支持。也门局势的急剧变化始于2014年9月胡塞武装控制首都萨那。胡塞武装属于什叶派并得到伊朗的支持，沙特等逊尼派国家无法接受也门被胡塞武装控制，因而发动大规模空袭。2015年8月，沙特地面部队再次进入也门打击胡塞武装，将其从可俯瞰沙特边境的山头据点驱离。[②] 也门2014年石油日产油量才4.5万桶，但亚丁靠近曼德海峡这个“咽喉”地带，因而其他中东产油国也会受到战争的影响，沙特2015年3月的行动已引发国际油价的大幅波动。[③] 目前看，沙特王室成员间矛盾加剧，有可能牵制沙特在也门的行动，也门局势暂时还难以稳定。

三　美洲能源政治：美委制裁与反制裁

虽然经历了油价大跌，2014年西半球依然有些国家的石油产量保持了

① 《美国防长谴责俄罗斯：俄军战机空袭目标没有IS》，新浪网，http：//mil.news.sina.com.cn/2015－10－01/1544840265.html；《奥巴马：俄空袭适得其反 将加强伊斯兰国实力》，凤凰网，http：//news.ifeng.com/a/20151004/44782221_0.shtml。

② 《沙特地面部队入境也门以阻止胡塞武装》，人民网，http：//world.people.com.cn/n/2015/0827/c1002－27521772.html。

③ 《也门危机恐波及中东产油国 导致油价大涨》，环球网，http：//finance.huanqiu.com/view/2015－03/6026125.html。

明显增长，涨幅前几名的是：美国15.9%，巴西11.2%，加拿大7.9%，秘鲁7.3%。委内瑞拉也在多年的减产后出现了1.1%的增幅。[①] 值得注意的是，这些国家的石油来自开采成本相对较高的页岩油、油砂油、深海盐下层石油、重油。反而是以传统石油产量为主的墨西哥、特立尼达和多巴哥分别出现了3.3%与3.4%的减产。[②] 这说明现有的低油价还不足以让这些非传统石油生产国减产。墨西哥的能源改革方向无疑是对的，但低油价、比索贬值使得墨西哥国家石油公司的债务剧增到7500亿美元的历史新高，[③] 高成本、低效能的机制决定了该公司很难通过增产措施来弥补损失，反而只能停止一些高成本油田的生产。作为非欧佩克产油大国的墨西哥也反对一些欧佩克成员国提出的“减产保价”主张，在2015年9月国际油价低于每桶50美元的情况下，依然坚持不会减产。[④] 油田老化使得特立尼达和多巴哥从2006年以来处于石油产量持续下降的状态，但新气田的开发又使得天然气产量保持相对稳定。[⑤] 美国与委内瑞拉的关系比较典型地体现能源政治在美洲大陆的表现，因此这里选择美国与委内瑞拉作为北美洲与南美洲的代表。

马杜罗就任委内瑞拉总统以来在内政外交上并不顺利。内政上，油价下跌加上高达78%的通货膨胀率，让委内瑞拉经济雪上加霜，民众生活受到很大影响。纸张缺乏导致一些报纸减少出版甚至停刊，连牛奶、面粉、卫生纸等日用品也缺乏，“替人排队”甚至成为一些人的谋生手段。[⑥] 委内瑞拉

① BP的数据为2.683百万桶/天，OPEC的数据为2.687百万桶/天，委内瑞拉国家石油公司自己报告的产量为3.01百万桶/天。本文一般采用BP数据。参见 *BP Statistical Review of World Energy 2015*, p. 8; *OPECAnnual Statistical Bulletin 2015*, p. 8;《2015年委内瑞拉石油日产量将维持301万桶》，中国商务部网站，http://www.mofcom.gov.cn/article/i/jyjl/l/201411/20141100791337.shtml。

② *BP Statistical Review of World Energy 2015*, p. 8.

③ 《墨西哥国家石油公司2014年负债额创历史新高》，国际在线，http://gb.cri.cn/42071/2015/02/28/6891s4885004.htm。

④ 《墨西哥不考虑石油减产》，环球网，http://world.huanqiu.com/hot/2015-09/7468492.html。

⑤ *BP Statistical Review of World Energy 2015*, p. 10, 22.

⑥ 《2015最悲惨经济体出炉：委内瑞拉用石油换卫生纸》，中国日报网，http://caijing.chinadaily.com.cn/2015-03/04/content_19714022.htm。

经济对能源业依赖很大，GDP 的 25%、总出口的 95%、财政收入的 96% 均来自石油与天然气。[①] 外交上，与美国改善关系的愿望并没有获得美国方面的积极回应，马杜罗转而恢复查韦斯总统的反美外交，称美国前总统小布什和前副总统切尼为恐怖分子，美国支持委内瑞拉反对党策动政变，并驱逐数名美国外交官。

奥巴马总统正在谋求自己的政治遗产，为此恢复了与古巴的外交关系。但对委内瑞拉则采取双管齐下的政策，一方面把马杜罗看作查韦斯的传人，在 2014 年底以“人权和腐败问题”为由，制裁 50 名委方高官。针对美方 2014 年底的制裁措施，委内瑞拉在 2015 年 2 月采取了一系列反制裁措施。[②] 美方则在 3 月又施加了进一步的制裁措施，对 7 名官员实施冻结财产、禁止入境等措施。[③] 另一方面，美国也与委方保持一些接触，国务院顾问香农 2015 年 4 月与 5 月两次访问加拉加斯，6 月在海地会见委国会主席卡韦略商议改进两国关系措施，并讨论委内瑞拉第四季度的国会选举。美国希望委内瑞拉糟糕的形势有助于反对派赢得国会选举，进而在 2016 年通过全民公投把马杜罗赶下台。[④]

值得注意的是，两国在处理彼此关系时采取了“政经分离”的政策，委内瑞拉多年前就表示要用亚洲（特别是中国）市场取代美国，但十多年过去了，现在依然是美国原油的主要供应国之一，并在美国持有大量的石油中下游产业。高唱能源独立的美国，既不觉得委内瑞拉作为主要石油供应国之一“不安全”，也没有支持本国能源公司对委内瑞拉的国有化政策进行报复。

---

① 《低油价，压倒委内瑞拉经济的最后一根稻草?》，新华网，http：//news. xinhuanet. com/world/2014 - 12/03/c_ 127273417. htm。

② 《美国对委内瑞拉采取反制裁措施》，新华网，http：//news. xinhuanet. com/world/2015 - 03/10/c_ 127562435. htm。

③ 《美国对委内瑞拉采取反制裁措施》，环球网，http：//world. huanqiu. com/hot/2015 - 03/5869264. html。

④ 《美国委内瑞拉有望缓解紧张关系》，新华网，http：//news. xinhuanet. com/world/2015 - 06/16/c_ 127919840. htm。

四 非洲能源政治：南苏丹与利比亚的反差

2014 年非洲整体上石油产量减少了 5%，减幅排在前几位的是：利比亚 49.8%，突尼斯 13.3%，乍得 5.5%，苏丹 5.2%，安哥拉 4.9%。但也有一些国家不减反增，南苏丹 60.6%，赤道几内亚 5.6%，尼日利亚 2.5%，阿尔及利亚 1.8%。其中尼日利亚、安哥拉、阿尔及利亚为非洲前三大产油国。为什么会出现这种分化？我们选择利比亚与南苏丹进行比对分析。

南北苏丹 2011 年分家之前，苏丹油气产量的 85% 来自南苏丹。2012 ~ 2014 年南苏丹石油产量分别为 150 万吨、490 万吨、780 万吨，其中 2014 年的油气产量增长了 60.6%，达到分家前产量的 1/3，超过了苏丹的 540 万吨。[①] 为何同样爆发内战，南苏丹油气产量能持续增长而利比亚却相反？除了苏丹分家前的石油产量小（是利比亚的 1/3 ~ 1/4），且南苏丹的产量基数比较低以外，还有以下原因。

第一，南苏丹的石油产地比较集中，帕洛伊奇油田就占了南苏丹石油产量的 80%，[②] 这比较便于政府、石油公司进行保护。而利比亚的油气产地分成东西两部分，且有些产地在反对派控制下。

第二，南苏丹冲突双方没有以油气田为主要攻击目标，甚至声称要"保护油田"。[③] 而利比亚的情况不同。利比亚冲突各方在卡扎菲倒台前能做到不攻击油气设施，在卡扎菲倒台后，为了争夺利益与权力，反而把油气设施当作攻击的目标。最典型的是 2014 年 12 月底，米斯拉塔的宗教民兵武装袭击了利比亚最大的石油出口终端锡德尔港，造成重大损失，政府军为此对宗教民兵组织的阵地发动空袭。这是卡扎菲倒台以来的第一次。

---

① *BP Statistical Review of World Energy 2015*, p. 10.

② 《中石油 404 人因战火从南苏丹最大油田撤离》，新华网，http：//news. xinhuanet. com/2015 - 05/22/c_ 1115367930. htm。

③ 《南苏丹内战祸及中国"石油存在"》，南风窗网，http：//www. nfcmag. com/article/4510. html。

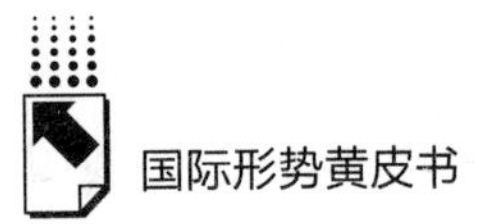

第三，以中石油为代表的南苏丹石油生产商所属国家（主要是中国）进行了有效的斡旋工作。中国并没有派兵保护油田及其相关设施。中国维和部队在南苏丹的两个驻地为首都朱巴以及西加扎勒河省的瓦乌，[①] 而油田主要在北加扎勒河省、上尼罗河省和西上尼罗河省。[②] 而利比亚局势的国际斡旋一直成效不大，实质性的战局在继续，大量难民向欧洲偷渡并导致许多海难发生。[③]

第四，现任南苏丹总统基尔“稳定南北关系”的政策显效，双方没有发挥大规模冲突，经济上实现了共赢。2014 年南苏丹获得 33.8 亿美元的石油收入，苏丹从中分到了 8.84 亿美元的过境费。[④] 而西方承认的利比亚临时政府国家治理能力在过去一年未见明显增长，凸显西方的支持并没有产生明显效果。2015 年 7 月，参加政治对话的各个派别就组织民族团结政府达成协议，但组建临时政府的国民代表大会并没有签字，[⑤] 这将严重影响协议的落实。

值得注意的是，进入 2015 年后，南苏丹的形势有“利比亚化”的势头：5 月下旬南苏丹反政府武装开始攻打位于上尼罗州的迈鲁特镇，6 月上旬反政府武装占领了团结州的部分油田，并对迈鲁特镇发动大规模进攻，导致中国石油公司撤走 400 多名油田工作人员，仅剩少数人留守。[⑥] 4 月以来，冲突迫使人道援助机构撤离，导致 10 万人流离失所，60 多万民众无法得到

---

① 《中国第十三批赴南苏丹（瓦乌）维和部队第一梯队出征》，中新网，http://www.chinanews.com/tp/hd2011/2014/11-18/438906.shtml；《中国维和部队在南苏丹友军多除了日本自卫队》，中华网，http://news.china.com/domestic/945/20130814/17997557.html。

② 《中国第 14 批赴南苏丹维和部队抵达瓦乌维和任务区》，环球网，http://world.huanqiu.com/hot/2015-09/7512743.html。

③ 《意大利红十字会呼吁实现利比亚局势安定》，新华网，http://news.xinhuanet.com/world/2015-04/22/c_1115054546.htm。

④ 《2014 年苏丹从南苏丹获得 8.84 亿美元石油管输费》，环球网，http://china.huanqiu.com/News/mofcom/2015-01/5400563.html。

⑤ 《潘基文期待利比亚政治对话达成全面协议》，中新网，http://www.chinanews.com/gj/2015/07-13/7401426.shtml。

⑥ 《南苏丹政府否认反对派已控制团结州油田》，新华网，http://news.xinhuanet.com/2015-06/07/c_1115536220.htm。

所需的基本援助。[①] 8 月底，在东非政府间发展组织与国际社会的斡旋下，南苏丹各派正式签署《解决南苏丹冲突协议》。这是两年来的一大进展，但效果有待观察。9 月底，各方还在呼吁落实协议。[②]

五 全球核电：复苏继续

核电复苏进入第三年，复苏势头加快，出现了一些重大进展：伊朗核问题获得突破性进展，中国准备核电出口，日本重启核电站。这从一个侧面说明，核电固然有缺点，但在目前的能源技术条件下，为了应对全球气候变化，使用核电依然是许多国家的一大选择。

（一）全球核电发展趋势

国际原子能机构的统计数据表明，截至 2015 年 9 月 19 日，全球在运转中的反应堆数量为 436 个，日本与西班牙还各有一个处于长期关停状态，[③] 而全球永久关闭的反应堆数量为 196 个。[④] 全球在建反应堆数量为 65 个，分别是：中国 24 个（含台湾地区 2 个），俄罗斯 9 个，印度 6 个，美国 5 个，韩国 4 个，阿联酋 3 个，白俄罗斯、日本、斯洛伐克、乌克兰与巴基斯坦各 2 个，阿根廷、巴西、芬兰、法国各 1 个。[⑤] 亚洲新兴经济体有多个国家对发展核电感兴趣，越南计划修建 8 座核电站，每座核电站可安装 4 ~ 6 台机组。[⑥]

---

① 《难民署：南苏丹近期冲突造成超过 10 万人流离失所》，中新网，http：//www. chinanews. com/gj/2015/06 –03/7319340. shtml。

② 《中国代表呼吁南苏丹冲突双方切实停火》，环球网，http：//world. huanqiu. com/hot/2015 – 09/7675615. html。

③ *PRIS – Reactor status reports – Operational & Long – Term Shutdown – By Country*，https：// www. iaca. org/PRIS/WorldStatistics/OperationalReactorsByCountry. aspx.

④ *PRIS – Reactor status reports – Permanent Shutdown – By Country*，https：//www. iaea. org/ PRIS/WorldStatistics/ShutdownReactorsByCountry. aspx.

⑤ *PRIS – Reactor status reports – Under Construction – By Country*，https：//www. iaea. org/ PRIS/WorldStatistics/UnderConstructionReactorsByCountry. aspx.

⑥ 《众望所归：越南要建核电站》，中金在线，http：//news. cnfol. com/guojicaijing/20141225/ 19786712. shtml。

俄罗斯在越南核电开发中领先，中标的是越南宁顺省第一核电站，8月双方签署了兴建两套核电站机组的框架协议。[①] 从中可见，继续发展核电的国家分布广泛，甚至包括乌克兰、日本、美国这样曾经发生过严重核泄漏事件的国家。这只能说明一点，为了兼顾经济发展与控制温室气体排放，使用核电是个现实选项。反对使用核电者通常以德国与意大利放弃核电来说明不使用核电是可行的，但事实是德国从法国与捷克进口的电力主要来自核电。[②] 意大利民众反对使用核电乃至煤电，结果是天然气与新能源发电太贵，意大利成为电力进口大国，其中相当部分来自法国。即使如此，意大利的电费依然比周边国家高许多。[③]

（二）日本的核电动向

日本国内民众反对核电站的呼声比较高，但程度不及意大利与德国。2014年，支持核电的舛添要一在东京都知事的选举中战胜反对核电的细川护熙，后者还得到小泉纯一郎的大力支持。日本的民主党政府与自民党政府都不支持彻底废核，因此2012年9月民主党政府的经济产业相枝野幸男表态支持大间核电站与岛根核电站3号机组继续修建。[④] 2014年2月，自民党的经济产业相茂木敏也做了类似的表态。[⑤] 2014年9月日本政府正式批准重启川内核电站，[⑥]

---

① 《俄罗斯与越南合作建造越核电站项目获得进展》，环球网，http：//msn. huanqiu. com/world/exclusive/2015 -08/7188899. html。

② 《法国电力公司：能源困局中转身》，中金在线，http：//news. cnfol. com/jingyingguanli/20150325/20395008. shtml； 《欧洲发布35国电力进出口动态图》，电缆网，http：//news. cableabc. com/world/20140818025024. html；《由核电自给变成进口核电 德国弃核之路能走多远》，网易财经，http：//money. 163. com/15/0629/16/AT9S1GFR00253B0H. html。

③ 《高额电费成为意大利中小企业的沉重负担》，中华人民共和国驻意大利共和国大使馆经济商务参赞处，http：//it. mofcom. gov. cn/aarticle/jmxw/200509/20050900346675. html；《意大利成为欧洲能源消费最昂贵的国家之一》，商务部网站，http：//www. mofcom. gov. cn/article/i/jyjl/m/201305/20130500144911. shtml。

④ 《日本经产相表示允许继续建设大间核电站》，新华网，http：//japan. xinhuanet. com/jpnews/2012 -09/15/c_ 131852570. htm。

⑤ 《日本经产相称允许继续建设大地震时停工核电站》，中新网，http：//www. chinanews. com/gj/2014/02 -06/5805089. shtml。

⑥ 《日本正式批准重启川内核电站》，新华网，http：//news. xinhuanet. com/world/2014 -09/10/c_ 126972648. htm。

并在财政预算方面也为重启核电做了一些安排。[①] 这是重振经济、降低发电成本、控制温室气体排放、推进核电出口等多重因素作用的结果。日本在核电出口方面也取得了进展，与沙特阿拉伯、阿联酋、土耳其、越南等国达成合作协议。[②]

（三）中国的核电动向

中国是全球在建核电站最多的国家。为了实现《核电中长期发展规划（2011～2020年）》目标，中国的核电建设正在加速。过去一年里，中国的核电建设有几项重要进展。①核电公司纷纷上市。2014年12月中广核在香港上市。2015年6月中国核电在上交所上市。中国核建因股市大跌暂缓上市，国家核电技术公司并入中国电力投资集团后组成国家电力投资集团，其上市也是早晚的事情，融资有助于下一步大发展。②新核电站开工。2015年3月，红沿河二期项目两台百万千瓦核电机组获核准，这是2011年福岛核泄漏事故后中国新批准的首个核电项目。[③] 5月，中国拥有自主知识产权的第三代核反应堆“华龙一号”首个示范工程在福建福清核电站5号机组正式开工建设。防城港核电站二期也确定使用“华龙一号”机组。[④] 另外，9月底传出的消息是，中国有31个核电厂址完成初审，“十三五”期间重启内陆核电站建设的可能性很大。[⑤] ③核电出口出现突破。8月“华龙一号”首个海外发电机组在卡拉奇开工建设，这是5个反应堆中的第一个。“华龙一号”也将出口肯尼亚，[⑥] 并可能出口英国。[⑦]

---

① 《日媒：进展艰难 日本2015年预算明显向核电倾斜》，环球网，http://world.huanqiu.com/hot/2015-01/5411125.html。

② 庞中鹏：《安倍能源外交中的算计》，环球网，http://opinion.huanqiu.com/opinion_world/2013-05/3918095.html；《日本援建越南核电站建设延期 日媒探访当地情况》，环球网，http://world.huanqiu.com/exclusive/2014-03/4931301.html。

③ 2012年开工的石湾岛反应堆则是解禁后开始施工的首个新建项目。

④ 《我国自主核电技术防城港华龙一号2015年下半年开工建设》，人民网，http://gx.people.com.cn/n/2015/0807/c179430-25891706.html。

⑤ 《我国31个核电厂址完成初审 成内陆核电开工信号》，环球网，http://china.huanqiu.com/hot/2015-09/7653936.html。

⑥ 《中国将在英国建设核电站“华龙一号”有望落地非洲》，环球网，http://world.huanqiu.com/hot/2015-09/7446346.html。

⑦ 《中英有望签订2400亿核电项目 国内厂商恐暂难分羹》，环球网，http://world.huanqiu.com/hot/2015-09/7673889.html。

（四）伊朗核问题协议

2015 年能源政治的最大亮点无疑是伊朗核问题。2015 年 4 月，“伊核六国”（美国、英国、法国、俄罗斯、中国和德国）与伊朗达成了伊核问题框架方案，这为达成全面协议奠定了基础。7 月 14 日，伊朗核问题六国与伊朗终于达成了历史性的全面解决伊朗核问题的协议。[①] 美国参议院难以凑够否决协议所需要的票数，[②] 这一协议生效的可能性甚高。这是一个多赢的协议。谈判双方在伊武器禁运、国际核查人员权限等棘手问题上达成了妥协，西方实现了“把伊朗核计划严格限制在民用范围、大幅度提高其透明度”的目标，伊朗也实现了“让西方解除对其实施的严厉制裁”的目的。奥巴马为自己留下了又一个比较漂亮的政治遗产，欧洲公司则得以重返伊朗，中国与伊朗的合作也将在多方面获得拓展与提升。此次能达成协议，两点原因值得特别重视：一是奥巴马的“和解外交”，这体现在古巴、阿富汗、委内瑞拉问题上，也体现在伊朗核问题上；二是油价下跌叠加于长期制裁上，使得希望改善与西方关系的鲁哈尼总统得以说服最高领导人哈梅内伊，做出一些以前不可能做到的妥协。但是，在协议效果真正体现之前，不妨先持谨慎乐观的态度。

结　语

2014 年下半年以来的油价暴跌，给油气出口大国造成了巨大的经济损失。对此，出口大国做出了不同的反应。着重考虑经济因素，尤其是市场占有率，以沙特阿拉伯为代表。着重考虑政治因素，调整政治立场与此有相当的关联，以俄罗斯和伊朗为代表，但两者政治立场调整的方向不同，俄罗斯

---

① 《伊核六国和伊朗就伊核问题达成协议》，新华网，http：//news. xinhuanet. com/world/2015 -07/14/c_ 1115923681. htm。

② 《美国参议院因反对者人数不够难以否决伊核协议》，新华网，http：//news. xinhuanet. com/world/2015 -09/09/c_ 1116506684. htm。

对西方的态度变得更为强硬，伊朗则转向与西方合作。欧洲能源政治的焦点依然是乌克兰，制裁与反制裁让双方都受到损失，但俄罗斯的损失明显更大，2015 年可能陷入经济衰退。亚洲能源政治的热点是西亚，内战与跨国军事冲突严重影响了所在国的油气生产。美国与委内瑞拉的制裁与反制裁是西半球能源政治的主旋律，委内瑞拉陷入通货膨胀与经济衰退，并出现政局不稳的迹象。同样是发生内战，南苏丹实现了油气产量的增长而利比亚则大幅减产。全球核电继续复苏的迹象明显，中国作为在建核电站最多的国家更是实现了拥有自主知识产权的“华龙一号”核反应堆在境内境外的应用。能源政治的一大亮点是，伊朗核问题取得突破性进展，关键是下一步的落实。

参考文献

BP Statistical Review of World Energy, June 2015.

EIA, *Cushing*, *OK Crude Oil Future Contract* 1 (*Dollars per Barrel*),

http: //www. eia. gov/dnav/pet/hist/LeafHandler. ashx? n = PET&s = RCLC1&f = D.

OPEC , *Annual Statistical Bulletin* 2015.

OPEC, *World Oil Outlook* 2014.

新华网：http：//news. xinhuanet. com。

环球网：http：//china. huanqiu. com。

人民网：http：//www. people. com. cn。

中新网：http：//www. chinanews. com。

中国日报网：http：//www. chinadaily. com. cn。

中华人民共和国商务部网站：http：//it. mofcom. gov. cn/。

美国能源信息署网站：http：//www. eia. gov。

国际原子能机构网站：https：//www. iaea. org/。

欧佩克组织网站：http：//www. opec. org/opec_ web/en/。

Y.8

全球恐怖主义与反恐怖斗争（2014～2015年）

邵　峰*

摘　要：2014～2015年度，全球恐怖主义持续肆虐，无论从数据统计还是发展态势来看，国际反恐形势都趋于恶化。“伊斯兰国”“基地”“博科圣地”“塔利班”四大恐怖组织成为威胁世界和平与安全的四大毒瘤，尤其表现在“伊斯兰国”的残暴行为和势力范围扩大。全球恐怖主义发展和反恐斗争呈现出以下几个特点：更多西方国家面临遭受境内恐怖袭击的重大现实威胁；“伊斯兰国”和“博科圣地”的暴行凸显其反人类、反文明的本质；叙利亚的乱局和“伊斯兰国”的暴行导致重大的难民危机；打击“伊斯兰国”的国际反恐合作呈现错综复杂的态势；中国所承受的反恐压力持续增加。

关键词：恐怖主义　全球反恐　“伊斯兰国”

一　全球恐怖主义总体形势评估

2014年以来，全球恐怖主义持续肆虐、反恐形势继续恶化。“伊斯兰国”遭到以美国为首的国际联军的空袭和当地政府的地面进攻。虽然遭受

* 邵峰，中国社会科学院世界经济与政治研究所研究员，主要研究领域为国际反恐、核扩散问题和中国的对外战略。

了猛烈的双重打击，但“伊斯兰国”依然势头不减，并表现出更多的反人类、反文明劣行。同时，全球恐怖主义袭击事件和伤亡数量上升，遭受恐怖主义威胁的国家和地区范围扩大，国际反恐斗争面临严峻挑战。

（一）从权威统计数据看全球反恐形势

2015 年 6 月 19 日，美国国务院发布了《2014 年度全球恐怖主义报告》。[①] 根据这份报告，与 2013 年相比，2014 年全球恐怖袭击次数和造成的死亡人数都有较大幅度的增加。2014 年全球共发生了 13463 次恐怖袭击，造成 32700 多人丧生、34700 多人受伤。与 2013 年相比，2014 年全球恐怖袭击次数增加了 35%，死亡人数增加了 81%，主要原因是伊拉克、阿富汗和尼日利亚的恐怖活动不断增加。2014 年，造成至少 100 人丧生的恐怖袭击发生了 20 次，而 2013 年类似的恐怖袭击只发生了 2 次。

2014 年 11 月 18 日，国际著名智库“经济与和平研究所”发布《全球恐怖主义指数》报告，2013 年全球 87 个国家发生了 9814 起恐怖袭击事件，比 2012 年增长了 44%。从当前多个国家恐怖袭击活动的次数统计判断，2014 年的全球恐怖袭击次数恐创新高。[②]

（二）对全球恐怖主义发展态势的评估

1. 从地理范围来看，恐怖主义肆虐和威胁的地区持续扩大

《全球恐怖主义指数》报告指出，随着国际恐怖主义在全球范围内的肆虐和泛滥，一幅以中东、南亚和非洲为主要策源地的国际恐怖主义新版图逐渐形成。报告称，不仅恐怖主义的强度有所增长，其覆盖范围也越来越广。[③]

---

① U. S. Department of State, “Country Reports on Terrorism 2014,” http://www.state.gov/j/ct/rls/crt/2014/index.htm.

② Institute for Economics and Peace, “Global Terrorism Index 2014,” http://economicsandpeace.org/wp-content/uploads/2015/06/Global-Terrorism-Index-Report-2014.pdf.

③ Institute for Economics and Peace, “Global Terrorism Index 2014,” http://economicsandpeace.org/wp-content/uploads/2015/06/Global-Terrorism-Index-Report-2014.pdf.

有美国学者对美国务院发布的《2014 年度全球恐怖主义报告》进行了深入解读。与 12 年前的 2002 年相比，全球死于恐怖主义的人数增长 4000%。在所有袭击事件中，大约 63% 集中在 6 个国家：伊拉克、巴基斯坦、阿富汗、印度、尼日利亚和叙利亚。①

从国际媒体的报道来看，在反恐问题上出现了一些新的热点国家，主要包括埃及、土耳其、也门、沙特、肯尼亚、叙利亚，尤其是尼日利亚。在这些国家，多次发生大规模的恐怖袭击事件，对社会稳定和国家安全造成巨大威胁。

经过多年的反恐战争，以美国为首的国际反恐联盟不可谓不努力，但是收效甚微，最近两年还出现了大力度的反弹，究其原因，美国负有不可推卸的责任。最根本的原因，是美国反恐战略的混乱和失误。有学者指出："时至今日，美国历经 13 年的反恐战争，呈现出本土反恐巨大成功与国际反恐深陷困境两种截然相反的状况。造成这种状况的根源是：在国内，联邦反恐机构目标明确，工作高效；而在国际上，反恐战争缺乏战略部署，战线过长，目标混乱。"②

2. 从发展势头来看，"伊斯兰国"的风头盖过了"基地"组织

《2014 年度全球恐怖主义报告》称，2014 年全球恐怖主义发展形势主要包括三个方面："伊斯兰国"前所未有地攻占了伊拉克和叙利亚的领土，全球各地恐怖分子继续加入"伊斯兰国"组织，"独狼"式的恐怖分子在西方国家兴起。这三点都与"伊斯兰国"脱不了干系。"伊斯兰国"在全球范围内的成员总数为 2 万～3. 15 万人，更多的恐怖组织宣誓效忠"伊斯兰国"。

"伊斯兰国"已成为当今世界安全的头号威胁。恐怖分子三年来占领了伊拉克和叙利亚的大片领土，其暴力行为造成数十万平民死亡，数百万人沦为难民。此外，它还尝试在西亚北非国家扩大其影响力。2015 年 4 月，据

---

① 《越反越恐：美媒称死于恐怖主义人数 12 年增 40 倍》，参考消息网，2015 年 7 月 2 日，http：//www. cankaoxiaoxi. com/mil/20150702/837071. shtml。

② 《美国式反恐》，澎湃新闻网，2014 年 12 月 2 日，http：//www. thepaper. cn/newsDetail_forward_ 1282328。

国际媒体报道，随着美国开始从阿富汗撤军，极端组织“伊斯兰国”已在阿富汗现身，甚至侵占塔利班地盘。巴格达迪的“圣战者”像癌细胞一样扩散，他被美国反恐部门视为“世界上最危险的人”，“伊斯兰国”也成为“后拉登时代”恐怖主义的新标志。

有学者认为，“基地”组织正在丧失“圣战者”的人心。如今“基地”组织仍在从事反西方的活动，但效果不大。与“基地”组织相比，“伊斯兰国”领导层更具“活力”。扎瓦西里是光说不干，巴格达迪是说干就干。“伊斯兰国”正日益壮大，并继续威胁“基地”组织对全球“圣战”运动的领导权，但是其主要注意力在中东；而“基地”组织的核心仍以美国为主要打击对象，但有心无力。①

3. 从危害性来看，四大恐怖组织成为威胁世界和平的四大毒瘤

《全球恐怖主义指数》报告指出，“伊斯兰国”“博科圣地”“基地”“塔利班”四大恐怖组织制造的恐怖袭击最多，它们对2013 年66%的恐怖袭击负责。2014 年死亡人数比上一年度急剧上升的原因是“伊斯兰国”和“博科圣地”组织的暴行。

尽管“基地”组织的风头被“伊斯兰国”压制，但其意识形态影响仍然不容忽视，有不计其数的个人和组织被其影响。据 NBC 新闻报道，“9·11”恐袭事件14 周年纪念日前一天，“基地”组织发布了一份“杀戮名单”，号召“独狼”式恐怖分子以美国的巨富人群为目标，实施恐怖袭击。据说美国本土的“圣战”分子特别关注这份杀戮名单，对于其中的建议言听计从。

2015 年7 月30 日，塔利班发表声明称，确认其领导人奥马尔两年前已经死亡。尽管如此，塔利班与阿富汗政府的对抗从未停止，恐怖袭击事件屡屡发生，阿安全局势不容乐观。同时，“伊斯兰国”的势力不断介入，为阿富汗未来的安全环境蒙上了更重的阴影。奥巴马10 月15 日宣布，鉴于当地

① Daniel L. Byman and Jennifer R. Williams, “Al – Qaida Is Losing the Battle for Jihadi Hearts and Minds,” August 19, 2015, http://www.brookings.edu/research/articles/2015/08/19 – zawahiri – al – qaida – support – byman – williams.

局势出现的新变化，美国决定推迟从阿富汗撤军。

对于“伊斯兰国”的继续猖獗，国际社会难以挫败这一组织。如今，无孔不入的“伊斯兰国”已经在中东、非洲、南亚、东南亚甚至高加索地区都有了分支或盟友。德国记者托登赫弗尔在其新书里揭露“伊斯兰国”曾扬言发动宗教清洗，以“核武海啸”（nuclear tsunami）屠杀所有西方人，成立全球性的“伊斯兰国”。他表示，“伊斯兰国”是他见过的最危险的恐怖组织，远比西方想象的严重。①

《2014 年度全球恐怖主义报告》称，2014 年“博科圣地”的大屠杀纪录再次创下新高。据估计造成近 5000 名尼日利亚公民丧生，其势力已经祸及周边国家。2015 年 4 月，继 3 月 7 日宣布效忠极端组织“伊斯兰国”后，尼日利亚“博科圣地”又宣布改名为“伊斯兰国西非省”。2015 年 2 月 5 日，尼日利亚、乍得、喀麦隆、贝宁和尼日尔五国宣布组建一支 8700 人的多国部队，集中力量打击“博科圣地”，并得到美国和欧盟等的支持。有分析称，由于西非联合部队屡屡重创“博科圣地”，其迫于生存压力，宣布改名为“伊斯兰国西非省”，表明“博科圣地”试图借此获得更多外援，更多效仿“伊斯兰国”的恐怖活动方式。

二　全球恐怖主义和反恐形势的新特点

2014 年以来，全球恐怖主义活动和反恐形势出现了一些新特点和新动向，需引起国际社会的高度重视。

（一）更多西方国家面临境内恐怖袭击的重大现实威胁

2015 年 1 月 27 日，极端组织“伊斯兰国”发布视频，疯狂叫嚣“奥巴马，我们会到美国，我们会去白宫砍下你的头，然后把美国改造为一个穆斯林省”。此外，法国、比利时也遭到了警告。2015 年 9 月，“伊斯兰国”通

---

① 《德记者揭露 IS 恐怖生活 称其扬言屠杀所有西方人》，《环球时报》2015 年 10 月 2 日。

过网络发表声明，对 70 个敌对国家发出袭击威胁。事实上，更多的西方国家如今面临着遭受恐怖袭击的重大现实威胁。

2015 年 1 月 7 日，位于法国巴黎的《沙尔利周刊》杂志社总部遇袭，数名袭击者持枪闯进杂志社行凶，包括杂志社主编在内的至少 12 人死亡，另有 11 人受伤。法国、德国、比利时三国警方在 2015 年 1 月 15 ~ 16 日展开全面反恐行动，先后拘捕了 20 余名嫌疑人，并在比利时、德国境内发现涉嫌预谋恐怖袭击的大量武器、通信装备。据媒体报道，一位西方国家的情报人员透露，大约有 20 个地下组织、120 ~ 180 名恐怖分子计划在法国、德国、比利时和荷兰发动袭击。

2015 年 8 月 21 日，一名摩洛哥籍枪手携带 AK47 自动步枪从布鲁塞尔登上一列驶往巴黎的高速列车。两名正在休假美国海军陆战队队员，听到其在厕所内装弹的声音，就在恐怖分子冲出来向乘客扫射的时刻，与之搏斗将其制伏，拯救了数百名乘客的生命。

素以安全著称的澳大利亚也发生多次恐怖袭击。2014 年 12 月，悉尼市中心一家咖啡馆发生劫持案，两名人质遇害。2015 年 10 月 2 日，在位于悉尼卫星城帕拉马塔的新南威尔士州警察局总部大楼门口，一名刚下班的华裔文职警员，被凶手突然从背后开枪杀害。令人忧心的是，最近一年多来，澳大利亚发生了一系列涉及未成年人的本土恐怖主义犯罪。

2015 年 10 月 10 日，美国联邦调查局（FBI）局长科米在参议院的听证会上警告说，“伊斯兰国”在社交媒体展开的宣传运动，日益被美国境内的民众所接受并产生共鸣，如今要加入“伊斯兰国”的美国人年纪越来越小。国家反恐中心主任拉斯穆森说，约 250 名美国人已前往伊拉克与叙利亚接受训练或参加“圣战”。美国及其盟国估计，自 2012 年至今，全球各国有大约 2. 8 万人跑到伊叙打“圣战”，其中大部分来自中东国家，其余约 5000 人来自西方国家。[①] 兰德公司资深专家彼德 · 乔克认为，IT 技术塑造了现在

① 《FBI：有意加入 IS 美国人呈年轻化趋势》，中新社 10 月 10 日电，http：//news. sina. com. cn/o/2015 - 10 - 10/doc - ifxiqtqy0703156. shtml。

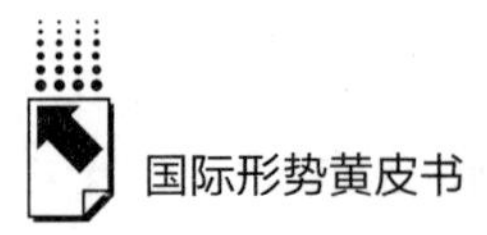

的恐怖主义，出现了新的形式，与20世纪60年代的恐怖主义形式已经大不相同，大规模破坏性武器可能已经不是我们所面临的最大威胁，而是如何防范恐怖主义分子利用网络来进行恐怖主义的教导和袭击。①

恐怖主义的严重威胁，并不意味着美国和西方无能为力。法里德·扎卡里亚认为，美国及其盟友可以支持穆斯林温和派，帮助他们实现社会现代化和社会融合，但这是一条漫长的道路。同时，西方必须采取一个四步战略，这四步包括：情报、反恐、融合和恢复力。在融合的问题上，美国做得很好。美国之所以在“9·11”恐怖事件之后，没有出现很多问题，主要原因之一是穆斯林社区与社会融合得很好，大多数人认同美国的价值观；而欧洲在社会融合方面仍面临巨大挑战。最后一点是恢复力。恐怖主义是一种非常规战术。如果不能让民众害怕，它就失去了作用。迅速从恐怖袭击中恢复并回到常态，可以让恐怖主义达不到预期目的。②

（二）“伊斯兰国”和“博科圣地”的暴行凸显其反人类、反文明的本质

自“伊斯兰国”崛起以来，其对平民、异教徒、俘虏的虐杀，对妇女的奸淫和买卖的暴行就充斥于国际媒体，令人触目惊心。更有甚者，2015年1月，“伊斯兰国”发布视频，摩苏尔的13名年轻人因看足球比赛被“伊斯兰国”执行绞刑。据报道，“伊斯兰国”要求辖区内所有妇女接受阴蒂割礼，否则将要面临严厉惩罚。国际媒体报道，2015年7月，“伊斯兰国”开始进行人体器官交易，并为此专门在伊拉克摩苏尔市开设了一家“特别诊所”。武装分子从当地为生活所迫的百姓、囚犯和被捕的敌人身体上摘取器官，卖给有钱人。

“伊斯兰国”在伊拉克和叙利亚境内对文明遗址和文物的毁坏也是骇人

---

① 《美国兰德公司专家：网络恐怖主义可能是全新的挑战》，国际在线，http://www.chinadaily.com.cn/hqgj/jryw/2014-11-20/content_12752311.html。

② Fareed Zakaria, “The West's Four-part Strategy to Deal with Radical Islam,” *The Washington Post*, Jan. 22, 2015.

听闻。“伊斯兰国”多次摧毁古迹，并在互联网上发布相关视频。这些遗址包括亚述古城遗址尼姆鲁德、哈特拉古城遗址、摩苏尔博物馆、历史古城巴尔米拉的标志性建筑——凯旋门等。分析人士指出，“伊斯兰国”如此仇视这些古迹、遗址，进行毁灭性的破坏主要有以下几个原因。第一，他们要清除所到之处的其他文明，凡是他们认为不符合伊斯兰教义的文化遗产、文物都是不好的，都要加以清除。第二，他们试图通过此举来证明自身的“血统纯正”，以期吸引更多极端分子加入。第三，他们在毁坏大型文物的同时，大量掠夺和兜售中小型文物，以此来补充维持军事活动所需经费。①

“博科圣地”在残暴这一点上也毫不逊色。2014 年 11 月 28 日，“博科圣地”在尼日利亚北部最大城市卡诺的大清真寺发动炸弹恐怖袭击，两名自杀式炸弹手引爆身上的炸弹，数名枪手接着开枪向在清真寺内祷告的伊斯兰教徒进行扫射，造成至少 120 人丧命、200 多人受伤。令人发指的是，“博科圣地”多次迫使妇女儿童充当人肉炸弹实施此类暴行。据媒体报道，2015 年 1 月，“博科圣地”在 5 天的时间里，屠杀了北部城镇巴加的 2000 余人。

（三）叙利亚乱局和“伊斯兰国”暴行导致重大的难民危机

2015 年 9 月 3 日，互联网上一名 3 岁叙利亚男童在与父母偷渡途中溺亡，伏尸土耳其海滩的照片震惊世界。叙利亚的政治危机已经持续 5 年时间且毫无政治解决的迹象，尤其是乱局中崛起的“伊斯兰国”的暴行令人胆战心惊，人民心中的希望正在被绝望所取代，成千上万的难民于是不顾一切地踏上前往欧洲的危险旅程。由于海路遥远，加之偷渡船只超载现象严重，沉船事故频繁发生。

由于中东地区大批难民试图偷渡入境欧洲，欧洲正遭遇自二战以来最严重的难民潮。据报道，联合国难民署在一份文件中表示，预计 2015 年将有

---

① 《“伊斯兰国”为何四处毁古迹?》，新华网，2015 年 10 月 6 日，http://read.haosou.com/article/?id=d726bb860df9d9033623576d1ee03658。

约40万难民通过地中海前往欧洲寻求国际庇护。2016年该数字或达45万或更多。①

严峻的难民危机对欧洲国家的政治、经济、安全和社会稳定构成重大挑战，主要包括三个方面。第一，大量难民的涌入给欧洲国家造成巨大的经济压力。第二，据估计有大批恐怖分子借难民潮混入欧洲国家，对欧洲未来的安全形势构成重大的潜在威胁。2015年9月7日，英国报纸《星期日快递》（*Sunday Express*）援引“伊斯兰国”消息源表示，4000余名“伊斯兰国”极端组织分子扮成难民秘密潜入欧洲国家。第三，安置难民的巨大负担造成欧盟国家之间政治上的分歧和矛盾。首先是如何在欧盟内部合理分担，其次是一些欧洲国家对叙利亚的政策走向出现了强硬介入的呼声。

很明显，叙利亚难民产生的直接原因是国内的战火和恐怖主义的暴行，而最根本的原因则是叙利亚政治危机的久拖不决。叙利亚政治危机的解决必须达成一个各方都可以接受的妥协方案，正是这一点，国际社会存在巨大的分歧。奥巴马政府《2015年国家安全战略》报告承认目前中东地区的局势很可悲，但是表示将继续致力于扩展民主的战略。“我们将继续致力于实现建立一个和平与繁荣的中东的愿景，让民主在那里扎根，让人权得到维护。”② 普京则表示，难民潮是美国和欧洲国家在中东和北非外交政策的“必然结果”，这种政策向当地强加自己的标准，不顾当地的历史、宗教、文化特征和国情。

（四）打击“伊斯兰国”的国际反恐合作呈现错综复杂的态势

2015年9月26日，俄罗斯、叙利亚、伊朗、伊拉克四国达成协议，决定建立信息中心，主要任务是收集、整理、加工、分析与打击“伊斯兰国”有关的中东地区情报，并根据四国的需要，将有关信息迅速提供给相关国

① 《联合国：今明两年最少有85万难民进入欧洲》，中新社9月9日电，http：//news.sina.com.cn/w/2015-09-09/140932290543.shtml。

② The White House，“The 2015 National Security Strategy，” https：//www.whitehouse.gov/the-press-office/2015/02/06/fact-sheet-2015-national-security-strategy.

家。2015 年 9 月 30 日，俄罗斯强势介入叙利亚局势，先是联邦委员会（上院）一致批准普京在叙利亚动用军事力量。大约 5 小时后，俄罗斯国防部就宣布在叙利亚对恐怖组织进行了首次空袭。俄方表示，俄罗斯介入是应叙利亚政府的请求，符合国际法。美、英、法、德、土耳其及多个阿拉伯国家发表声明，对俄罗斯空袭行动的目标范围表示质疑和深切关注。俄罗斯则批评美国主导的反“伊斯兰国”联盟在叙利亚光说不练。

俄罗斯强势介入叙利亚局势的目的有三：一是力挺盟友阿萨德政府，守住俄罗斯在中东的关键利益；二是趁美国打击“伊斯兰国”不力和欧洲发生战后最大的难民潮的紧要关头，在反恐领域出头，显示俄罗斯的大国担当，同时借与伊拉克和伊朗的合作挖美国的墙角；三是在中东制造新的热点，拖住美国及其盟友，减轻其在乌克兰方向的压力。

有分析人士将俄罗斯在叙利亚的行动与当年的车臣战争相比较，认为俄罗斯正在代表独裁者阿萨德追求普京引以为傲的车臣模式。当年俄罗斯在车臣取得胜利的模式，最重要的一点是将所有现政权的反对派都定义为恐怖分子，不管他们是否与伊斯兰极端分子有关，从而达到消灭所有政治对手的战略目标。这正是如今俄罗斯在叙利亚行动的蓝本。①

普京主动提出与美国就打击“伊斯兰国”和推动叙利亚局势政治解决进行高层协调，但美国拒绝与俄罗斯在叙问题上的合作。显然，俄罗斯的主张无法得到西方国家和多数阿拉伯国家的支持，由此可以预见，叙利亚的政局还会动荡下去。目前，打击“伊斯兰国”问题已成为一个牵涉中东多国、什叶派和逊尼派、俄罗斯和美国的错综复杂的国际热点问题。

（五）中国承受的反恐压力持续增大

近年来，中国面临的恐怖主义威胁持续增大，政府和社会承受的反恐压力也是同步增大。2014 年版《全球恐怖主义指数》报告显示，中国在 162 个国家中排第 25 名，属于受恐怖威胁较高的国家之一，受威胁风险甚至已

---

① Jackson Diehl, “Putin's Model of Success,” *The Washington Post*, Oct. 11, 2015.

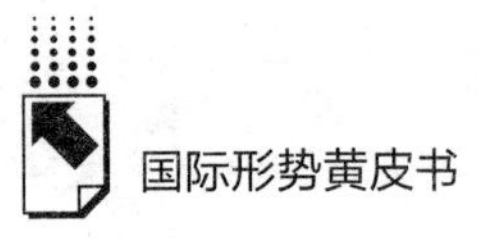

经超过了美国。① 其表现可分为四个方面。

第一，过去是新疆地区的反恐问题，现在是全国的反恐问题。2013 年的北京天安门金水桥暴恐案和 2014 年的云南昆明火车站暴恐案两起事件，表明中国的暴力恐怖活动已经不再仅仅局限于新疆一域，而呈向全国蔓延的趋势。“东突”的恐怖威胁已经外溢到中国内地，反恐已经成为全国面临的重大课题。2015 年 7 月，意图在石家庄的商场引发爆炸的恐怖分子艾克拜尔被抓，避免了一场悲剧。这是一名“东突”组织的骨干成员，曾在叙利亚接受了 3 个月的暴恐袭击训练。

第二，“东突”的恐怖黑手伸向境外，对中国的海外利益和人员安全构成严重威胁。2015 年 8 月 17 日晚，泰国首都曼谷市中心著名旅游景点四面佛附近发生爆炸，造成至少 27 人死亡、逾百人受伤，有 7 名中国公民死亡。泰国警方认定，嫌犯中有中国新疆籍人员，起因是组织偷渡集团的报复。7 月 9 日，泰国遣返 109 名偷渡人员和组织偷渡团伙成员回到中国。近年来，我国新疆极个别维吾尔族人通过多种方式非法偷渡出境，部分人员经由土耳其前往叙利亚、伊拉克等地参加所谓的“圣战”，有的返回中国境内策划、实施暴恐活动。这些极端分子在境外直接发动针对中国公民的恐怖袭击。

第三，非恐怖主义的恐怖刑事犯罪对社会的危害同样不可小觑。当前我国处于改革关键期、社会转型升级期和社会矛盾凸显期，社会管理的风险和难度都在加大，某些领域的矛盾和冲突甚至有激化的趋势。由此带来的一些极端刑事犯罪虽然在严格意义上不属于恐怖主义的范畴，但是两者所采用的手段和造成的社会危害大同小异，只是前者通常带有报复社会的心理而不具有明显的政治色彩。2015 年 9 月 30 日 15 时 15 分起，广西柳州市柳城县陆续发生 17 起快递包裹爆炸事件，车站、市场、医院、居民楼等很多地方同时发生爆炸。10 月 1 日又发生一起爆炸。事件致 10 人死亡、51 人受伤。嫌犯韦银勇系因采石生产与附近村民、相关单位产生矛盾，而制

① Institute for Economics and Peace, “Global Terrorism Index 2014,” http://economicsandpeace.org/wp-content/uploads/2015/06/Global-Terrorism-Index-Report-2014.pdf.

造了这起事件。

第四，国际恐怖主义对“一带一路”建设构成潜在的重大威胁。目前“一带一路”已经成为中国推进国际合作的最重要的战略规划。然而，不可否认，涉及“一带一路”的沿线国家中有很多深受恐怖主义之害，不仅对本国的稳定和发展，而且对未来推进“一带一路”建设构成重大的威胁和隐患。有美国学者认为，中国的新丝绸之路在迅速推进，有雄心勃勃的建设项目、高级别的国事访问和大量的资金投入。然而，这条贸易之路的两端均受到恐怖主义的威胁。不打败那些恐怖主义分子，新丝绸之路计划基本上就是“白日梦”。[①] 且不论其出发点和心态如何，这个担忧绝不是杞人忧天，必须引起我们的高度重视。

结　语

2014 年以来，全球反恐形势持续恶化，究其原因，还是在反恐的国际合作上存在难以调和的分歧与矛盾，其中美俄关系的走向和对各自国家利益的顽固坚守构成最重要的障碍。

展望 2016 年，在全球反恐问题上有四个问题需要国际社会重点关注。其一，依靠恐怖暴行和极端教义实行统治的“伊斯兰国”命运如何？俄罗斯帮助阿萨德政府军事打击恐怖主义的行动能走多远？美国和俄罗斯在叙利亚政治危机和打击“伊斯兰国”问题上如何博弈？其二，奥马尔已死，“伊斯兰国”势力介入，美国被迫推迟撤军，阿富汗的局势如何发展？其三，中国面临的恐怖威胁延伸到海外，中国政府对新疆的“东突”问题能否拿出实质性的、有效的解决思路？其四，由于“一带一路”倡议的实施，中国在反恐问题上与相关国家的利益重合度提高，未来如何在政策和实践层面深化国际反恐合作？

---

① Keith Johnson, “Rough Ride on the New Silk Road,” *Foreign Policy*, May. 1, 2014, http: // www. foreignpolicy. com/articles/2014/05/01/rough_ ride_ on_ the_ silk_ road.

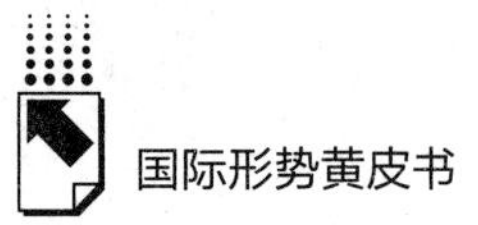

参考文献

Daniel L. Byman and Jennifer R. Williams, "Al – Qaida Is Losing the Battle for Jihadi Hearts and Minds," August 19, 2015.

Fareed Zakaria, "The West's Four – part Strategy to Deal with Radical Islam," *The Washington Post*, January 22, 2015.

Institute for Economics and Peace, "Global Terrorism Index 2014," http://economicsandpeace.org/wp – content/uploads/2015/06/Global – Terrorism – Index – Report – 2014.pdf.

Jackson Diehl, "Putin's Model of Success," *The Washington Post*, Oct. 11, 2015.

Keith Johnson, "Rough Ride on the New Silk Road," *Foreign Policy*, May 1, 2014.

The White House, "The 2015 National Security Strategy," https://www.whitehouse.gov/the – press – office/2015/02/06/fact – sheet – 2015 – national – security – strategy.

U. S. Department of State, "Country Reports on Terrorism 2014," http://economicsandpeace.org/wp – content/uploads/2015/06/Global – Terrorism – Index – Report – 2014.pdf.

雷少华：《美国式反恐》，澎湃新闻网，2014 年 12 月 2 日。

刘健：《"伊斯兰国"为何四处毁古迹?》，新华网，2015 年 10 月 6 日。

Y.9

全球难民现状与治理（2014 ~2015年）

杨靖旼*

摘　要： 2014年全球被迫迁徙者数量再破前高，成为单年增长最快的一年。难民来源地相对集中，难民的新增部分主要来自叙利亚。离冲突地区较近的发展中国家所承受的难民涌入压力更大，但并未得到应有的关注与重视。截至2015年9月，已有3729人死在被迫迁徙的海路上。与媒体讨论欧盟无法承受难民涌入的情况相反，欧盟的非成员国迁入移民近三年开始出现下降趋势。东南亚地区的无国籍难民问题日益严重，却得不到有效治理。各国打击非法迁徙的行动并不能减少难民数量，反使被迫迁徙者陷入更悲惨的境地。

关键词： 难民　欧洲难民　被迫迁徙者　死亡之路　区域治理

一　全球难民形势与面临的问题[①]

根据联合国难民署2015年最新数据，与之前相比，2014 ~2015年全球难民形势状况更加恶化，呈现以下几个特点。

---

* 杨靖旼，中央编译局世界发展战略研究部全球治理研究处博士后。

① 该部分数据主要来自联合国难民署和国际移民组织2015年的数据，在此郑重表达对相关工作人员的感谢。

第一，被迫迁徙者新增数量再破前高，难民的来源地相对集中。2014年全球被迫迁徙者数量达5950万人，再破前高，成为单年增长最快的一年，其中包括1950万难民、3820万境内流离失所者和180万寻求庇护者。超过半数的难民（53%）来自叙利亚（388万）、阿富汗（259万）和索马里（111万）。叙利亚难民是新高的主要来源，决定着难民增长的幅度。

第二，发展中国家收容难民负担与受重视程度严重不对称。2014年发展中国家和地区收容了世界86%的难民，约1240万人，达到20多年来的最高水平。黎巴嫩每1000名居民中就有232名难民，成为国际难民占人口比例最高的国家。土耳其成为世界最大的难民接收国，收容难民达159万人。随后依次是，巴基斯坦151万人、黎巴嫩115万人、伊朗98.2万人、埃塞俄比亚65.95万人，约旦65.41万人（见表1）。接收难民数量排名前十的国家中，均无发达国家身影。①

表1　2014年难民接收数量世界排名前六的国家

单位：万人

排名	国家	人数	排名	国家	人数
1	土耳其	159	4	伊朗	98.20
2	巴基斯坦	151	5	埃塞俄比亚	65.95
3	黎巴嫩	115	6	约旦	65.41

欧洲国家尤其是西欧发达国家因为接收移民、收容难民问题受到广泛关注，但2014年整个欧洲所接收的难民数量（包括俄罗斯在内共150万人）仅与巴基斯坦一国接收数量持平。欧盟28国2014年接到的庇护申请虽占全球的43.19%，为62.67万份，但实际批准获得国际保护的仅有1/5，其中确定难民身份的仅1/7。② 欠发展地区接收难民所面临的承载力问题要比西方发达国家更严重、更迫切需要支持与全球关注。

---

① 之后依次是肯尼亚、乍得、乌干达与中国。

② European Commission, Immigration in the EU, http://ec.europa.eu/dgs/home-affairs/e-library/docs/infographics/immigration/migration-in-eu-infographic_en.pdf.

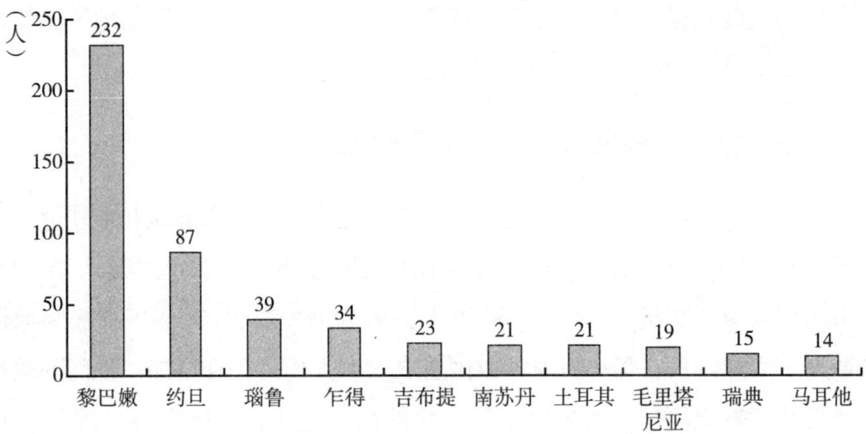

图 1　2014 年每千居民中的难民数量排名全球前十的国家数据

资料来源：欧盟统计局 2015 年 9 月 6 日数据。

第三，被迫迁徙之路由于死伤人数巨大，成为“死亡之路”。截至 2015 年 9 月 3 日，全世界共有 3729 人丧生在迁徙的路上，地中海和孟加拉湾地区死亡人数最多。国际移民组织 9 月更新的数据显示，仅地中海区域就有 2701 人丧生，占迁徙死亡人数的 73%，孟加拉湾占总数的 12%。来源国的

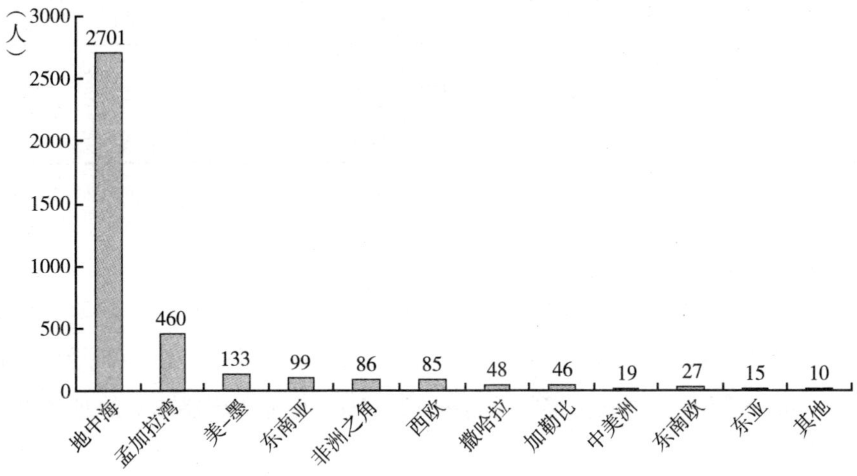

图 2　各地区迁徙者丧生情况

资料来源：IOM：Migrant Fatalities Worldwide，http：//missingmigrants. iom. int/en/latest - global - figures。

生存危机迫使迁徙者铤而走险，选择危险的方式去往他国，目的地国连年严厉打击非法移民的政策也成为“死亡之路”形成的另一个原因。

（一）欧洲的难民潮与地中海“死亡之路”

西亚、非洲的持续动荡使之成为全球难民最主要的来源地和中转地，也是欧洲难民的主要来源。叙利亚危机已进入第五年，到 2014 年底，有 1220 万人需要人道主义援助，至少 760 万人被迫流离失所。[①] 其邻国都极为慷慨地收留了大量难民，但难民对接收国造成的巨大压力仍在增加。也门的政治局势恶化、冲突再起，也导致了新一轮的被迫迁徙，2014 年末，难民已近 24. 8 万。也门也是混合迁徙[②]的目的地与中转地，新一轮难民中既包括也门公民，也包括曾在也门避难的他国难民。利比亚的安全局势依然不稳，到 2014 年底近 3. 7 万难民和寻求庇护者绝大部分来自叙利亚。利比亚也是去往欧洲的重要中转地，从该国横渡地中海前往欧洲的沉船事故和贩运人口状况一直令人担忧。

表 2　2010 ~ 2014 年非欧盟成员国人员迁入、居住欧盟的数量

单位：万人

	2010 年	2011 年	2012 年	2013 年	2014 年
迁入	145. 60	139. 11	135. 20	137. 28	—
居住	—	2010. 6	2028. 98	2047. 72	1956. 63

数据来源：European Commission，Immigration in The EU，http：//ec. europa. eu/priorities/migration/index_ en. htm。

2014 年欧盟 28 国共收到 62. 67 万份庇护申请，同比增长 58%。德国（20. 28 万）、瑞典（8. 13 万）、意大利（6. 46 万）、法国（6. 43 万）和匈牙利（4. 28 万）五国共占接收总量的 72. 74%。[③] 涌入希腊离岛的难民 2015

① UNHCR，*UNHCR Global Report 2014*，pp. 174 – 176.

② 包括违规迁徙。

③ European Commission，Asylum in the EU，Source：*Eurostat*，9/6/2015.

年已达 12.4 万，主要来自叙利亚、伊拉克和阿富汗。[①] 难民人数的持续增加使得东南欧国家开始想方设法阻止迁入的难民。东南欧绝大部分申请者在塞尔维亚登记，接到的庇护申请也从上年的 1 万份增长到 2014 年的 2 万份。塞尔维亚和匈牙利已经开始在匈塞边界建筑隔离墙，以求阻止更多难民涌入。

欧洲难民问题真正让人忧虑的是，丧生于迁往欧洲路上的人正在以惊人的速度增长（见图 3 和图 4）。地中海区域因翻船事件频发，这里也因此成为迁徙者的“死亡之路”。2014 年在去往欧洲的海上有 3500 人丧生，这一数字超过了前三年之和（2600 人）。2015 年通过海陆到达欧盟的迁徙者共 35.13 万人，[②] 第一季度到达欧洲的每 1000 人中就有 48 人丧生，同比增长 10 倍。[③] 据不完全统计，2015 年 1 ~9 月，迁徙死难者人数在 100 以上的事故就有 5 起，遇难人数最高达 800 以上。[④] 如果救援行动没有进展，2015 年全年的遇难人数极有可能会超过 2014 年。

（二）东南亚地区的无国籍流离失所者

2014 年，亚太地区有 360 万难民和超过 150 万的无国籍者，主要来自阿富汗与缅甸。有 75% 的难民没有记录、缺乏身份证明，面临扣押、逮捕乃至驱逐出境的风险，[⑤] 没有证件他们也无法在合法劳动力市场获得工作机会。

---

① 张智勇：《难民难倒“巴尔干通道”国家》，《光明日报》2015 年 6 月 13 日，http：//epaper. gmw. cn/gmrb/html/2015 -06/13/nw. D110000gmrb_ 20150613_ 7 -05. htm。

② IOM，Missing Migrants：Mediterranean Update 1 September 2015，http：//www. iom. int/infographics/missing - migrants - project - mediterranean - update - 1 - september - 2015.

③ Patrick Kingsley，“Record Number of Migrants Expected to Drown in Mediterranean This Year，” *The Guardian*，April 1，2015，http：//www. theguardian. com/world/2015/apr/01/record - number - of - migrants - expected.

④ Katharine Lackey，“Presumed Drownings of 400 Migrants among Worst Incidents，” *USA Toda*，April 15，2015，http：//www. usatoday. com/story/news/world/2015/04/15/migrants - mediterranean - deaths/2581503/；“The Mediterranean's Deadly Migrant Routes，” *BBC*，April 22，2015，http：//www. bbc. com/news/world - europe - 32387224；Tang Danlu，“What Can Europe Do about Mediterranean Refugee Crisis?” *Xinhuanet*，http：//news. xinhuanet. com/english/2015 -04/22/c_ 134173282. htm.

⑤ UNHCR，*UNHCR Global Report 2014*，p. 190.

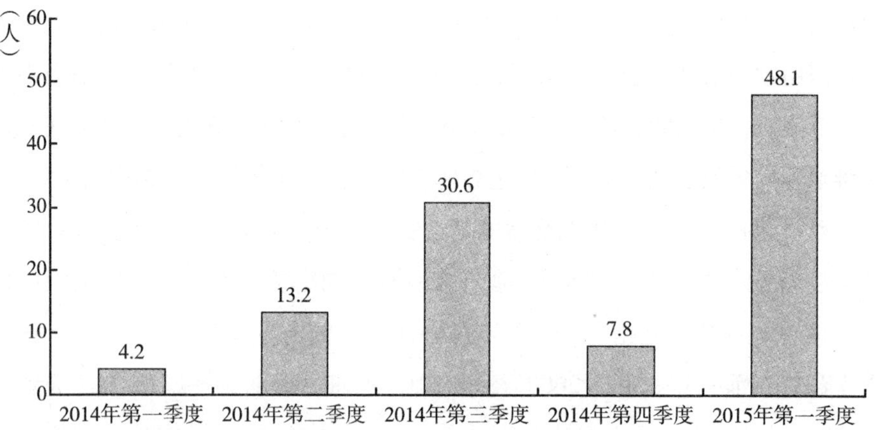

图3　2014年全年与2015年第一季度每1000名横渡地中海迁移难民死亡数量

资料来源：IOM。

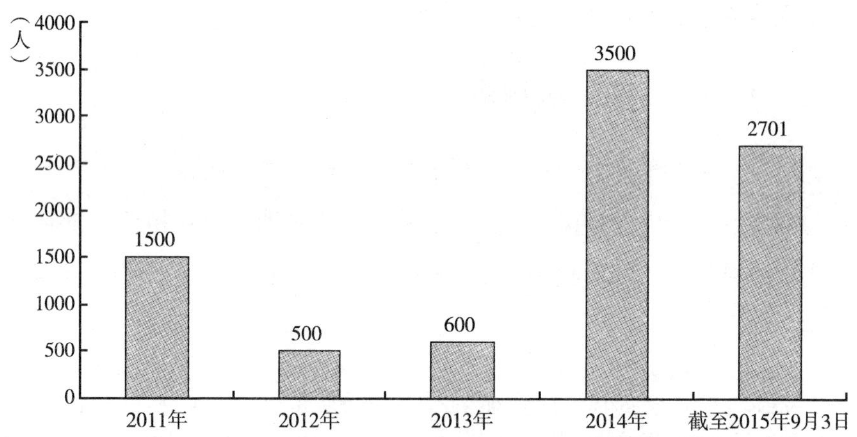

图4　2011～2015年9月横渡地中海丧生的难民、移民人数

资料来源：UNHCR、IOM。

据估计，2012年缅甸若开邦爆发的佛教徒与罗兴亚人之间的暴力冲突致使14万人被迫迁徙。① 与去往欧洲之路的死难者不同，在孟加拉湾与东南亚丧生的人主要是无国籍的罗兴亚人。若开邦仍有81万人没有缅甸的公

① UNHCR，*UNHCR Global Report 2014*，pp. 190－193.

民身份，2015 年仅第一季度就有 2.5 万罗兴亚人从缅甸和孟加拉国逃往东南亚其他地区，与 2014 年同期相比翻了一番。

没有获得缅甸国籍的罗兴亚人既没能得到故乡孟加拉国的收留，也被泰国和马来西亚拒绝上岸。被称作“乐园”的马来西亚也因涌入的难民过多不堪重负，在对漂流至此的罗兴亚人进行基本的人道主义救援后，再将船拖离大马海域。[①] 2015 年 5 月，一艘载有 712 名孟加拉国人与罗兴亚人的船只遭马来西亚的驱赶后在苏门答腊东岸沉没。罗兴亚人也曾选择陆路进入泰国，自泰国政府开始加强边界管控、打击蛇头后，更多的人铤而走险选择水路。许多人在此过程中受到蛇头与人口贩卖组织的虐待，在缺少水和食物的极端生存条件下失去性命。2014 年东南亚有 750 人因为饥饿、脱水或缺乏救治丧生船上。

（三）美洲地区的难民与移民问题

2014 年，美洲地区的难民数量下降近 5%（76.9 万）。美国接收了该区域 1/3 的难民，委内瑞拉接收 17.36 万，厄瓜多尔接收 12.22 万难民。[②] 哥伦比亚每月就有 900 多名哥伦比亚人进入。中美洲三国（萨尔瓦多、危地马拉、洪都拉斯）有逾 13 万人出逃，使加拿大、墨西哥、哥斯达黎加、尼加拉瓜和美国接到的庇护申请有所增加，巴西成为仅次于美国的庇护申请对象国。至少 6.8 万无人陪伴的儿童为进入美国在穿越美南部边界时被捕，处境极其危险。[③] 加勒比地区也存在无国籍者问题。2013 年多米尼加宪法法院否决了几十万人的本国国籍，这一问题仍未得到解决。

2014 年末，为了纪念《卡特赫纳难民宣言》（*Cartagena Declaration on Refugees*）发表 30 周年，拉丁美洲和加勒比地区国家、市民社会和联合国难民署一起举办了一系列地区会议，这些会议统称为“卡特赫纳 +30 进程”，

---

① 联合国难民署登记的罗兴亚难民有 4 万左右，但马来西亚就有 450 多万罗兴亚非法劳工，http：//mil. news. sina. com. cn/2015 -05 -16/0923830881. html。

② UNHCR，*UNHCR Global Trends 2014*，p. 11.

③ UNHCR，*UNHCR Global Report 2014*，p. 212.

并于12月在巴西利亚通过了《巴西宣言与行动计划》。该计划对加强对本地区的难民、流离失所者和无国籍者的保护具有里程碑意义。此计划主要有以下几方面。

第一，改进难民身份确定程序，依照《质量保证倡议》（*Quality Assurance Initiative*）确保寻求庇护者的受保护权利，更高效地管理申请程序；第二，为满足在边境地区居住、中转或是返乡者的需求，实施了《边界互助与安全计划》（*The Borders of Solidarity and Safety Programme*），体现出拉美地区对边境难民治理复杂性和对被迫迁徙者提供安全与保护的重要性的认识；第三，出台《自愿回国、融入当地和互助安置方案》，体现了该地区为长期解决难民问题的承诺与决心；第四，《劳动力流动方案》使在该区域一体化框架内尤其是在南方共同市场（MERCOSUR）内的难民迁徙受益；第五，为难民治理建立了《加勒比国家与疆界》（*Caribbean States and Territories*）区域协商机制，让保护与管理混合型移民流变得更加有效。除此之外，《巴西宣言与行动计划》还有确保有尊严且安全的难民运输、中转的预案，建立了帮助逃离暴力、迫害和跨国有组织犯罪者的专门机构。该计划还规定10年内消除无国籍情况，使拉美成为首个响应联合国难民署结束无国籍全球行动的地区。①

二　观点争鸣：如何看难民危机

（一）欧盟治理机制可防止难民问题演化为危机

自2008年全球金融危机后，欧洲媒体已连续数年大肆报道移民、难民涌入给欧洲带来的“危机”。相关报道会给媒体受众带来认识上的某些误区，民意调查结果也因精心设计的问卷选项而无法还原舆论全景。欧盟内部统计数据显示，欧盟接收到的寻求庇护申请数量虽然较高，但从2011年开

① UNHCR，*UNHCR Global Report 2014*，p. 214.

始，非欧盟成员国迁入的移民和生活在欧盟的非欧盟成员国国籍的人数都没有明显变化，甚至出现下降趋势。欧盟特有的区域一体化机制与国家迁入政策相互联系又相对独立，形成了区域与国家双线推进的治理模式。欧盟特有的治理机制有能力应对难民潮，使难民问题不会演化为危机。

第一，虽然欧盟内部存在的不一致会导致欧盟政策出台慢、行动执行低效等问题，但欧盟具有良好的双线“纠错”机制，一旦发现现有手段难以有效应对困境，机制就会在多力作用下做出适当调适。如《都柏林公约》使意大利、希腊等难民潮一线国家接收压力过大，欧盟就在 2015 年 5 月提出了难民配额制计划。计划暂时受到东欧多国反对，匈牙利 9 月生效的新法案甚至要对非法越境的人判刑。但实际上，对难民的援助与收容是《关于难民地位公约》缔约国的义务与责任，是制度化的国际行为准则。根据该公约第三十一条，[①] 作为缔约国的匈牙利并没有权力将非法入境的难民判刑。而且作为“回归欧洲”的代价，匈牙利、波兰等国让渡的部分主权，已经换回了欧盟经济政策优惠，尤其是劳动力自由流动带来的实质效益。虽然难民配额计划存在修改的可能，但不会改变欧盟 28 国最终接受与执行的趋势。

第二，欧盟双线治理的优势还源于其多层面、多维度的治理资金筹措机制。除各国财政支出外，还有欧盟各方设立的专项基金，以及多个组织机构的捐款资助。庇护、迁徙与融合基金〔Asylum，Migration and Integration Fund（2014 ~2020），AMIF〕就是欧盟设立共计 31.4 亿欧元的基金，专门用于提高迁徙潮的管理与执行效率、改善庇护审批程序、在欧盟或非欧盟国家重新安置寻求庇护者、培训相关人员等。该基金还覆盖了支持合法迁徙与融合、遣返和打击违规移民、受迁入流影响最大的国家。

第三，难民潮经过合理的疏导与管理可以转化为持续的劳动力。欧盟原本就面临劳动力严重不足、经济发展滞后等问题。从冲突地区出逃的难民中

---

① 缔约各国对于直接来自生命或自由受到第一条所指威胁的领土未经许可即进入或逗留于该国领土的难民，不得因该难民的非法入境或逗留而加以刑罚，但以该难民毫不迟延地自行投向当局说明其非法入境或逗留的正当原因者为限。

不乏受过良好教育者，根据《关于难民地位公约》获得所在国合法难民身份后可在所在国就业。所在国可针对自身需求对其进行培训，使其成为生产力。即使受教育程度低、缺乏技能的难民，也能在对劳动力素质要求不高的岗位上（一般都是低级劳动）换取工资，不但可以弥补劳动力的不足，还能降低所在国发放救济补贴的压力。因此，难民获得有效的管理与疏导，就不会成为所在国的危机。

（二）打击“非法移民”并不能有效遏制难民危机

欧盟连续数年加大对非法移民的打击力度抑制了迁入移民的数量。2015年5月，德、法、西、波在法国讨论军事打击蛇头组织，欲从运输环节阻断来自北非的非法移民潮。与此同时，丧生于地中海“死亡之路”的人也随打非力度的加强而剧增。这一相关性并非偶然，相同情况也出现在东南亚地区。通过在境外阻截非法迁徙者也许只是政府一厢情愿的想法。

在大力打击非法迁徙的过程中，被迫迁徙者的迁徙成本不断增加，无力承担偷渡费而滞留中转地的人会被强迫劳动，甚至成为贩卖的对象。例如，由于无力承担偷渡费，许多人滞留泰国成为黑工。泰国警方于2015年5月初在与马来西亚交界的深山中发现被称为“死亡营”的人口贩卖中转站。① 严厉打击人口贩运组织使蛇头数量减少，被迫迁徙者只能通过部分蛇头的高密度迁徙、超载船只、卡车去往目的地，使得他们的生存环境更加恶劣，丧生可能性更大。大赦国际也警告欧盟采取军事行动可能导致试图渡海的难民被困于逃难中转地利比亚，继而陷入更危险的境地。② 过分打击蛇头的行动，会使得难民处境更加恶劣。

（三）治理难民困境、减少难民数量不能仅靠限制入境

难民问题的治理步骤，可简单分为两层：一层是应对难民接收问题，包

① 杜鹃：《贩卖人口有官“罩”？泰国捣毁“腐败网”》，《中国纪检监察报》2015年5月24日。

② 王慧、于景浩、孙广勇：《罗兴亚难民检验东盟协调能力》，《人民日报》2013年1月19日。

括难民迁入、中转国家的边境政策，对难民身份的确认程序、安置、援助方式，以及后续的社会治安管理等；另一层是如何减少难民数量，参与者除与第一层相同的部分外，还有难民的来源国。仅从各接收国的角度看，只需降低接收被迫迁徙者的数量或给予更少人难民身份、遣返或是分配到其他国家即可实现。但这些手段不能减小全球被迫迁徙者的总量，更难改善他们的处境。

第一，降低全球难民数量的关键是维护难民原籍国的和平与稳定。当难民原籍国的冲突得以缓解或解决，因冲突而被迫迁徙的人员数量就会随之下降，涌入其他国家的难民也就减少；当和平成为可能，原籍国危机得到化解，返回家乡的难民也会逐步增多。欧盟国家已经从应对难民问题的过程中意识到，支持难民原籍国反对派势力的外交政策正是今天难民潮的诱因之一。改变对原籍国地区的外交政策、从资金实质上支持地区稳定建设，将是欧盟未来持续实施的举措。

第二，参与国际制度、积极与专业国际组织合作，是国家治理难民问题的应选之路。尚未加入《关于难民地位公约》的国家面临着对国际制度接受与内化的挑战。东盟成员国只有菲律宾是该公约的缔约国，其他主要难民相关国均未加入。面对难民问题时各国各自为政，国内法与国际法缺乏对接渠道，国际惯例无法被顺利采用。加之，难民目的地国、中转国与难民原籍国缺乏有效的沟通机制，在难民治理问题上屡遭诟病。在东盟缺位、东盟成员国难民治理国际制度缺位的情形下，联合国难民署与其他国际组织在东南亚地区的努力显得形单影只。

第三，强调区域观念，充分发挥区域治理机制的作用，对有效应对难民问题是十分重要的。已经存在且发展成熟的区域国际制度可以领导、协调、规范区域内难民接收国行为，为国际准则与国家行为之间架起一座坚实的桥梁。当难民来源国治理失效，也能通过区域制度化的安排得到一定程度的补充。联合国难民署与超过 150 个组织机构制定了区域战略——《2015 ~ 2016 年区域难民与恢复计划》，将叙利亚难民接收国政府与发展合作者聚集在一起来支持叙难民收容国。

2015 年拉美地区难民治理制度建设与世界其他地区相比有突飞猛进的发展。该地区以联合国难民署等专业国际组织机构为指导，将难民、移民治理机制内嵌于区域一体化进程中，建立了一整套目标明晰、功能明确的治理制度。成功实现了“卡特赫纳 +30 进程”，以从难民身份确认程序、边境管理与援助，到难民融合社会项目等全方位治理机制，成为国际公认的人道主义品牌。

东南亚是危机迁徙高发区，但难民问题并未被纳入东盟一体化进程。东盟因为在缅甸投资增加，倾向于在难民问题上推行“沉默外交”。[①] 本区域国家不但未将国际制度内化，更未形成应急筹款机制，成为全球难民问题筹款最困难的地区。泰国、马来西亚等国都把指责的矛头对准缅甸。缅甸虽如约参与了 5 月 29 日在曼谷举行的 17 国“印度洋违规迁徙特别会议”，并做好向难民提供人道援助的准备，却仍未使得几个相关国家在治理政策上连成一线。将问题完全归结于难民来源国无助于找出应对危机的可行办法，区域协调、责任共担刻不容缓。

结　语

2015 年的全球难民问题本质上是动乱地区被迫迁徙者的危机，迁徙之路艰辛危险，关乎生死。难民接收国则面临收容承载力的挑战，但面临接收压力最重、困难最大的是欠发达国家，而非欧盟。跨地中海区域之所以成为被迫迁徙者的“死亡之路”，既是欧盟等西方国家向西亚、非洲硬推民主进程之果，又是欧盟成员国连年打击非法迁徙之果。欧盟具备了双线治理途径和丰富的治理经验。随着难民滞留与搁浅，以及接收国与中转国所承受压力不均的出现，相关国家会借助欧盟协调机制加快协商，找到妥协方案，共同渡过难关。西欧国家先进的边界管理办法与科技手段也将向欧盟东部国家扩

① 《难民危机考验东南亚外交》2015 年 5 月 18 日，大公网，http://news.takungpao.com/paper/q/2015/0518/3002227.html。

展。欧盟未来的难民治理专项基金很可能向西亚、非洲的难民接收国倾斜，预计欧盟成员国外交政策也会不断偏重于促进西亚、非洲地区国家的和平与稳定，为冲突地区的和谈创造条件。

与欧盟的情况不同，东南亚国家难民危机的加剧，暴露了该地区难民治理机制的缺失，以及区域现存制度的缺位和区域内国家对国际制度参与的缺乏。此外，这种情况也反映出该地区国家间协调能力的不足以及缺乏整体意识等问题。在该地区，难民治理脱离于区域一体化成果，且在东盟内部未能形成主导型国家，作为该区域唯一《关于难民地位公约》缔约国的菲律宾并未发挥其应有的作用。与同为发展中地区的拉美相比，东盟国家参与国际制度、肩负区域责任的意愿较弱，缺乏对难民治理标准的认识和相应的边境管理手段。当肆意滋长的人口贩运问题凸显时，只是采取了单一的打击手段，致使受困于贩运环节的难民处境更加悲惨。东盟地区难民与非法迁徙问题想得到长久的改善，必须正视国际制度与规则，向世界其他地区吸取先进的治理模式，包括疏导迁入者，鼓励正规迁徙与入境方式；同时，在推进区域政治经济一体化的过程中，加入全球性问题应对机制，充分利用现有机制，与共同面临危机的相邻国家充分协调、责任共担。东盟本身应该力图为成员国提供更好的区域协调平台，并与联合国相关机构充分合作，搭建好全球性制度与区域制度在本区域内获得双重合法性的桥梁。

作为东南亚国家的近邻，当难民形成时，与其他难民目的国或是中转地区一样，中国将不可避免地受到影响。边境管理能力、接收难民程序是否符合国际标准，都将在此过程中接受考验。中国作为亚洲少数加入《关于难民地位公约》的缔约国，有几十年的难民收容实践经验，进入中国的难民较好地融入当地社会，为当地的发展贡献了力量。在应对非法迁徙上，中国政府在打击“三非”过程中在疏导合法迁徙、优化出入境管理等也取得不错的成绩。这些经验，都可以与东南亚国家分享。21 世纪海上丝绸之路建设顺利进行，合作领域丰富多彩，除了海上运输、海洋资源开发，还包括海上减防灾、海上执法合作。2015 年作为“中国 - 东盟海洋合作年”，中国 - 东盟海上紧急救助热线将会开通，中国可以在东盟地区发生海上难民危机时贡献一分力量，共同组织海上救援行动。这不但可以加深中国与东盟的合作，还能让东盟充分体会到“一带一路”倡议在应对全球性问题时所能发挥的效果。

参考文献

UNHCR, *UNHCR Global Trends: Forced Displacement in 2014*, http: //www. unhcr. org/2014trends/.

UNHCR, *UNHCR Global Report 2014*, http: //www. unhcr. org/5575a791b. html.

European Commission, Immigrationin The EU, http: //ec. europa. eu/priorities/migration/index.

Katharine Lackey, “Presumed Drownings of 400 Migrants among Worst Incidents,” *USA Today*, April 15, 2015, http: //www. usatoday. com/story/news/world/2015/04/15/migrants.

“The Mediterranean'sDeadly Migrant Routes,” *BBC*, http: //www. bbc. com/news/world – europ.

Tang Danlu, “What Can Europe Do about Mediterranean Refugee Crisis?” *Xinhuanet*, http: //news. xinhuanet. com/english/2015 – 04/22/c_ 134173282. htm.

Gavin Jones, “More Than 4200 Migrants Rescued in Mediterranean,” *Reuters*, May 30, 2015, http: //www. huffingtonpost. com/2015/05/30/migrants – rescued – mediterranean.

Jane Onyanga – Omara, “Hundreds of Migrants Rescued off Libya, Others May Still Be Missing,” *USA Today*, August 5, 2015. http: //www. usatoday. com/story/news/world/2015/08/05.

Patrick Kingsley, “Record Number of Migrants Expected to Drown in Mediterranean This Year,” *The Guardian*, April 1, 2015, http: //www. theguardian. com/world/2015/apr/01.

Euan McKirdy and Saima Mohsin, “Lost at Sea, Unwanted: The Plight of Myanmar's Rohingya ‘Boat People’,” *CNN*, May 19, 2015, http: //edition. cnn. com/2015/05/19/asia.

李慎明、张宇燕主编《全球政治与安全报告（2015）》，社会科学文献出版社，2015。

《难民危机考验东南亚外交》，大公网，2015 年 5 月 18 日，http: //news. takungpao. com/paper/q/2015/0518/3002227. html。

杜鹃：《贩卖人口有官“罩”？泰国捣毁“腐败网”》，《中国纪检监察报》2015 年 5 月 24 日。

马摆松：《面对难民潮，欧洲有什么招?》，《南方周末》2015 年 9 月 17 日。

王慧、于景浩、孙广勇：《罗兴亚难民检验东盟协调能力》，《人民日报》2013 年 1 月 19 日。

张智勇：《难民难倒“巴尔干通道”国家》，《光明日报》2015 年 6 月 13 日。

Y.10
联合国70周年：评价与展望

李东燕*

摘 要： 70年来，联合国促进了战后国际秩序和国际体系多元、平等、包容之趋势，促进了国际法和国际制度的建设，推动了全球议程和全球行动的开展。在很多方面，联合国的作用是不可替代的。从2015年热点看，联合国2015年后可持续发展议程将成为未来联合国的重点任务，联合国在协调和推动气候变化、反恐怖主义、人道主义救助、冲突解决等方面仍然被期待发挥重要作用。但大国关系紧张使安理会在一些热点冲突的解决上难以发挥作用，联合国改革、秘书长换届等问题也因此增添了更多变数。面临诸多全球挑战和国际力量格局的变动，稳定大国关系，增强大国之间的信任与合作，是联合国发挥作用的关键。中国领导人在联合国成立70周年之际，阐明了中国具有新意的外交理念，表达了对联合国新的支持与承诺。

关键词： 联合国70周年 2015年后可持续发展议程 联合国改革 中国与联合国

2015年是世界反法西斯战争胜利70周年，联合国也迎来了70周年纪

* 李东燕，中国社会科学院世界经济与政治研究所研究员，主要研究领域为联合国及全球治理、全球安全。

念，开启了未来新的发展议程，这使联合国成为这一年全球关注的一个重点。与此同时，大国关系出现了新的紧张，国际格局经历着新的变化，这无疑将对作为战后世界秩序一部分的联合国造成影响。2015 年对联合国来说是具有历史意义的一年，是继往开来、迎接诸多变化与挑战的一年。如何评价联合国 70 年的历程，如何评价当今联合国的地位和作用及改革前景，是这一年全球政界、学界和媒体热议的话题。

一 联合国对战后世界的影响

联合国是战后世界秩序的一部分，是二战后国际力量格局的体现。70 年来，联合国一方面受到国际格局变化的制约和影响，为适应国际形势和格局的变化而变化；另一方面，自诞生那天起，联合国就以一个多边国际组织行为体的身份参与并影响着国际秩序的建构。在一些方面，世界也因为有了联合国而有所不同。

（一）《联合国宪章》奠定的战后国际关系准则仍得到广泛认同

《联合国宪章》所包括的宗旨和基本原则是规范主权国家关系的基本原则，是通过联合国以国际法形式奠定的当今世界秩序的基石。70 年来，世界发生了重大变化，但恪守《联合国宪章》宗旨和基本原则仍然是维护世界和平与安全的重要保障。如今，各类国际组织、跨区域集团、区域组织、非政府组织大量涌现，全球化、网络化不断加深，但联合国会员国及其他行为体仍然认同《联合国宪章》。联合国会员国已经从最初的 51 个创始会员扩大到 193 个，主权国家谋求联合国的正式承认，也谋求开展国际军事行动时联合国授权的合法性。非洲联盟、欧洲联盟等各主要区域组织都与联合国建立起正式联系，承诺支持联合国宪章的宗旨与基本原则。据联合国 2015 年 10 月的数据，具有联合国咨商地位的非政府组织共有 3910 个，其中获全面咨商地位的有 146 个，获得专门咨商地位的达 2778 个，具有注册地位的非政府组织有 986 个。[①] 这些事实都说明，《联合国宪章》仍然具有强大的生命力，得到会员国人民的广泛认同。

（二）联合国促进了世界体系的多元性、包容性趋势

联合国奉行的平等、包容、尊重多元性原则，有助于战后国际秩序和国际体系的多元化发展。联合国虽然确立了战后大国在安理会的特殊权力和地位，但在 20 世纪 50 ~ 60 年代的民族独立浪潮中，联合国支持了非殖民化进程，对新生国家在维护主权与领土完整，争取政治、经济独立和促进社会发展等方面都给予了支持，为推动建立国际政治、经济新秩序做出了努力。联合国为广大中小国家和新独立的亚非拉国家提供了一个参与国际事务的全球平台，大批发展中国家的加入又使联合国内部格局发生了变化，新理念、新机制、新战略应运而生。

与建立之初相比，联合国会员国构成发生了多元化转变，亚非拉会员国数量有了大幅度上升。进而联合国的政治文化和价值理念向多元化、包容性方向发展。例如在人权方面，西方主导的人权观得到扩展，融入发展权、资源主权、自决权等内容。另一方面，主权、发展权更多地与人权联系在一起。联合国日益将国际组织、区域组织、各类国际多边机构、各类非政府组织等行为体联系起来，致力于全球合作网络或全球合作伙伴关系的构建。与联合国成立初期相比，无论是其内部关系还是外部关系，显然更多元、更包容，联系更广泛。

（三）联合国促进了国际法和国际机制建设

联合国承载着战后各国人民建立法治世界、通过联合国和国际法解决国际争端、维护世界和平的愿望，联合国的建立对战后国际法的发展起了极大的推动作用。虽然迄今为止的国际法仍然与国内法属于不同层面，但会员国

---

① "Integrated Civil Society Organizations System, Organizations in Consultative Status with ECOSOC," http://esango.un.org/civilsociety/login.do。

对国际法的认同意识，以及各国国内法治建设与国际法治建设的关联性正在增强。例如，联合国提供了通过国际法解决争端的选择，包括通过安理会合法使用武力，通过国际法院裁决争端；联合国所担负的国际法编纂工作，极大地促进了国际法的建设与发展；联合国在促进国际人权机制、环境机制、裁军机制、人道主义救助机制建设等方面的作用也是显著的。

（四）联合国推动了全球议程与全球行动

随着全球性威胁和挑战的日益凸显，联合国在动员全球力量、应对全球问题方面发挥了重要作用。冷战时期，联合国开展了“裁军十年”“发展十年”“与种族主义斗争”等活动。1972 年，联合国举行了全球环境与发展大会，将环境和发展问题提上全球议程。冷战结束后，联合国在这方面的作用更加突出，如推动可持续发展，应对全球气候变暖，将性别平等、儿童安全、艾滋病防治等问题纳入安理会议题。针对全球性威胁和挑战，联合国通过整合自身体系内各机构资源及全球不同行为体资源，促进了全球合作伙伴关系的形成。

二　2015年联合国热点与动向

2015 年，联合国仍然面临众多棘手问题，包括叙利亚战争、也门战争、阿以冲突、恐怖主义、难民危机等等。在有效解决冲突方面，特别是在安理会意见不一致的情况下，联合国的作用仍然非常有限。2015 年，联合国就发展问题、维和问题、妇女问题等议题举行了多个峰会，试图聚集会员国力量，推动全球安全、发展和人权相关问题的解决。

（一）大国关系紧张及“代理人”介入，影响了联合国作用的发挥

长期以来，由于安理会五大常任理事国关系不稳定，在许多问题上联合国的作用难以发挥，尤其是在有大国介入的安全问题上。2015 年，围绕联合国 70 周年活动和世界反法西斯战争 70 周年纪念，昔日盟国之间的矛盾明

显。俄罗斯与西方集团在乌克兰、叙利亚等问题上分道扬镳，中国和美日围绕二战和岛屿争端问题关系紧张。大国关系紧张导致安理会作用受限，有关代理人干预与人道主义干预的界定问题依旧困扰联合国行动，干预国家内部的派系之争和域内、域外国家之间的争权夺利，加剧了联合国会员国之间的立场分歧。联合国在乌克兰问题上的合作受阻，俄罗斯与西方国家对联合国干预抱有截然不同的看法。叙利亚问题也凸显了安理会的困境。如果联合国方面不能采取有效行动，叙问题导致的难民危机、人道主义灾难无疑将构成对联合国作用的严峻挑战。但也只有当大国在叙问题上达成一致后，才有望结束这场冲突。大国关系的紧张，也为联合国在反恐怖主义、安理会改革、维持和平行动及秘书长推选等方面的工作增添更多障碍。

冷战结束后，大国合作关系加强，为联合国框架内的大国合作创造了条件，并逐渐形成了安理会峰会或部长会议协商机制，使大国之间的协商与联系更为密切。面对层出不穷的热点问题和各种地区及全球挑战，能否稳定大国关系，加强大国在联合国框架内的协调与合作，是联合国及其安理会发挥作用的重要因素。

（二）2015年后可持续发展议程获得广泛支持，成为联合国未来工作重点

2015 年是千年发展目标最后期限。作为 70 年纪念活动的重要任务之一，2015 年 7 月 6 日联合国经济及社会理事会在纽约联合国总部举行“可持续发展高级别政治论坛”，发布了《千年发展目标 2015 年报告》。2015 年 8 月 3 日，2015 年后发展议程政府间谈判会议举行全会，各方就 2015 年后发展议程达成一致，被秘书长称之为“预示着一个历史性转折点的到来”。[①] 在 9 月 25 日至 27 日联合国举行的可持续发展首脑会议上，正式通过了新的 2015 年后可持续发展议程。议程提出了 17 项可持续发展目标，与千年发展

① 《潘基文：联大首脑会议通过可持续发展议程将为世界带来希望》，http：//www. un. org/chinese/News/story. asp。

目标相比，2015 年后可持续发展议程具有以下特点。

第一，更高质量的发展。不仅仅是涉及死亡率、饥饿、认字率、女孩上学等问题，还包含了一些与更高生活质量相关的标准，如有关营养、服务、保健、资源、机会等方面的标准。

第二，可持续的绿色发展。目标涉及可持续的农业、能源、产业化，可持续的城市和人类住区，可持续的消费和生产模式，以及可持续的海洋资源利用等。目标内容还包含了保护环境、保护海洋资源、减排，以及促进可持续利用陆地生态系统、保护生物多样性等，并特别强调要将应对气候变化的措施纳入国家政策、战略和规划。可见这是一个绿色更浓的发展议程。

第三，包容、平等、公正发展。新的可持续发展议程包含了公平就业、公平教育、性别平等、国家内部不同人群的平等，以及国家之间的平等和公平等方面的目标内容。也强调要确保发展中国家在国际经济和金融机构决策中的代表权和发言权。

第四，拥有法治保障的发展。2015 年后可持续发展目标涉及各级有效、负责和包容性机构的建立，强调促进国家和国际各级的法治，以确保所有人都能享有平等诉诸司法的机会，也涉及消除恐怖主义、暴力、腐败、虐待、剥削、人口贩运等对人和发展的影响。①

2015 年后可持续发展议程是联合国发展领域具有里程碑意义的成果。虽然各会员国在对具体目标的理解和解释上仍然存在差异，但在主要方面和大方向上，会员国达成了基本一致。2015 年后可持续发展议程得到会员国的广泛支持，将是联合国未来工作重点之一。

（三）未来维和改革措施将“和平政治解决”作为各项任务中心

联合国秘书长于 2014 年 10 月成立了维和行动高级别独立小组，对联合国维和行动进行全面审议。2015 年 9 月 11 日，根据维和行动高级别独立小

① 《可持续发展目标》，http：//www. un. org/sustainabledevelopment/zh/sustainable－development－goals/。

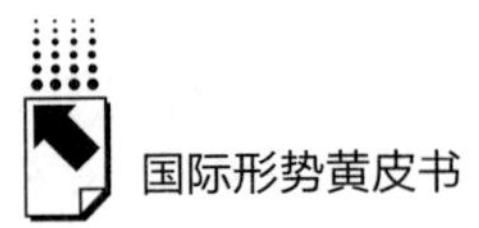

组提出的建议，秘书长在联合国大会上提交了一份关于维和行动的报告，题为《联合国和平行动的未来》。报告试图对未来联合国维和行动的组织、政策和战略进行调整，涉及未来维和行动的改革重点和任务重点。

报告核心内容之一是将“和平政治解决”作为联合国维持和平行动的中心任务，强调了政治特派团的重要性，尤其是帮助所在国建立有效的“安全和法治体系”。[①] 另一重点是，将“保护平民”作为优先目标之重点。报告还就优先目标的实现提出了三大行动措施：其一，以预防和调解为重点；其二，加强区域伙伴关系和全球伙伴关系；其三，采取新的措施，使维和行动更迅捷、更有针对性，更能顺应形势需要和满足冲突中国家的需要。

将“和平政治解决”作为维和行动的任务重点，既符合维和基本原则与维和实践，也符合《联合国宪章》精神。联合国维和行动本不是“作战”，不是强制性武力干预。但复杂的冲突形势使联合国维和行动面临诸多挑战，也是联合国维和长期无法摆脱的困境，尤其是肩负保护平民责任的人道主义维和。代理人干预与保护责任干预的模糊，使安理会授权仍面临两难。此外，维和人员自身素质问题导致的丑闻损害了联合国维和行动的名誉，不断发生的恐怖袭击、暴力事件将联合国维和人员置于非常危险的境地。因此，对世界各地爆发的战争和冲突来说，联合国维和行动只是有限的途径之一。联合国会员国尤其是大国的支持，国际社会充分的政治和解努力，是维和行动发挥作用的重要条件。

（四）有关安理会改革的谈判在进行中，新秘书长人选问题值得关注

安理会改革一直在讨论和谈判中，是目前联合国机构改革中最艰难的一项。从近些年来安理会改革的情况看，广大会员国都表示认同安理会改革的

① 秘书长报告《联合国和平行动的未来：执行和平行动问题高级别独立小组的各项建议》，联合国文件 A/70/357 – S/2015/682。

必要性，改革进程在一点点推进中，关于安理会改革的政府间谈判与磋商也在进行当中，“争常国家”仍在积极呼吁和推动这一改革。但从各方立场看，各不同改革集团之间，包括常任理事国之间，仍然没有就安理会扩大问题达成一致。① 因此，关于安理会改革的政府间谈判显然要继续留给下一届联大和新任秘书长。

随着2016年秘书长换届年的临近，秘书长人选和秘书长推选程序问题再次成为国际社会关注的热点。就2016年秘书长人选问题，呼吁最强烈的有三点：第一，按区域顺序，下任秘书长应该轮到东欧国家，而且迄今为止还没有来自东欧国家的秘书长；第二，迄今为止还没有一位女性秘书长，这也是女性支持者呼声最强烈的一点；第三，有发展中国家强调，发达国家担任秘书长的总年份仍然比发展中国家多，下一任秘书长应该来自发展中国家，尤其是拉美国家。②

因此，新秘书长推选结果存在三种可能。可能之一：下一任秘书长来自东欧国家。如果该地区国家中能涌现一位同时被俄罗斯、美国和中国接受的候选人，下任秘书长则可能出自东欧国家。可能之二：下任秘书长来自西欧和其他国家集团，包括大洋洲国家。如果来自东欧国家的候选人均无法获得安理会一致支持，下任秘书长也可能来自西欧和其他国家集团，包括大洋洲国家。可能之三：如果来自东欧、西欧和其他国家的候选人无法得到安理会常任理事国的一致认同，来自拉美和加勒比地区的候选人取而代之也是有可能的。目前，东欧国家、西欧和大洋洲国家、拉美国家已经提出了若干秘书长候选人。

新当选的第70届联大主席吕克托夫特（Mogens Lykketoft）向安理会强烈呼吁要确保秘书长推选过程的公开与透明，并表示联合国还从未有过一位

① “Framework Document As Populated by Member States,” “Intergovernmental Negotiations on the Question of Equitable Representation on and Increase in The Membership of The Security Council and Related Matters,” http：//www. un. org. /en/ga/62/plenary/screport/docs. shtml。

② “NGOs Challenge World Leaders on Opaque and Outdated Process to Select UN Secretary – General,” http：//www. 1for7billion. Org/News/2014/11/5/Ngos – Challenge – World – Leaders.

女性秘书长，因此应当“把挑选女性候选人作为一个重点”。[①] 就新秘书长人选问题，俄罗斯常驻联合国代表丘尔金曾表示，按惯例下届秘书长应从东欧国家集团中选出，并表示支持一位来自东欧国家的女性秘书长。这也反映了俄罗斯在秘书长人选问题上的立场。[②] 可以预见，由于目前俄罗斯与一些欧洲国家及美国关系的紧张，此次秘书长换届可能会有更多的不确定性。其实，围绕2016年秘书长人选的竞争大幕早已拉开。

无论下届秘书长来自哪个国家，都会对未来一个时期联合国的工作带来一定的影响，尤其是联合国改革问题。秘书长的个人立场和抱负，会促使新秘书长努力推动联合国工作的新进展和新突破。在新旧交班之际，潘基文秘书长会进一步巩固任期内的成果，在最后一年为自己的任期增添新的光彩。来自丹麦的第70届联大主席吕克托夫特则是一位非常积极、对联合国未来工作和改革有远大抱负的大会主席。总之，秘书长的换届以及一位积极推动联合国改革的大会主席，将使未来一年的联合国呈现出新的看点。

三　中国与联合国：新理念、新承诺、新倡议

2015年是中国领导人在联合国活动最活跃的一年，也是对中国与联合国关系具有重大意义的一年。习近平主席访问了联合国，出席了在联合国举行的一系列活动，并在可持续发展峰会、维持和平行动峰会和全球妇女大会上发言，提出了中国的新理念、新承诺和新倡议。

（一）中国在第70届联大上传达的时代观、全球观

习近平主席在第70届联合国大会一般性辩论中，发表了题为“携手构建合作共赢新伙伴，同心打造人类命运共同体”的讲话，向世界传达了中

---

① 《安理会公开辩论：联大主席强调下任秘书长选举过程需公开透明》，2015年10月20日，http：//www. un. org/chinese/News/story. asp？ NewsID = 24945。

② 《俄罗斯大使丘尔金：安理会本月重点将讨论中东北非地区局势》，中国日报中文网，http：//www. chinadaily. com. cn/micro - reading/dzh/2015 - 09 - 03/content_ 14158389. htm。

国对当今世界的看法，传达了中国处理国际关系和全球事务的基本原则和立场。第一，中国重申“继承和弘扬”联合国宪章的宗旨和原则；第二，认同“和平、发展、公平、正义、民主、自由”是“全人类的共同价值”；第三，强调“以合作共赢为核心的新型国际关系”和“人类命运共同体”；第四，明确尊崇自然、顺应自然、可持续绿色发展的价值原则和道路选择；第五，中国承诺将“始终做国际秩序的维护者”，坚持走合作发展的道路，承诺“支持多边主义”，奉行“双赢、多赢、共赢的新理念”。①

（二）中国的发展观和发展承诺

2015 年 9 月 26 日，习近平主席在联合国可持续发展峰会上做了题为《谋共同永续发展　做合作共赢伙伴》的发言，清晰地表达了中国对未来全球发展议题的新理念与新倡议。

首先，中国给予联合国会员国通过的 2015 年后可持续发展议程高度肯定与支持，称这一新发展议程“为全球发展描绘了新愿景”，“为国际发展合作提供了新机遇”。中国领导人承诺，将一如既往地支持联合国的发展事业，以落实新的可持续发展目标为己任，为实现联合国新的发展议程做出努力。②

与此同时，中国领导人在联大和发展峰会上阐述了中国的发展观，即“公平、开放、全面、创新”的共同发展观。中国的发展观中体现了联合国新发展议程的精神，尤其体现了发展过程中对人和对自然的关怀。例如，习近平主席在讲话中提到“构筑尊崇自然、绿色发展的生态体系”，提到“尊重自然、顺应自然、保护自然的意识”，提到“发展的最终目的是为了人民”；并承诺走“绿色、低碳、循环、可持续”的发展道路，为

① 《谋共同永续发展　做合作共赢伙伴——中华人民共和国主席习近平在联合国发展峰会上的讲话》，2015 年 9 月 26 日，新华网，http：//news. xinhuanet. com/mrdx/2015 - 09/27/；《习近平在联大一般性辩论讲话（全文）》，新华网，http：//news. xinhuanet. com/，2015 - 09 - 29。

② 《谋共同永续发展　做合作共赢伙伴——中华人民共和国主席习近平在联合国发展峰会上的讲话》，2015 年 9 月 26 日，新华网，http：//news. xinhuanet. com/mrdx/2015 - 09/27/。

应对气候变化做出自己的贡献。[①] 与以往相比，此次中国领导人在联合国发展峰会上的发言给予人和自然更多关注。

在第70届联大和可持续发展峰会上，中国领导人也对未来联合国可持续发展议程给予了更多实质性的承诺，并提出了多条新的倡议，以支持2015后发展议程。例如，中国提出设立支持发展中国家的“南南合作援助基金”、增加对最不发达国家的投资、免除最不发达国家债务等。并提出设立“国际发展知识中心”“全球能源互联网”的倡议。

（三）中国的安全观与安全承诺

在2015年9月举行的第70届联大辩论发言及“维持和平领导人峰会”的发言中，习近平主席阐述了中国的安全观和中国对联合国安全作用的支持。中国领导人重申了主权原则和互不侵犯、互不干涉内政原则，再次强调了联合国在维护世界和平与安全方面的核心作用，提出要营造“公道正义、共建共享的安全格局”，树立“共同、综合、合作、可持续安全的新观念”。在具体战略与政策方面，中国提到要“统筹应对传统和非传统安全威胁”，采取和平解决争端与强制行动“双轨并举”的应对措施。[②]

在第70届联大及同时举行的联合国“维持和平领导人峰会”上，中国领导人宣布了中国对维持和平行动新的承诺与支持，引起国际社会的广泛关注。例如，习近平主席在发言中宣布，中国将设立一个总额为10亿美元的“中国联合国和平与发展基金”，中国还将加入联合国维和能力待命机制，并决定组建常备成建制维和警队，组建具有8000人规模的“维和待命部队”。其他还包括：向联合国维和行动派遣更多工程、运输、医疗人员，为

① 《谋共同永续发展　做合作共赢伙伴——中华人民共和国主席习近平在联合国发展峰会上的讲话》，2015年9月26日，新华网，http：//news. xinhuanet. com/mrdx/2015 –09/27/；《习近平在联大一般性辩论讲话（全文）》，新华网，http：//news. xinhuanet. com/2015 –09 –29 05：02。

② 《谋共同永续发展　做合作共赢伙伴——中华人民共和国主席习近平在联合国发展峰会上的讲话》，2015年9月26日，新华网，http：//news. xinhuanet. com/mrdx/2015 –09/27/。

各国提供维和人员培训，开展扫雷援助项目，支持非洲快速反应部队建设，向联合国非洲维和行动部署首支直升机分队等。①

结语

中国是联合国创始会员国之一，参与了联合国的创建过程，为联合国的建立做出了自己的贡献。中国对联合国的参与和支持力度不断提高，力图发挥更积极的作用。回顾过去，探讨未来，联合国成立70周年对发展和创新中国与联合国合作关系也是一个机遇。同时，中国的联合国外交也面临许多方面的挑战。比如，在国际格局变动、中国不断崛起的时期如何稳定中国与其他会员国，尤其是其他大国之间的关系；在维持国际秩序和变革国际秩序，包括联合国改革问题上，中国应该扮演何种角色。此外，在第70届联大上中国提出了新的理念和倡议，承诺对联合国给予更有力的支持，但会员国对中国作用的认同还存在差异，需要继续磨合。其中包括对中国崛起的适应和认同，对中国多边外交模式的适应和认同，以及对中国政治文化与发展道路的适应和认同。对中国来说，从理念、倡议、承诺到实施与结果这一过程，还存在距离和诸多不确定因素。国内政治、经济、社会的发展、改革与创新，中国自身问题的妥善解决，以及中国能力和实力的持续提升，都将影响中国在联合国作用的发挥。

参考文献

《谋共同永续发展　做合作共赢伙伴——中华人民共和国主席习近平在联合国发展峰会上的讲话》，2015年9月26日，新华网，http：//news. xinhuanet. com/mrdx/2015－09/27/。

① 《习近平出席联合国维和峰会并发表讲话》，人民网，2015年9月29日，http：//politics. people. com. cn/n/2015/0929/c1024－27649002. html。

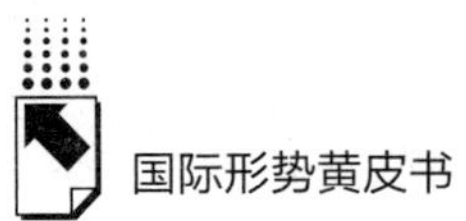

《习近平在联大一般性辩论讲话（全文)》，新华网，http：//news. xinhuanet. com/，2015－09－29。

《习近平出席联合国维和峰会并发表讲话》，人民网－时政频道，2015年9月29日，http：//politics. people. com. cn/n/2015/0929/c1024－27649002. html。

秘书长报告《联合国和平行动的未来：执行和平行动问题高级别独立小组的各项建议》，联合国文件A/70/357－S/2015/682。

联合国2015年后《可持续发展目标》，http：//www. un. org/sustainabledevelopment/zh/。

"NGOs Challenge World Leaders on Opaque and Outdated Process to Select UN Secretary－General," http：//www. 1for7billion. Org/News/2014/11/5/Ngos－Challenge－World－Leaders.

"Intergovernmental Negotiations on the Question of Equitable Representation on and Increase in The Membership of The Security Council and Related Matters", http：//www. un. org. /en/ga/62/plenary/screport/.

中国新闻网，http：//www. chinanews. com/。

中国网，http：//news. china. com. cn/。

新华网，http：//news. xinhuanet. com/。

人民网，http：//politics. people. com. cn/n。

联合国网，http：//www. un. org/。

专题·热点

Special Topics：Global Hotspots

Y.11

国际政治经济视野下的“一带一路”

任琳　张建*

摘　要： 丝绸之路经济带旨在逐步形成区域大合作。“一带一路”强调合作共赢、优势互补、有效配置资源，它离不开沿线国家的支持，是整个区域的整体推进。“一带一路”倡议在塑造公平合理的全球治理秩序，推动新兴国家和发展中国家的经济增长，为全球治理提供、输出公共产品等方面将做出重要贡献。“一带一路”是一项宏大的系统工程，在世界政治经济格局不断变化的全球大背景下，“一带一路”面临的机遇与挑战并存，如何扬长避短，做好应对之策，将是未来中国外交面临的重大课题。

* 任琳，中国社会科学院世界经济与政治研究所助理研究员，主要研究领域为全球治理；张建，外交学院外交学专业博士研究生。

关键词：“一带一路”　互联互通　全球治理　新兴国家

“一带一路”是“丝绸之路经济带”和“21世纪海上丝绸之路”的合称。“丝绸之路经济带”是习近平主席2013年9月访问哈萨克斯坦时提出的，而“21世纪海上丝绸之路”是习近平主席在2013年10月访问印尼期间提出的。这两个概念由中国国家最高领导人提出后，成为新一届中国政府对外关系的顶层设计，并体现在政治、经济、文化、安全、军事等各个领域中。2015年3月底，中国又制定了《推动共建丝绸之路经济带和21世纪海上丝绸之路的愿景与行动》,[①] 为落实“一带一路”倡议提供了操作方式。因此，2015年成为“一带一路”倡议的布局之年。丝绸之路经济带从中国的沿海一带穿过整个欧亚大陆直抵大西洋沿岸，继承了古丝绸之路的开放传统，吸纳了亚洲国家开放的区域主义，是对古老的继承，也是对未来文明之间相互交流的开启。丝绸之路经济带旨在以点带面，从线到片，逐步形成区域大合作。[②] 海上丝绸之路则从我国沿海一带通过南海后分为两条线路：一条走向南太平洋，一条经过南亚走向非洲东岸、西亚、地中海等。“一带一路”相关的时间表与路线如下。

“一带一路”相关的时间表与路线

2013年9月7日	习近平访问哈萨克斯坦,提出共建“丝绸之路经济带”。
2013年10月3日	习近平访问印尼,希望利用好中国－东盟海上合作基金加强中国与东盟的海上合作,进一步提出共建“海上丝绸之路”。
2014年5月21日	习近平在亚信峰会上指出,中国将与沿线国家一道,加快推进“一带一路”的建设,推动早日启动亚投行。

① 《推动共建丝绸之路经济带和21世纪海上丝绸之路的愿景与行动》，http://news.xinhuanet.com/gangao/2015－06/08/c_127890670.htm，登录时间：2015年8月6日。

② 习近平：《弘扬人民友谊　共同建设“丝绸之路经济带”》，《人民日报》2013年9月8日，第3版。

续表

2014 年 11 月 4 日	中央财经领导小组第八次会议召开，主要议程是研究丝绸之路经济带和 21 世纪海上丝绸之路规划、发起建立亚洲基础设施投资银行和设立丝路基金。
2014 年 11 月 8 日	习近平在加强互连互通伙伴关系对话会上首提中国将出资 400 亿美元成立丝路基金，“一带一路”进入了务实合作阶段。
2014 年 11 月 11 日	APEC 会议上，通过了《北京纲领：构建融合、创新、互联的亚太——亚太经合组织第二十二次领导人非正式会议宣言》《共建面向未来的亚太伙伴关系——亚太经合组织成立 25 周年声明》两份成果文件，中国提出的倡导和支持设立丝路基金、筹建亚洲基础设施投资银行等倡议，获得 APEC 会议成员的一致同意和支持。
2014 年 11 月	第二批中国 - 东盟海上合作基金项目申报开始，年底完成第二批项目申报征集工作。
2015 年 3 月 28 日	国家发改委、外交部、商务部联合发布《推动共建丝绸之路经济带和 21 世纪海上丝绸之路的愿景与行动》。
2015 年 6 月 29 日	《亚洲基础设施投资银行协定》在北京签署，商定年底前正式成立亚洲基础设施投资银行，推助“一带一路”建设。
2015 年 7 月 9 日	习近平赴俄罗斯乌法参加金砖国家领导人第七次会晤，会上金砖国家进一步深化了在“一带一路”、亚洲基础设施投资银行等领域内的共识。
2015 年 7 月 21 日	金砖国家新开发银行在上海的总部正式开业。
2015 年 9 月 26 日	习近平在联合国大会上宣布成立南南合作援助基金，首期为 20 亿美元。

资料来源：根据人民网、新华网资料综合整理。

一 “一带一路”倡议的意义与研究层次

两年来的实践表明，“一带一路”倡议构想是开放、合作的平台，使各国走向深化合作共识，为全球经济注入了新的活力，这一构想不仅得到沿线各国的积极响应，也得到国际组织的赞扬和积极响应。其重大意义主要体现在以下几点。

第一，全球化挑战了原有的国际安全概念。随着全球化步伐的加快，世界各国间政治、经济、安全等方面的相互依赖性增强，特别是通信和交通等领域技术的进步，使得国与国之间、地区与地区之间的距离骤然间缩小了。冷战思维已经过时，世界进入一个相互依存与合作的新阶段，和平与发展成为时代的主流。正如十二届全国人大三次会议期间，中国外交部部长王毅在记者招待会上做出回应：不能用过时的冷战思维看待“一带一路”倡议，它是开放合作的产物，而不是传统意义上地缘政治的工具。[①]

第二，区别于西方经济学理念，“一带一路”倡议强调合作共赢、优势互补、有效配置资源。2014 年 8 月，习近平在访问蒙古国的时候表示欢迎周边国家搭上中国经济增长的快车，分享中国经济发展的“红利”。[②]“一带一路”不仅会使中国的经济发展迈上新台阶，也使古代丝绸之路重现活力，以合作共赢的新理念、新形式使丝路沿线各国的经济联系更加紧密，给沿线各国的经济发展带来新的活力，同时，“一带一路”对于全球经济重新走向繁荣也会产生积极的推进作用，为未来的国际合作打开了新的领域。

第三，“一带一路”倡议的推进，离不开沿线国家的支持，是整个区域的整体推进。这就需要在发展经济、贸易合作的同时，把公共外交的工作做好。更好地了解沿线国家的本土文化、民族风情，推动“一带一路”沿线国家之间的人文交流，在规范层面倡导“亲、诚、惠、容”的交往规范，为“一带一路”倡议的落实奠定坚实的民间基础和情感基础。所以，“一带一路”核心内容的“五通”（政策沟通、设施连通、贸易连通、资金融通和民心相通）之一，即民心相通。

研究“一带一路”倡议宜从政治经济学的视角进行。从研究角度看，“一带一路”倡议可以分为三个层面。

（1）体系层面：以国家在体系中的位置为观察对象的研究路径，对应权力导向、全球治理和战略选择，分析国家及其行为在国际体系层面的影响，探讨“一带一路”与全球治理结构的合理化。

（2）区域层面：在基础设施、经贸和资金上互联互通。一方面基础设施上的联通是基础，包括道路、航道、能源管道、电力通信等基础设施在区

---

① 外交部部长王毅在十二届全国人大三次会议举行的记者会上就中国外交政策和对外关系回答中外记者提问，《经济日报》2015 年 3 月 9 日。

② 《习近平访问蒙古国精彩话语集》，http://cpc.people.com.cn/n/2014/0821/c164113-25513057.html。

域内的联通。此外，在区域内形成资金、资源等的合理配置，形成贸易与金融的联通，体现“一带一路”是亚洲区域整体的战略推进。

（3）国家层面：以国家/国家群体内部生产要素的分配、国内区域的治理、经济结构的调整等为观察对象的研究路径，在国际政治经济学的话语框架下，该层次的研究也涵盖行业生产要素流动等内容，对应了市场和利益导向的动因研究。这里主要讨论国内经济与“一带一路”倡议的对接。

二 “一带一路”与国际治理结构合理化

2008 年世界金融危机之后，国际社会对中国应该承担更多国际责任发出很大呼声，中国推进“一带一路”战略的努力则可以被看作承担更多的责任。中国作为全球第二大经济体，在“一带一路”区域内，中国 GDP 占到近 40%，贸易占到近 30%，人口占 1/3 左右。[①] 发挥大国的作用，推进“一带一路”建设，使国际治理结构不断朝着公平、合理的方向发展。

（一）塑造公平合理的全球治理秩序

随着美国、欧盟等发达国家爆发金融、经济危机和新兴市场国家的兴起，世界经济多极化的趋势不断增强。30 年来，新兴经济体在全球 GDP 中的占比从 28% 上升至现在的 50%，社会财富从 22% 增长到 70%，贸易从 21% 发展到 50%，投资从 26% 增长到 65%，成为世界上最重要的经济群体之一。[②] 新兴市场国家普遍要求改革国际金融体系，金融危机后，国际货币基金组织曾发出改革信号，承诺将部分投票权转移给新兴经济体，但五年过去了，未有任何进展，其根本原因是西方发达国家对国际金融主导权的牢牢把控。而“一带一路”倡议则有以下特点。

---

① 《赵晋平详析“一带一路”十大内涵：中国承担的更多是责任》，http：//www. chinanews. com/cj/2015/03 －29/7167235. shtml。

② 《新兴经济体将持续壮大　占全球 GDP 半壁江山》，http：//intl. ce. cn/specials/zxgjzh/201409/11/t20140911_ 3515288. shtml。

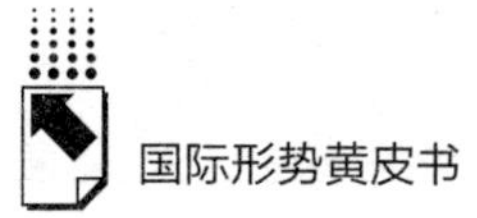

第一，符合新兴市场国家、广大发展中国家要求改革国际金融治理机制的呼声。“一带一路”倡议通过互联互通基础设施建设，不断挖掘亚洲国家的发展潜力，投资亚洲市场，使得亚洲区域经济不断走向高度整合，创造世界经济多极化中强劲的新一极。

第二，“一带一路”倡议并不是崭新的机制。在“一带一路”建设过程中，不能忽视既有机制的作用，要以既有的合作机制及交流平台为基础，适时创新，创造更大的平台，不断实现责任共同体、利益共同体和命运共同体，在整合既有多边、双边平台的基础上，使得合作与发展的理念深入人心，对国际治理理念具有贡献价值。

第三，“一带一路”倡议体现的是对国际秩序、国际规则、全球治理规范与制度的修补与完善。建立以合作共赢为核心的新型国际关系是避免陷入“修昔底德”陷阱的最佳选择，不管是建立亚洲基础设施投资银行还是设立丝路基金，都是通过发挥区域优势，增强区域实力，利用现有国际制度，进行增量改革，这是深化改革开放的题中之义，也是促进国际经济平衡有序的客观需要，有助于降低少数国家对全球经济规则从制定到实施的“垄断”，使规则向更为合理均衡的方向发展，维护全球治理秩序并使国际治理秩序合理化。

（二）推动新兴国家和发展中国家的经济增长

“一带一路”沿线国家有 60 多个，大多是新兴经济体和发展中国家，总人口约 44 亿，经济总量约为 21 万亿美元，分别占全球的 63% 和 29%。这些国家普遍处于工业化初期、经济发展的上升期，面临大规模基础设施的兴建，具有开展互利合作的广阔前景。①

“一带一路”倡议最主要的关注点在于经济发展和基础设施互联互通，在实现本国发展东西互济、海陆统筹、向西开放的基础上，主要还是以沿线

---

① 《“一带一路”战略引领中国企业“走出去”》，http://world.people.com.cn/n/2014/1227/c1002-26285988.html。

区域的近60个发展中国家合作为主。中国已经和沿途区域国家建立了良好的双边关系，“一带一路”构想有机地把诸多组双边、多边关系贯穿了起来，在实现互联互通的基础上扩大投资，促进经济合作。

与区域外国家的合作也是“一带一路”倡议的重要内容，“一带一路”框架内的亚投行是对新兴市场经济体诉求的积极回应。亚投行最终确定的57个意向创始成员国中，有17个欧洲国家，两个大洋洲国家，两个非洲国家，1个拉美国家，35个亚洲国家。至此，亚投行包括了所有金砖国家，除美国、日本、加拿大以外的七国集团国家，二十国集团国家中的14个。[①] 这充分体现了在当前国际体系下，新兴市场国家对一个负责任的新兴大国倡议成立的新机制所寄予的期望。

“一带一路”倡议在消化过剩产能、加快人民币国际化的同时，也有望进一步推动新兴产业发展，推动交流合作向多领域不断延伸。例如，互联互通在人文交流方面侧重民心相通，就会带动沿线国家的旅游业、服务业的发展；“一带一路”沿线国家在新能源领域的发展也具有较大潜力和市场需求，这都会成为未来经济增长的新亮点。

“一带一路”也具有为全球治理提供、输出公共产品的前景。当前，全球治理是各国不断呼吁的话题，是对世界多极化趋势的顺应。在全球治理过程中，相关国家承担何种角色、能够提出并设定何种议程、具有何种公共产品提供和输出的能力是重点所在。其中，具有何种公共产品提供和输出的能力是最重要的。全球公共产品是指那些具有很强跨国界外部性的商品、资源、服务以及规章体制、政策体制，它们对发展中国家的经济发展和贫困地区的改善有较大帮助作用。公共产品的持续供应前提是发达国家与发展中国家实现良好的合作。[②] 然而，在全球公共产品提供中，存在理论方面的“搭便车”现象，很少有国家希望发展红利被人分享，因此导致了全球治理中

① 《亚投行：对新兴市场国家诉求的积极回应》，http：//finance. huanqiu. com/roll/2015 －04/6206575. html。

② 《中国在“一带一路”建设中提供的全球公共物品》，http：//news. xinhuanet. com/politics/2015 －06/22/c_ 127937046. htm。

公共产品的供给不足。“一带一路”构想正是准备为周边沿线国家提供搭便车的机会，提供更多投资便利化自由贸易机会及金融体系调整等公共产品，与沿线国家共享发展成果，实现互利共赢的新外交布局。

三　“一带一路”的区域性影响

“一带一路”不仅对全球治理结构产生较大影响，也对涉及的区域产生了很大影响。“一带一路”的区域性影响主要分为丝绸之路经济带对亚欧大陆的影响和21世纪海上丝绸之路对东南亚和南亚的影响。丝绸之路经济带横跨亚欧大陆，绵延7000多公里，途经中亚、东欧、西欧以及众多国家。以不断扩大的上海合作组织为例，组织内的成员国、观察员国、对话伙伴国绝大部分都位于丝绸之路沿线。21世纪海上丝绸之路以东盟为主要支撑点，以点带线，以线带面，不仅对中国有着经济和政治方面的双重意义，也给予东盟、南亚、西亚、北非、欧洲等几大经济体赋予新的活力，走向共同发展与共同繁荣的目标。

（一）“一带一路”对亚欧大陆的影响

美国长期致力于谋求扩展其在欧亚大陆的影响力，亚欧大陆一体化进程缓慢。布热津斯基认为，“对美国来说，欧亚大陆是最重要的地缘政治……现在美国这个非欧亚大国在这里取得了举足轻重的地位，美国能否持久、有效地保持这种地位，直接影响到美国对全球事务的支配”。[①] 斯皮格曼也曾毫不避讳地说，美国必须插手欧亚政治，“参与欧洲和亚洲的权力斗争，而国际联盟为此提供了道义和法律基础”。[②]

近期来，笼罩在“欧债”阴影下的欧洲经济低迷，中亚和阿拉伯地区长期受到恐怖主义和地区不稳定的威胁。受欧美经济制裁的影响，加之地缘

① 兹比格纽·布热津斯基：《大棋局：美国的首要地位及其地缘战略》，中国国际问题研究所译，上海人民出版社，2007，第41页。

② 斯皮格曼：《边缘地带论》，林爽喆译，石油工业出版社，2014，第81页。

压力和能源市场不景气，俄罗斯虽有自己的欧亚一体化构想，但俄罗斯经济形势因受到西方制裁而面临危机。[①] 在全球经济整体低迷、区域经济一体化趋势加强、贸易保护主义再度抬头的背景之下，中国是亚欧大陆上经济增长最稳定的主要经济体。“一带一路”倡议有利于整合沿线的资源，给欧亚大陆带来了通过区域内合作方式探索经济增长的新机遇。中国提出建设“丝绸之路经济带”将提供一种创新性的合作理念与模式，体现了中国从消极性战略防御到主动进取，且“丝绸之路经济带”将具有更大的包容性和开放性，中国与亚欧大陆上的诸国一道合作，本着平等互利，不排斥任何国家的原则，致力于构建“欧亚共同体”，为上海合作组织经济合作、中美俄中亚协作、中国与中亚国家的双边经济合作、中亚国家之间恢复传统的经济联系提供了平台和空间。[②] 从亚欧大陆国家的反应来看，“丝绸之路经济带”得到了积极的响应。

（二）对东南亚和南亚的影响

南亚和东南亚地区部分经济体，其优势在于有较大的生态空间、充足的政策优惠条件、低廉的原材料价格，劳动力成本也较低，其经济发展得益于来自中国的产业转移，产业发展衔接于中国东部地区，正在续写“四小龙”和中国经济成长的趋势。印度、越南、柬埔寨、缅甸、孟加拉国等，享受到了政治稳定和人民勤奋所带来的经济增长。而这一增长的前提则需要建立在中国和亚洲其他大国关系稳定的基础之上。“海上丝绸之路建设”给了东盟、南亚等几大经济体一个全新的机遇，使其联合在一起，搁置争议，各取所长，又各取所需。“海上丝绸之路建设”的逻辑应是前期打造中国东盟自贸区的“升级版”，争取 2020 年中国与东盟贸易额达到 1 万亿美元，随后重点强化与南亚及波斯湾国家的联系。中国与东南亚各国加深友好合作具有十分重大的意义，东南亚各国普遍对 21 世纪海上丝绸之路给予了积极评价，

① Евразийский Союз：от идеи к истории будущего，http：//izvestia. ru/news/504908.

② Новый Шелковый путь – платформа интеграционных процессов，http：//www. inform. kz/rus/article/2659526.

期盼中国在经济发展和开拓新增长点这方面扮演“领头羊”的角色。[①]

重点强化南亚与波斯湾国家的联系是21世纪海上丝绸之路的重要环节。在互联互通方面，中国通过帮助缅甸、巴基斯坦和斯里兰卡等国建设港口已经积累了大量前期经验。同时，通过建立“经济走廊”，如建设“孟中印缅（BCIM）经济走廊”“中巴经济走廊”，打造“交通能源走廊”“商贸物流走廊”“产业合作走廊”“人文交流走廊”[②] 等措施，后期着重通过对红海和印度洋沿岸国家的投入，从而最终实现整条21世纪海上丝绸之路的繁荣。在惠及南亚国家基础设施建设和经济发展的基础上，为未来中国与沿线各国定下了经济发展和政治格局的基调。这一战略稳步推进将促使新的世界经济规则的形成。

历史上的丝绸之路使中国与沿途各国互通有无、友好交流，今天“一带一路”是区域经济一体化的舞台，是一项相关各国共同的事业，是相关国家利益共享的大平台。[③] 整个欧亚大陆和亚洲将通过“一带一路”得到发展的新活力，各国相互依赖水平将不断深化，实际上将会形成一个以中国为中心的贸易大区，这个大区的覆盖范围将是欧亚大陆和亚洲，大幅度受益的也将是这些区域。另一方面，“一带一路”将不仅带来经济一体化的趋势，更能促进经贸交流下的文化交流，从而形成新国际背景下的文明共融，建设利益和命运共同体，整体安全、整体振兴将指日可待。

四　“一带一路”倡议：机遇、挑战与应对

“一带一路”战略是一项系统、宏大的工程，是21世纪中国继续对外开放以及“走出去”战略的延伸。在世界政治经济格局不断变化，区域经济一体化不断强化的全球大背景下，“一带一路”倡议具有难得的优势，同

① 《东南亚各界评价中国提出建设21世纪海上丝绸之路构想》，http：//gb. cri. cn/42071/2014/02/27/6871s4440398. htm。

② 任佳：《孟中印缅地区经济合作与经济走廊建设构想》，《东南亚南亚研究》2014年第1期。

③ Silk Road Resurrection，http：//www. bjreview. com. cn/Cover_ Stories_ Series_ 2014/2013 - 11/05/content_ 609246. htm.

时也面临着巨大的挑战。如何利用好既有优势，迎接挑战，做好应对之策，将是未来中国外交面临的重大课题。

（一）“一带一路”构想具有的优势和机遇

第一，21世纪的国际体系与国际格局在朝着有利于中国的局面发展。当前中国GDP已超过10万亿美元，位居世界第二。延续了30多年的中国经济奇迹使中国前所未有地接近世界经济的中心地带，中国国际影响力不断增强。十八大后，新一届领导集体提出以“新型国际关系”来处理国家间关系，以减少和美国安全战略的摩擦，避免陷入“修昔底德”陷阱。“一带一路”构想正是为此提供了良好的平台，利于夯实沿途国家的双边关系。最显著的实例是“一带一路”为中美俄在中亚的合作提供了良好的平台。

第二，“一带一路”构想得到了国家层面的大力支持。“一带一路”倡议由习近平主席提出后，得到举国上下高度重视，其中包括政策支持、顶层设计、资金支持。目前，由国务院副总理任组长的“一带一路”建设工作领导小组已经成立，其制定了《推动共建丝绸之路经济带和21世纪海上丝绸之路的愿景与行动》，负责“一带一路”工作的具体落实，倡议成立了亚洲基础设施投资银行，设立了丝路基金，这为“一带一路”构想的实施提供了可靠的资金支持和保障。

第三，“一带一路”建设不是“平地起高楼”的新工程。“一带一路”沿线国家大都根据自身国情制定了发展战略，各国在发展过程中具有很强的互补性。“一带一路”可以利用现已确立并有效运行的多边、双边机制使沿线国家的发展战略相互协调，实现良好对接，发挥彼此优势，实现共赢，因为前期积累的缘故，不需要极大的工程量。目前，对参与“一带一路”建设表达了积极态度的沿线国家和国际组织已经多达60多个。[①] 这些都是难得的机遇和优势。

---

① 《“一带一路”将带来实实在在的利益》，http：//news. sina. com. cn/o/2015 - 03 - 29/051931656827. shtml。

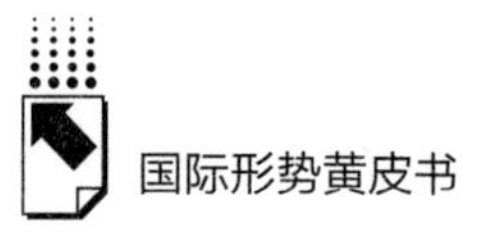

（二）“一带一路”倡议面临的挑战

中国周边很多国家都以矛盾的心态看待中国的改革开放与和平发展。一方面，它们希望得到中国的资金援助、技术和产业转移，但另一方面又担心对中国产生依赖。在周边国家中，“中国威胁论”依然存在。现阶段中国与周边一些国家存在争端，比如与日本、菲律宾及越南的岛屿与海洋争端，与印度的陆上领土争端，这些争端在短时期内还难以解决，从而对21世纪海上丝绸之路建设产生不小的负面影响。再有，域外大国为确保自身的主导地位，欲借助这些争端和疑虑制约中国，给中国制造麻烦，使相关问题复杂化。中国需要找到沿线国家都能接受的办法来缓解这些问题，才能顺利地推进新海上丝绸之路的建设。只有相关国家之间增进相互信任、减少相互猜疑、摆脱安全困境，“一带一路”倡议才有望顺利推进。

中国历史上的“一带一路”不是以武力推行的，古代中国繁盛的文化对丝路各国有着强大的吸引力，提供着种类相当丰富的公共产品，其中包括儒家文化、伦理道德、汉字、服饰、饮食、建筑，甚至是制度。现在中国硬实力发展迅速，经济发展势头良好，但是软实力的发展相对不足，也还缺乏广泛的认同，这也是“一带一路”倡议面临的一个挑战。

另一挑战是，中国自身内部资源整合度较低。中国倡议建立“一带一路”后，国内各个城市、各个部委都开始纷纷部署、规划展开行动，希望“一带一路”建设为其未来发展带来新的机遇。然而，跨部门协调力度还面临很大挑战，各部门、各城市对“一带一路”建设都停留在初级层次的讨论上，缺乏跨部门、跨区域协调，也缺乏协调机制，使得内部资源整合程度较低。

结　语

虽然面临众多挑战，但建设“一带一路”符合历史潮流，符合中国发展的长远利益。中国方面应做好增信释疑的工作，让其他国家感受到中国真正的善意，真心实意帮助发展中国家加快发展，而不只是喊口号。大力整合各方面资源，加强不同行为体之间的协调与合作，包括加强智库、企业、商会、各类非政府组织之间的相互间协调，对“一带一路”的推进十分重要。同时，应该对“一带一路”可能面临的各种困境与挑战有充分认识和准备。“一带一路”建设的稳步进行是中国向世界发出的进一步改革开放的强劲信号。从经济角度来看，中国经济影响力会由点到面地带动区域经济活力、提高发展水平，实现自身经济转型之外还会产生外溢效应，沿途各国都可以享受中国经济发展带来的红利，跨地区合作的国际大平台得以真正搭建，实现真正的互利共赢。从政治战略角度看，“一带一路”沿途经济的发展有利于维护政治稳定和降低安全风险。“一带一路”构想展现了中国的大国责任担当，也有利于促进国际政治经济秩序的公平化、合理化。

参考文献

习近平：《弘扬人民友谊　共同建设“丝绸之路经济带”》，《人民日报》2013 年 9 月 8 日。

外交部部长王毅在十二届全国人大三次会议举行的记者会上就中国外交政策和对外关系回答中外记者提问，《经济日报》2015 年 3 月 9 日。

任佳：《孟中印缅地区经济合作与经济走廊建设构想》，《东南亚南亚研究》2014 年第 1 期。

兹比格纽·布热津斯基：《大棋局：美国的首要地位及其地缘战略》，中国国际问题研究所译，上海人民出版社，2007。

斯皮格曼：《边缘地带论》，林爽喆译，石油工业出版社，2014。

新华网，http：//news. xinhuanet. com。

中国新闻网，http：//www. chinanews. com。

人民网，http：//www. people. com. cn。

Y.12

2015年全球选情及其影响

王鸣鸣*

摘　要：　2015年，全世界举行总统选举或议会大选的国家有35个左右，如此之多的国家在同一年举行大选历史上并不多见。欧洲的主要选举都与欧盟有着程度不同的联系，既事关当事国的政治、经济和社会稳定，也影响着欧盟整体。非洲大陆多数选举是在相对和平的氛围中进行的，这对于多数非洲国家人民的安居乐业、经济进一步发展以及政治制度日趋成熟意义重大，将会给整个非洲今后几年的和平与稳定带来积极作用。亚洲的选举则表现出有无悬念之别，中亚诸国毫无悬念、平淡无奇；缅甸、斯里兰卡和土耳其则悬念重重、引人关注。在美洲，2015年的选举凸显求新求变特色。从加拿大"左倾"政党挑战执政十余年的右倾政党，到阿根廷右派叫板上台十余年的左派以及墨西哥对百年选举制度的改革，都反映出美洲大陆民众对打破沉闷与惯性的渴望。

关键词：　选举　欧盟　和平过渡　缅甸　变革

2015年被称为全球大选年。据不完全统计，全世界举行总统（presidential）

* 王鸣鸣，中国社会科学院世界经济与政治研究所研究员，主要研究领域为外交政策。

选举或议会大选（general election）[①] 的国家有35个左右，占到全球193个主权国家数量的近18%。[②] 如此之多的国家碰在同一年举行大选历史上并不多见，而一国决策层的更替虽主要事关当事国人民的政治、经济、社会生活，但会依该国的国际地位和作用对地区甚至全球产生或多或少的影响。因此，对全球举行大选国家的选举情况做一番回顾和梳理对我们理解全球2015年宏观形势的特点，以及地区和国家经济政治走向都有帮助。

一　欧洲国家大选：对欧盟的考验

2015年欧洲举行选举的国家有英国、希腊、西班牙、葡萄牙、克罗地亚、拉脱维亚、丹麦、荷兰、波兰、瑞士、白俄罗斯、安道尔等，其中最为引人注目的当属希腊和英国。

（一）希腊一年两度选举，齐普拉斯调门已变

希腊大选之所以引人注目在于希腊是欧洲债务危机的重灾国，希腊政局、选局某种程度上关乎欧盟和欧元区的前途。自2009年底以来，随着主权信用评级一再被降，希腊政府的借贷成本大幅提高，债务违约终成现实。面对不得不采取的紧缩措施，希腊国内发生了一轮又一轮的罢工、游行等抗议活动，经济越发雪上加霜。2015年1月25日，希腊议会选举提前举行，大选中激进左翼联盟的胜选打破了30年来由中右翼和中左翼两大主流政党轮番执政的格局，极左翼联盟领导人齐普拉斯成为新一任希腊总理。齐普拉斯上台后并未采取极端的反紧缩甚至退出欧元区的政策，而是以较为强硬的姿态与德法等国就救助计划讨价还价。7月6日希腊举行全民公决，61.3%的选民反对债权人救助计划。齐普拉斯虽在欧盟峰会上为希腊争取到了最有

① 在议会制国家，大选一般指对立法机构的全部或多数成员重新进行选举，以区别于补选或地方选举。https://en.wikipedia.org/wiki/General_election。

② "The National Democratic Institute, Global Election Calendar", https://www.ndi.org/electionscalendar.

利的协议，但面对党内外反对派的双重压力，8 月 20 日齐普拉斯辞职，导致该国时隔 9 个月需再度举行大选。9 月 21 日，希腊大选结果揭晓，齐普拉斯领导的激进左翼联盟再次赢得胜利。齐普拉斯连任，欧盟等国际债权人是欢迎的。欧盟委员会主席容克表示，希腊需要稳定的体制以及时执行改革计划。齐普拉斯表示，赢得大选后的首要任务将是执行债权人要求的更多更为严格的紧缩措施。

突如其来的希腊选举引起债权国和经济学家的广泛担忧，因为该国真正需要的是一个稳定的政治环境，否则危机将会持续。而一旦希腊政局再度动荡，债权国对于紧急贷款提出的条件，例如对银行资本重组、继续削减劳动力成本、增强竞争力等计划开始实施的时间会一再延后。只要希腊不退出欧元区，形成双输局面，无论哪个政党上台组阁，重中之重就是凝聚人心、继续改革，但这会遇到很多政治上的阻力。

（二）英国保守党完胜工党，英欧关系仍存变数

2015 年 5 月 8 日，英国大选计票完毕，执政保守党大获全胜，赢得过半议会席位，首相卡梅伦成功连任。选前民调中曾与保守党支持率不相上下的工党挑战失败，议席大减，该党与自由民主党、独立党等党魁纷纷因败选宣布辞职。一次大选导致三个政党的领袖辞职，在英国历届选举中是罕见的，也更衬托出保守党在这次选举中横扫千军的胜利者姿态。英国此次大选结果意味着与欧盟和苏格兰的关系将会改变。

在英国与欧盟关系方面，2014 年底的民调已经显示赞成退出欧盟的英国选民超过了 50%。卡梅伦最早关于退出欧盟的公投言论始于 2013 年初，此次选前他又强调如果保守党赢得 5 月的大选，他将有可能把有关英国是否退出欧盟的公投日期从原定的 2017 年提前。这一主张与保守党此选大胜关系密切。其实，工党和保守党对欧洲政策差不太多，虽然英国工党领袖米利班德明确表示英国的未来在于其作为欧盟一员，但也表示在欧盟逼着英国让渡更多权力的情况下会举行退欧公投。由于近几年主张退欧的独立党快速崛

起直接影响到保守党的票仓，① 逼着保守党在对欧盟问题上更激进。卡梅伦政府能够清醒地看到，退出欧盟的最大损失是英国在欧洲乃至全球的政治影响力，所以卡梅伦的策略就是通过高调的退欧表态来阻止独立党进一步扩张，实践中还是与欧洲谈判。然而，依照卡梅伦的选前承诺，英国两年内将面临去留欧盟的历史性公投，这必然会加剧英国与欧盟之间的紧张关系。

在苏格兰与英国方面，在此次大选中，苏格兰民族党（SNP）强势崛起，获得苏格兰59个议席中的56个，比上次大选猛增50席，在曾经是工党大本营的苏格兰，苏格兰民族党候选人几乎全数当选。由于该党已成为英国第三大党并主张苏格兰独立，英国政局的不确定性陡增，很有可能苏格兰民族党会利用此次胜利再次推动举行苏格兰独立公投。

去职不久的瑞典前外长比尔特曾就英国大选发表评论说，卡梅伦第二个首相任期的目标是维护国家完整——“一个联合王国”，这当然重要，“但我希望他能加上‘一个欧洲’”，② 间接批评了保守党的欧盟政策。

（三）波兰西班牙大选，关注重点有所差异

除希腊和英国以外，2015 年 10 月的波兰总统、议会双选举和 12 月的西班牙议会选举也很重要。波兰议会选举中获胜的政党提出总理人选并组成新政府，而总统则由全民直选产生。获胜者将面临两大重要议题。第一，将决定是否用欧元取代波兰现行货币兹罗提。在欧债危机和欧元区经济衰退的背景下，曾经对此持支持意见的民众和政治家已经有所犹豫。第二，如何维护波兰的安全。波兰与乌克兰接壤，历史上曾经被俄罗斯占领过，因此在政

---

① 英国独立党（United Kingdom Independence Party，UKIP），成立于1993 年，一向主张英国退出欧盟。换句话说，就是为了让英国退出欧盟而存在的。2013 年开始英国地方议会选举，独立党取得大量地方政府议席，正式成为地方议会中的第四大党。而且同年 5 月欧洲议会选举，独立党成为欧洲议会中英国第一大党，总得票数比工党和保守党还多，不少是原保守党的支持者。当然这个欧洲议会实际上对本地政治没有任何影响力，但这个选举可以反映出英国民众对欧盟的态度。

② 《英国大选胜败已定局　外国政要祝贺赢家》，*BBC*，http：//www. bbc. com/ukchina/simp/uk_ life/2015/05/150508_ 2015_ elect_ reax。

治和安全上希望与欧盟和北约关系更加密切。

由于债务问题，西班牙在过去5年经历了相当困难的时期，采取了严厉的紧缩措施。首相拉霍伊在2015年推出的减税政策刺激了经济，但能否有效降低失业率，尤其是年轻人群体的高失业率，还有待观察。拉霍伊领导的“人民党”的主要对手是“社会党”，但目前两大政党都面临着一个共同的挑战者：2014年3月才刚刚成立的左翼的社会民主力量党（Podemos），这个新生政党在成立后仅两个月就一举获得了5个欧洲议会席位，并在2015年上半年的西班牙地方选举中表现不俗。该党的政治经济主张与希腊的极左翼政党联盟相似。所以西班牙政治生态有“希腊化”的趋势，所不同的是其经济状况要好于希腊。

总体来看，2015年欧洲的主要选举都与欧盟和欧元区有着程度不同的联系，所有这些选举都既事关当事国的政治、经济和社会稳定，也影响着欧盟整体。希腊和西班牙国内左翼势力的不断强势，阻碍着德国领导的北部国家所坚持的紧缩政策，拖累欧元区结构性改革的步伐；英国的卡梅伦政府将会就留在欧盟的条件重开谈判，甚至将“退欧公投”提早到2016年。

二　非洲国家选举：数量众多且基本平顺

非洲举行大选的国家有尼日利亚、埃塞俄比亚、苏丹、坦桑尼亚、赞比亚、布基纳法索、布隆迪、科特迪瓦、多哥、贝宁、几内亚、赤道几内亚、马里、尼日尔、莱索托和埃及。

（一）尼日利亚、赞比亚选举显现重要意义

尼日利亚在2015年2月14日举行总统选举。时任总统乔纳森作为“人民民主党”候选人谋求连任。尼日利亚是非洲最大的经济体和产油国，分为以穆斯林为主的北方和以基督徒为主的南方。2014年竞选开始以来，尼两大政党展开了激烈角逐，局部地区发生袭击竞选办公室事件，造成数十人死亡。一些极端派别甚至扬言，如果本党候选人落选将发动战争。2015年3

月31日，在最终计票结果还未公布，执政党败局已定的情况下，乔纳森打电话给竞选对手布哈里表示“祝贺”，[①] 此举打破了非洲国家“逢选必乱”的诅咒，为随后非洲十余国的大选树立了榜样，亦将因此而写入非洲国家民主进程的历史。当然，不论是谁最终赢得大选，都会面临许多棘手问题。尼日利亚的贫困率高达33%，失业率也很高。石油价格暴跌、石油行业腐败和盗窃石油现象屡禁不止，严重阻碍了尼日利亚经济的发展。在安全方面，尼日利亚北部更是饱受激进恐怖组织“博科圣地”的恐怖袭击和劫掠之苦。

2015年1月，赞比亚执政党爱国阵线候选人埃德加·伦古赢得总统选举，当选赞比亚自1964年独立以来第六任总统。本次选举由选民直接选举候选人，过程基本顺利，因此这次选举被认为是该国宪政民主转型的分水岭。

（二）巴希尔再度连任引欧美批评，埃及议会选举向民主政治迈进

2015年4月27日，苏丹现任总统巴希尔凭借94%的得票率再次赢取总统职位，现年71岁的巴希尔于1993年10月起担任苏丹总统至今。此次选举是苏丹南北分裂后首次民众投票选举产生总统、国民议会议员、各州立法机构代表等关键职务。苏丹选举委员会主席在新闻发布会上表示，共有600多万选民参加了投票，投票率为46.4%。美国、欧盟等对大选过程提出批评，认为“苏丹没有进行大选前承诺的全国性对话，导致苏丹没有包容性的政治进程”以及“大选投票率低”等。苏丹近年来虽遭遇南北分裂严重影响，能源出口收入锐减，但仍通过农业、矿业等领域的开拓，基本维持了国内经济的平稳。对于巴希尔的新一届任期而言，通过政治对话实现全国和解、继续清剿国内叛乱武装、促进社会经济发展仍将是摆在其面前的严峻挑战。

埃及议会选举在2015年10月和11月分三轮举行。2013年7月，埃及军方发动政变，宣布解除时任总统穆尔西的职务，并制定政治过渡“路线

---

① 《尼日利亚大选改变非洲　诺贝尔和平奖或青睐现任总统》，人民网，http：//china.cankaoxiaoxi.com/bd/20150803/886303.shtml。

图”。该路线图主要包括制定新宪法并付诸公投、总统选举、议会选举三个主要步骤，其中前两步已经在2014年顺利完成。自2012年6月，埃及法院宣布解散穆斯林兄弟会（穆兄会）主导的议会后，该机构便一直空缺，由总统塞西代行立法权。2015年1月，埃及最高选举委员会曾宣布将于3月开始议会选举，但因埃及最高宪法法院裁定议会选举选区法违宪，埃及总统塞西下令重新起草选区法，并推迟议会选举。根据2014年通过的埃及宪法，埃及的议会架构从两院制改为一院制，新选出的议会将是国家最高立法机构。有6个政党或政党联盟参与此次议席竞选。组织议会选举表明，塞西政府开始向民主政治再迈进一步。

（三）布隆迪总统大选引起国际社会关注

2015年非洲引人注目的一场选举是布隆迪总统大选。选前，中国、美国、法国、荷兰等国相继为此次大选提供了数百万美元的援助。但由于布隆迪总统恩库伦齐扎（Pierre Nkurunziza）寻求竞选第三个总统任期，反对党对此不满，引发长达两个月的动乱，数万民众为躲避暴力而逃往邻国，原定5月举行的大选被推迟到7月。投票开始前，发生了示威抗议和暴力冲突，导致许多投票点的作业受到延误。联合国人权高专办公室发表声明，对布隆迪方面就抗议示威采取的措施表达严重关注。秘书长潘基文也发表声明，对该国出现的暴力予以谴责，并呼吁布隆迪方面对事件进行迅速调查。

布隆迪大选虽已结束，恩库伦齐扎获得连任，但整个选举与其他非洲国家相比暴力倾向严重，幸好未引发全面内战。非洲国家政权交接的痼疾是军事政变对选举的干预。非盟早就声明其成员国不承认通过政变实现的政权更替，5月政变快速流产也是这一共识的结果。当然，布隆迪此次选举中反对与执政两方就任期问题的分歧所导致的暴力冲突是整个非洲大陆诸多和平选举中的一个逆流，饱受战乱戕害的大多数布隆迪胡图、图西两族人民更希望政治问题能够政治解决，而不是像以前那样导致流血甚至大规模内战。

总之，非洲大陆2015年多数选举是在相对和平的氛围中进行的，这对于多数非洲国家人民的安居乐业、经济进一步发展以及政治制度日趋成熟意义重大，将会给整个非洲今后几年的和平与稳定带来积极影响。

三　亚洲国家选举：土耳其和缅甸引人关注

2015 年亚洲和大洋洲举行选举的国家有土耳其、哈萨克斯坦、塔吉克斯坦、乌兹别克斯坦、爱沙尼亚、斯里兰卡、新加坡、缅甸、密克罗尼西亚和图瓦卢。其中比较引人关注的是西亚的土耳其和东南亚的缅甸。

（一）土耳其议会选举：事关政体，一波三折

土耳其虽为亚洲国家，但在政治、经济、文化等领域均实行欧洲模式，是欧盟的候选国。土耳其于 2015 年 6 月 7 日举行议会选举，达武特奥卢领导的正义与发展党（正发党）赢得议会 550 个议席中的 258 席，虽然保住了议会第一大党的位子，但这也是正发党自 2002 年以来首次未能获得过半数议席，因此不能单独组阁。随后，达武特奥卢与反对党派举行多轮会谈，未能就组建联合政府达成共识。8 月 25 日，土耳其最高选举委员会主席宣布，将于 11 月 1 日再次举行议会选举，这意味着土耳其即将开始新一轮权力洗牌。

现任总统埃尔多安于 2014 年放弃正发党掌握的总理职位，成为土耳其历史上首位全民直选总统。但由于依据宪法总统权力有限，他希望通过修宪将国家政体从议会制过渡到总统制，而改制能否实现与执政党的议会席位直接挂钩。因此，埃尔多安希望正发党至少获得直接修宪所需要的 367 个议会席位。埃尔多安在选举和联合组阁过程中的表现，也引起诸多质疑。首先，根据土耳其宪法，总统必须在议会选举中保持中立，而埃尔多安选前的行为被认为是为正发党拉票，有违宪嫌疑。其次，联合组阁失败的深层原因究竟是各党确实立场不一还是正发党有意为之以便重选，也存疑问。

在此前选举中，导致正发党选票流失的一大原因是人民民主党的崛起。该党立场一向亲库尔德，票仓也主要是亲库尔德的土耳其人和库尔德人集中

的土耳其东南部。6 月的选举是人民民主党首次作为一个政党整体参选，结果一举越过了进入议会所需 10% 选票的门槛，最终赢得 79 个议席，令正发党传统的东南部票仓损失惨重。因此能否处理好库尔德问题，将成为正发党此役的关键。

6 月议会选举结束后，土耳其战机 8 月 28 日晚首次参与以美国为首的联盟对叙利亚境内极端组织“伊斯兰国”目标进行空袭，这无疑有赢得国内库尔德人支持的考虑。但同时，土耳其军队也自 2011 年以来首次越境进入伊拉克北部攻击库尔德工人党营地。因此，在恐怖袭击增多、和平进程停滞以及议会选举日益临近的情况下，执政党究竟能否赢回库尔德人的选票还不好说。

（二）缅甸大选：民众积极参与，各方全力以赴

2015 年 9 月 8 日缅甸正式拉开选战帷幕，各政党和参选人从即日起开始为期 60 天的竞选拉票活动。这次大选无疑充满着竞争、博弈和悬念。11 月 8 日的大选仅仅是全民选举各级议员，2016 年 2 月由新组成的联邦议会议员来推选总统和副总统。只有在联邦议会获得多数议席，才能在推举总统和副总统时有更大的发言权。

在此次议会选举中，缅甸全国有 92 个政党、6065 名候选人在全国 1171 个选区展开竞争，大选投票人数会达到 3200 万以上，投票率超过 80%。缅甸选举委员会邀请外国观察团对缅甸大选进行监督。缅甸曾于 1990 年举行过全国大选，当时昂山素季领导的最大在野党全国民主联盟（民盟）取得了胜利，然而当时的军政府不承认选举结果，缅甸继续维持军人执政模式。2010 年，缅甸推行民主改革并在当年 11 月 7 日再次举行多党制大选，现执政党联邦巩固与发展党（巩发党）获得了胜利，民盟则因抵制大选而错过了合法进入缅政坛的机会。

通观此次议会选举各派势力对比，巩发党是执政党且有过去 4 年对外开放的业绩，优势明显；民盟主席昂山素季享有崇高的个人威望，民意基础广泛；军队在缅甸政治中具有无可比拟的权威，根据宪法可自动获得议会

25%的席位，拥有修宪的一票否决权；少数民族政党代表着缅甸1/3的人口，将在少数民族地区获得较强的民意支持。在未来议会中，巩发党、民盟和少数民族政党会形成“三足鼎立”，而军队则可能对重大事项拥有实际上的一票否决权。虽然缅甸总统吴登盛一再重申缅甸要举行自由公正的大选，缅甸国防军总司令敏昂莱也表示军方愿意接受大选结果，但由于缅甸上述三个政治派别各有优势且军方作用举足轻重，选举和政治架构重组过程会难免波折，甚至不排除由于重大变故而开倒车的可能性。

总之，缅甸此次大选是军方背景的现政府进行民主化改革进程的一部分。由于此前的民主化改革除取得国内经济成果以外，缅甸政府也改变外交重点，逐步发展与中国以外的其他国家尤其是美日欧国家及东盟的关系，包括奥巴马在内的西方政要和投资者陆续访问缅甸。因此缅甸大选既是国际关系影响的结果，也会成为影响国际关系的原因。缅甸大选如能平稳进行，缅甸与西方包括东盟的关系会继续发展，中缅关系也不会出现急剧变化。否则，不仅缅甸的民主化改革进程会中断，缅甸的对外关系（包括中缅关系）也可能会变得棘手和难以控制。

四　美洲国家选举：对变革的追求

2015年举行大选的北美洲国家有加拿大、墨西哥、海地、特立尼达和多巴哥、危地马拉；南美洲有圭亚那、阿根廷和苏里南等。

（一）墨西哥议会与地方选举

2015年6月7日，墨西哥迎来一场选举制度变革后的特殊选举，重新选举9个州的州长、500个墨西哥众议院议员和128名参议员，地方超过1400个州议员职位和市政职位也将进行竞选。这是墨西哥从1910年大革命以来首次允许国会议员和市长连任，会为墨西哥的政治体制注入急需的问责制、透明性以及部门间的权力制衡。专家认为这一变化有助于改善墨西哥的治理，因为较长的任期有助于议员们把眼光放得更长远、制定长期规划。最

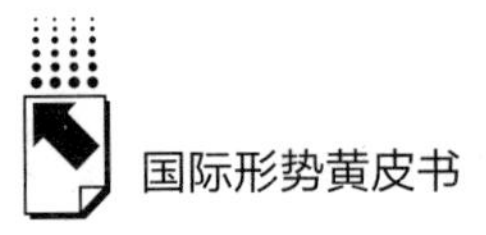

终，此次选举在联邦层面的结果是现任总统涅托继续在议会掌握得以维持运作的微弱多数。

为了应对猖獗的暴力活动，以确保这次为期超过半年的中期选举得以顺利进行，墨西哥政府派出了由军人、水警和联邦警察组成的4万人的安全部队，在多地投票站驻守。此外，政府还在投票日48小时内实施禁酒令。即便如此，墨西哥还是遭遇了一次最混乱、最暴力的选举。除18人遇害外，根据墨西哥国立大学教授瑟西欧所做的一项统计，有350万墨西哥公民是在受到贩毒集团暴力恐吓和威胁的情况下投票的，这意味着，每5个参与投票的墨西哥人中，就有1人受到威胁。① 据不完全统计，从2014年11月到2015年6月，共有来自墨西哥约10个州的18名参与中期选举的参选者和政客遇害，另有20名候选人因为惧怕遭遇同样的命运而放弃参选。在该国骚乱严重的地区，一些党派甚至免去了介绍候选人的步骤。

（二）阿根廷总统、议会和地方选举

当地时间2015年8月9日，阿根廷选民选出了10月全国大选的候选人，其中包括正副总统、130名国会众议员、24名参议员和43名南方共同市场议会议员，以及8个省份的正副省长、市长、地方议员的候选人。经过此次初选，执政党联盟“胜利阵线”候选人达尼尔·肖利以38.42%的得票率遥遥领先。肖利的最强劲对手、“共和国方案联盟”候选人毛里西奥·马克里和“新替代方案联盟”候选人塞尔希奥·马萨分别获得24.26%和14.22%的支持票，列第二、三名。初选初步结果公布后，马萨当即宣布，邀请同为反对党的马克里和初选支持率排在第六位、获得约3%支持率的“进步阵线”候选人斯托尔比策（女）组成更广泛的政党联盟冲击总统宝座。而凭借曾为阿根廷著名体育明星的传奇经历和现政府的全力支持，肖利支持率和民望一直高居民调榜首，获胜呼声颇高。但如果马萨与马克里和斯

---

① 《墨西哥即将迎来选举　参选可能意味着杀身之祸》，中国网，http://www.china.com.cn/international/txt/2013-07/01/content_29287262.htm。

托尔比策联手，反对党派的初选支持率的总和将达到41%以上，超过肖利。

目前执政的胜利阵线属于中左派政党，在政治上激进反美，经济上奉行政府干预与市场经济相结合，推行向弱势群体倾斜的社会福利计划，得到了中下层选民的支持。但过分的国有化和对汇市、进口进行控制等措施，导致投资环境恶化，经济增长下滑。马萨为首的改革阵线，虽也属中左派别，但主张进行经济改革。而以马克里为首的改革承诺阵线是选举阵营中唯一的中右派政党，其支持率能排名第二，彰显阿根廷选民对改革的渴望。如果执政党联盟获胜，阿根廷的内政外交短期内都不会有大的变化。而如果马克里抑或是反对党阵营联手获胜，阿根廷对内的经济改革步伐会加快，外交上与美国的距离会有所拉近。在古美关系解冻和巴美关系修复的背景下，如果阿根廷中右或中间力量掌权，拉美地区左翼政权独大的格局就会发生变化。

结　语

2015年，全球举行大选的国家中虽然较少有全球或地区性大国，但数量众多、历史罕见。集腋成裘、聚沙成塔，众多中小国家选举所带来的新现象、新形势和新问题足以对国家、地区乃至全球政治经济走势和国际关系产生影响。

以欧债危机为背景的欧洲各国选举更多表现出欧盟与成员国之间在发展道路和经济政策上的博弈。以希腊为代表的福利过度国家的选民和领导层需要在社会经济长远前景与现实的“紧日子”之间做出选择；而以德法为代表的欧盟则应该在欧洲一体化前途与救助条件严厉程度之间进行平衡。只有在选择正确、平衡恰当的基础上，希腊等成员国的政治稳定才能真正实现。非洲众多的民主选举尽管水平参差、国情各异，但无疑是一种进步。只有当政权更替不再凭借武力和杀戮实现时，非洲才能真正走出绵延几十年的战乱，走上和平与文明之路，而2015年发生在这块大陆上的十数场大选让我们实实在在地看到了这一跨越正在出现。在美洲，也许是对长期沉闷气氛的反弹，2015年的选举凸显求新求变特色。从加拿大“左倾”政党挑战执政

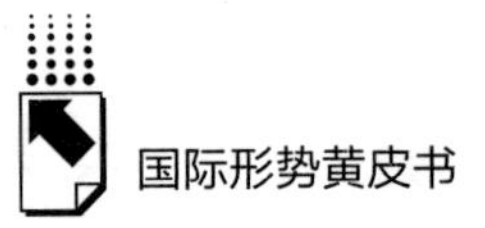

十余年的右倾政党，到阿根廷右派叫板上台十余年的左派，以及墨西哥对百年选举制度的改革，都反映出美洲大陆民众对打破沉闷与惯性的渴望。

参考文献

李因才：《联合国选举援助的组织网络探析》，《国际关系研究》2015 年第 1 期。

祁玲玲：《选举制度设计与民主发展——第三波民主国家选举非比例代表性的量化分析》，《学海》2012 年第 5 期。

王鸣鸣：《世界各国换届选举与我国国际环境》，《全球政治与安全报告（2012）》，社会科学文献出版社，2012。

胡盛仪：《中外选举制度比较》，商务印书馆，2000。

http：//news. xinhuanet. com/.

http：//www. chinadaily. com. cn/.

http：//www. chinanews. com/.

http：//www. people – press. org/.

http：//pewresearch. org/.

http：//www. washingtonpost. com/.

http：//www. cfr. org/.

Y.13

中国海外利益保护及其政策（2014～2015年）

肖 河*

摘 要： 本文尝试从2014至2015年中国的实际举措出发来理解复杂的中国海外利益保护政策，厘清其主要议题和原则，阐明中国海外利益保护政策的最近发展和前进方向。总体来看，尽管国内对海外利益保护体系的既有结构和具体政策存在诸多建议甚至批评，中国的海外利益也在遭受外部环境和事件的持续威胁，但是在过去的一年中，中国海外利益保护体系仍保持大体不变，在不干预政策、能源与海上通道安全、海外投资模式、国际机制建设等诸方面都呈现“方向不变、稳步微调”的特征。

关键词： 海外利益保护 海外安全 中国外交 海外经济利益

一 世界经验与中国认识

海外利益保护是一个含义丰富、定义模糊的宽泛概念，从世界范围来看，目前无论是各国政府还是学术界都没有下过足够明晰的定义。事实上，正是中国国家、企业和个人的海外安全和利益的不断扩展，才使得各国作为

* 肖河，中国社会科学院世界经济与政治研究所助理研究员，主要研究领域为美国外交、对外决策机制、大国间关系。

整体的海外利益保护方式和经验成为中国学界研究的热点。按照适用门槛的高低，各国采取的“保护政策”大致分为以下五类。

（1）利用通行的国际法所规定的权利，保护本国公民在海外的基本安全和权益，包括向自然人和法人提供领事保护与海外信息服务。作为历史最悠久的一类保护措施，其内容主要可以分为日常性的民事帮助和危机情况下的紧急救助。①

（2）改善与东道国社会的关系，降低社会与政治风险。这一方面包括企业运营的本土化、强化社会责任活动，提高海外经济行为对当地社会发展的贡献；另一方面则是通过民间和非政府组织在东道国的交流援助活动改善本国在当地的形象，增强双边纽带。发达国家在这两个领域都处于领先地位，在发挥非政府组织作用方面的优势尤为明显。

（3）进行与海外利益保护相关的国内立法，与东道国就本国的海外利益保护缔结专门的条约或协定。例如，美国制定了规范对外援助、处理海外公司国有化以及知识产权保护问题的专门法律，利用国内法的规定来反制外部侵害；与此同时，美国还积极与其他国家签署投资保护协议或者条约，保护自身的经济利益。②

（4）参与和建立多边国际机制、制定国际规则、保护相关海外利益，尤其是集中于国际经贸领域，其中能够建立和主导多边机制的往往是大国。作为超级大国，美国是利用国际规制保护本国海外利益的典型代表，一些观点甚至认为包括东盟、欧共体、北美贸易区在内的地区组织都是美国海外利益保护网络的一部分。③

（5）动用军事力量、采取军事行动来直接或间接地保护本国的海外利益。这可以分为“软军事行动”和“硬军事行动”两部分，前者包括武装护航、执行非战斗撤侨任务、参与联合国维和等，而后者则包括武力威胁、

① 汪段泳：《海外利益实现与保护的国家差异》，《国际观察》2009 年第 2 期。

② 甄炳禧：《新形势下如何保护国家海外利益：西方国家保护海外利益的经验及对中国的启示》，《国际问题研究》2009 年第 6 期。

③ 宋莹莹：《简析美国海外经济利益保护机制》，《世界经济与政治》2012 年第 8 期。

武力惩罚和直接的武装干预行为等。[①] 除中国以外，包括美国、印度、俄罗斯、法国等在内的大国都经常采用武力手段保护其海外利益。

在中国，海外利益保护这一概念最早出自于2004 年8 月时任国家主席胡锦涛在第十次驻外使节会议上的讲话。[②] 事实上，直到2009 年金融危机爆发，胡锦涛在2009 年7 月第十一次驻外使节会议上提出了“维护我国公民和法人海外合法权益”前后，[③] 才出现了对该概念的“爆发性”研究热潮。在大量借鉴世界经验的基础上，中国学界也展开了保护海外利益最佳方式的争论。在共同强调完善相关的法律和制度体系的基础上，重视现实利益属性的声音强调“有效的中国主权管辖范围以外地域存在的利益”就是中国的海外利益，[④] 主张增强国家的硬实力；而重视道义合法性的一派则认为“以国际合约形式表现出来的中国国家利益”即中国的海外利益，[⑤] 强调融入国际秩序、遵守国际规则。

同时，自2009 年底之后，随着中美关系急转直下，中国与周边国家的领土争端也日趋激烈，中国的巨大海外投资逐渐成为外界集中责难的目标。由此，中国政府和学界开始将重点转向了维护“海外利益的扩展权”上，[⑥] 面临着既要“维权”又要“维稳”的复杂挑战。[⑦] 对此，有观点认为应对的关键是要增强国际话语权；另有观点则强调增强国家能力、减少政策束缚，甚至要“超越不干预政策”[⑧]；还有一些观点则认为中国的海外利益扩展存在系统性缺陷，无法单纯通过增强国家能力来解决，相反需要进行系统

① 刘宗义：《印度海外利益保护及其对中国的启示》，《现代国际关系》2012 年第3 期。

② 《第十次驻外使节会议举行　胡锦涛温家宝讲话》，2004 年8 月30 日，http：//www.China.com.cn/chinese/PI－c/648194.htm。

③ 《胡锦涛等中央领导出席第十一次驻外使节会》，2009 年7 月20 日，http：//politics.people.com.cn/GB/1024/9687354.html。

④ 陈伟恕：《中国海外利益研究的总体视野——一种以实践为主的研究纲要》，《国际观察》2009 年第2 期。

⑤ 苏长和：《论中国海外利益》，《世界经济与政治》2009 年第8 期。

⑥ 李众敏：《中国海外经济利益保护战略刍论》，《世界经济与政治》2012 年第8 期。

⑦ 陈积敏：《论中国海外投资利益保护的现状与对策》，《国际论坛》2014 年第5 期。

⑧ 周慧来：《中国应超越“不干涉内政”外交》，《联合早报》2010 年6 月24 日。

性的调整。[①] 在政策实践中，中国政府也一直在借鉴各国经验、结合本国实际，尝试构建一套最有利于促进和保障海外利益扩展的保护机制。本章接下来的部分，将从保护海外安全的能力建设、海外经济利益推进及国际机制的参与和创建这三个角度来总结 2014 ~ 2015 年中国海外利益保护的状况与趋势。

二 保护海外安全的能力建设

自提出保护海外利益这一概念起，中国国内就有很多人认为，为保护海外公民、海上运输通道和能源输入的安全，必须增强解放军尤其是海军的海外行动能力。出于对美国主导的全球海上通道和能源“安全保障”体系的疑虑，[②] 中国一方面一直在修建经济成本和政治风险较高，但是却能满足战略安全需求的陆上输油管道体系；[③] 另一方面则在逐步发展相应的军事力量，以独立保护自身的海外安全利益。在中国成功参与了亚丁湾护航之后，建立与之相配套的补给基地以及进一步“充分行使”海外军事权利的呼声也日益高涨。但与此同时，也有不少人强调不能“混淆战时与和平时期的能源安全概念”，以免造成资源浪费和国际上的消极影响。相反，中国应当将重点放在发展和平时期的海上运输能力、积极参与国际运输线建设上。

从最新的发展来看，中国正在进行适度的海外安全能力建设、拓展海外行动范围。首先，2014 年 9 月，中国潜艇首次抵达斯里兰卡的科伦坡港，并在由中国投资运营的码头进行了补给；[④] 其次，由于也门安全局势自 2015

---

① 唐昊：《关于中国海外利益保护的战略思考》，《现代国际关系》2011 年第 6 期。

② Andrew Erickson and Gabriel Collins， “China's Oil Security Pipe Dream，” *Naval War College Review 63*，No. 2，Spring 2010，p. 91.

③ James Mulvenon，“Dilemmas and Imperatives of Beijing's Strategic Energy Dependence：The PLA Perspective，” *China's Energy Strategy*：*The Impact on Beijing's Maritime Policies*，ed. by Gabriel Collinset al，Annapolis：Naval Institute Press，p. 5.

④ Darshana M. Baruah，“Modi's Trip and China's Islands：The Battle for the Indian Ocean”，*The Diplomat*，March 11，2015，http：//thediplomat. com/2015/03/modis – trip – and – chinas – islands – the – battle – for – the – indian – ocean/.

年 1 月以来持续恶化，从 3 月 29 日至 4 月 6 日，中国海军第 19 批护航编队的 3 艘舰船从亚丁港成功撤离了 613 名中国公民和 279 名外国公民，此举进一步提升了中国政府负责任的形象，同时也增强了中国海军的威望；① 最后，在 2015 年 5 月 26 日发布的《国防白皮书》中，赋予了解放军保护海外利益的职能，提出了海外利益攸关区的概念，强调了保护海外能源资源、战略通道安全和海外机构、人员、资产安全这三大重点。② 这一系列举措都说明，中国将继续致力于远洋海军发展，确立了通过远海防卫和相应力量来保护海外公民、海上交通线与能源安全的基本政策。

不过，这种海外军事能力建设并没有改变中国原有的涉外立场。

第一，正如也门撤侨行动中舰船补给周期长、物资不充分等现象所体现的那样，中国海军在亚丁湾附近是在通过补给船而非直接到港的方式来获取物资，仍将降低政治影响和安全风险放在首位；③ 同时，在近期的反海盗护航和撤侨行动中，中国海军也继续奉行避免造成人员伤亡和战斗行动的和平主义方针。④

第二，中国对建设海外军事基地的态度仍非常谨慎。2015 年 5 月，作为也门撤侨行动的后方，吉布提再次向中国发出了建立基地的邀请，当时中国的回应也一度被视为接受了该邀请。⑤ 但是，在包括《国防白皮书》的新闻发布会在内的各个场合中，中方始终表态不会在海外建立军事基地。这也印证了中国并未试图在印度洋区域构建“珍珠链”，而是通过补给站或者军

---

① 《也门撤侨，见证大国能力与担当》，《人民日报》2015 年 4 月 10 日。

② 《国防白皮书首提“海外利益攸关区”》，2015 年 5 月 26 日，http：//finance. ifeng. com/a/20150714/ 13839045_ 0. shtm。

③ Christopher D. Yung and Ross Rustici with Scott Devary and Jenny Lin，“Not an Idea We Have to Shun：Chinese Overseas Basing Requirements in the 21st Century，” Center for the Study of Chinese Military Affairs，Institute for National Strategic Studies，*China Strategic Perspectives*，No. 7，National Defense University Press，Washington，D. C.，Oct. 2014.

④ Mathieu Duchâtel，Oliver Bräuner and Zhou Hang，“Protecting China's Overseas Interests：The Slow Shift away from Non – interference，” *SIPRI Policy Paper* No. 41，Stockholm International Peace Research Institute，2014.

⑤ 《吉布提缘何欢迎“中国军事基地”》，《国际先驱导报》2015 年 5 月 25 日。

民两用港口来支持海外行动的观点。[①] 这也说明，中国政府虽然在加强海外安全保护能力，但是其目标绝非是“对抗有敌意的大国”，而是在合理的范围内保护中国企业和公民的正当权益。

三　海外经济利益推进

海外经济利益是中国最主要也是受到损害最多的海外利益，同时庞大的海外资产难以转化为对东道国的影响力和自我保护能力又是当前中国所面临的一大难题。一直以来，中国在保护海外经济利益方面主要有三个发展方向：①平衡海外投资布局，改变海外资产集中于较高风险市场的局面；[②] ②防止海外重大项目投资过于依赖与东道国政府的特殊关系，规避政治风险；[③] ③增强企业的社会责任意识，加强与东道国社会中介接触的能力。[④] 在缅甸密松水库和中缅油气管道建设引起了争议后，[⑤] 中国尤其重视与当地社会的联系，化解运营风险、改善国际形象。

然而，尽管在这些领域都采取了不少措施，2015 年中国的海外投资依然遭遇了政治风险的挑战。其中影响较大的是 2015 年 3 月斯里兰卡新当选的西里塞纳政府一度叫停中国投资和运营的汉班托特港项目，而在选举中，他也将中国在斯里兰卡的“不受限制”的经济影响力作为主要宣传点，因此这一举动也被视为对中国在斯影响力的沉重打击。[⑥] 虽然最后西里塞纳政

---

① Christopher D. Yung and Ross Rustici with Scott Devary and Jenny Lin, “Not an Idea We Have to Shun: Chinese Overseas Basing Requirements in the 21st Century”.

② Mathieu Duchâtel, Oliver Bräuner and Zhou Hang, “Protecting China's Overseas Interests: The Slow Shift away from Non - interference,” *SIPRI Policy Paper* No. 41, Stockholm International Peace Research Institute, 2014.

③ 唐昊：《关于中国海外利益保护的战略思考》，《现代国际关系》2011 年第 6 期。

④ 张炳雷：《国有企业海外投资的困境分析：一个社会责任的视角》，《经济体制改革》2011 年第 4 期。

⑤ 《重审中缅油气管道》，《财经》2013 年 6 月 16 日。

⑥ Kabir Taneja, “A Game Changer for China and India in Sri Lanka?” *The Diplomat*, January 25, 2015, http://the diplomat. com/2015/01/a - game - changer - for - china - and - india - in - sri - lanka/.

府并未完全改变对华态度，仍然支持海上丝绸之路的倡议，① 但还是采取了包括公开表示不再允许中国潜艇到港补给在内的“降温”政策。事实上，由于斯里兰卡偿还能力不足，其社会普遍怀疑中国会以此为依据延长对其投资的关键基础设施的运营权。同时，相对于有 1/3 左右对斯援助是无偿贷款的印度，中国对斯总额 48 亿美元的援助中只有 2% 是无偿赠予的特点也遭到了责难。② 实际上，虽然中国的无偿援助占总援助额也达到了 36.2%，③ 但是由于海外基础设施投资耗费甚巨、影响重大，也常常会使中国遭遇到更严苛的审视。

除此之外，2015 年前后在墨西哥和希腊也发生了影响中国海外基础设施项目的政治动荡。2014 年 11 月，由于总统的腐败诉讼，墨西哥政府不得不宣布取消与中方签订的合同，随后又决定“无限期搁置”该项目，至今尚未恢复。④ 2015 年 1 月 27 日，希腊齐普拉斯政府上台后，为了照顾工会利益和国内情绪，立即中止了由中远集团运营多年的比雷埃夫斯港的私有化进程。⑤ 对于这种风波不断的“新局面”，中国也尝试着通过多种方式来促进与东道国社会群体的沟通，确保中国的海外经济投资能够惠及普通民众。在 2014 年 12 月，中国商务部颁布了《对外援助管理办法》，其亮点则在于要改变原有的单纯给予援助的做法，加强对项目的监控和评估，提升援助活动的经济社会实效。⑥ 在 2015 年 5 月，中方又在亚信会议中首次举办了非政

① Sudha Ramachandran, “A New Era for India – Sri Lanka Relations?” *The Diplomat*, Feb. 26, 2015, http://the diplomat. com/2015/02/a – new – era – for – india – sri – lanka – relations.

② Nitin A. Gokhale, “China, India and the Sri Lanka Elections,” *The Diplomat*, Jan. 5, 2015, http://the diplomat. com/2015/01/china – india – and – the – sri – lanka – elections.

③ 《中国的对外援助白皮书（2014）》，2014 年 7 月 10 日，http://finance. huanqiu. com/data/2014 – 07/5057579. html。

④ 《豪宅无关“国家项目”墨总统清白能否复活流产的高铁》，2015 年 8 月 22 日，http://news. ifeng. com/a/20150822/44492332_ 0. shtml。

⑤ 《中远集团希腊折戟　莫以成败论英雄》，2015 年 1 月 29 日，http://news. xinhuanet. com/finance/2015 – 01/29/c_ 127434832. htm。

⑥ Yun Sun, “China's Foreign Aid Reform and Implications for Africa,” Brookings, July 1, 2015, http://www. brookings. edu/blogs/africa – in – focus/posts/2015/07/01 – china – foreign – aid – africa – sun.

府组织论坛，探讨通过让民间组织“走出去”、分享中国改革红利等方式来保障海外投资利益，[①] 这在国内引起了探讨民间组织如何助力“走出去”和“一带一路”的热潮。[②] 这些措施也是中国在保护海外经济利益上的新探索。

尽管当前利益拓展模式仍然具有较高的风险，也有不少声音呼吁将对外投资的重心由大型工程建设转移到生产能力建设和社会发展上来，或者重新评估基础设施建设对改善周边关系的作用，但是目前，中国还没有要做出大幅度调整的迹象。在“一带一路”战略推出后，为了增强“互联互通”的能力，中国政府已经明确表示要继续将海外基础设施建设和大型项目作为推动国际合作的基础和优先领域。同时，由于日本在泰国、印度尼西亚和孟加拉国加强了在高铁和港口项目上的竞争，这也从侧面促使中方进一步提高了对此类投资风险的容忍度和积极性。因此，在海外经济利益保护领域，中国的做法是进一步加强与东道国社会的沟通、提高投资及援助的质量，但是仍将继续坚持投资方式、扩大投资规模。

四　国际机制的参与和创建

近年来，中国高度重视在国际制度中的话语权，并将这一“软权力”视为保护海外利益的重要途径。然而，由于战后的国际制度在公正性方面仍有不少缺陷，并常常为西方国家所左右，因此，中国长期以来也倾向于通过双边渠道来保护海外利益，较少利用多边介入机制。但是随着中国海外利益的扩展，以及发展中国家整体上对“不干涉原则”理解的变化，以阿盟公开干涉利比亚危机为标志，中国国内求变的呼声也日益高涨。[③] 考虑到全球

---

① 《民间力量助推亚信发展　NGO“走出去”虚实结合》，2015 年 5 月 27 日，http：//world. people. com. cn/n/2015/0527/c1002 – 27065704. html。

② 《“一带一路”大战略下，民间组织如何走出去?》，2015 年 4 月 30 日，http：//gongyi. gmw. cn/2015 – 04 /30/content_ 15534151. htm。

③ Mathieu Duchâtel，Oliver Bräuner and Zhou Hang，“Protecting China's Overseas Interests：The Slow Shift away from Non – interference，” *SIPRI Policy Paper* No. 41，Stockholm International Peace Research Institute，2014.

化时代各国间的相互关联，中国也逐渐认识到绝对属于一国内部管辖的事务已经少之又少，在全球治理问题上进行正当的国际介入已经极为正常。[①] 因此，以派遣特使斡旋达尔富尔问题、调停苏丹内战为标志，中国在近年来奉行了一种以平等对话、非军事介入为主要特征的“协商介入”政策。[②] 在这种背景下，积极参与甚至是创造新的国际制度也就成了中国海外利益保护的当然选择。

2014 ~2015 年，除了继续向索马里派遣护航编队之外，中国通过参与现有国际安全机制保护海外利益的最重要举措就是向南苏丹派遣维和部队。自 2012 年起，由于领土纠纷和内战，南苏丹不断发生涉及中企利益与安全的突发事件。[③] 最终，在南苏丹政府和联合国的邀请下，中国于 2014 年 9 月正式决定向南苏丹派遣 700 人的维和部队，并于 2015 年 4 月完成部署。对此，外界普遍认为中国意在保护仍属政府控制下的中方油井和工人，[④] 甚至怀疑中国已经“放弃”了传统的不干预政策。[⑤] 然而中国政府依然强调派遣部队的主要职责是“保护平民、联合国和人道主义工作人员”，同时拒绝将其称为“作战部队”。[⑥] 这表明中方在保护本国海外利益的同时，仍然恪守避免使用武力与不干涉内政的既定原则，只是参与的态度更加主动，在规模上也更进一步。

与安全领域相比，中国在国际经济制度领域中的行动影响更为重大。由于发达国家迟迟不愿按照承诺改革国际货币基金组织，为了获取在国际投资机制中应有的权力，在中国的积极支持下，金砖五国于 2015 年 7 月在福塔

① 王逸舟：《创新不干预原则，加大保护海外利益的力度》，《国际政治研究》2013 年第 2 期。

② 李志永：《规范争论与协商介入：中国对不干涉内政规范的重塑》，《当代亚太》2015 年第 3 期。

③ 《中石油苏丹困局》，2012 年 5 月 18 日，http：//news. ifeng. com/shendu/fhzk/detail_ 2012_ 05 /16/14567828_ 0. shtml。

④ 《美媒：中国派 700 名军人赴南苏丹保护油田工人》，《参考消息》2014 年 9 月 11 日。

⑤ David Smith，：“China to send 700 combat troops to South Sudan”，*The Guardian*，23 December，2014.

⑥ 《中国拟向南苏丹派遣 700 人步兵营　自带武器防护装备》，2014 年 9 月 26 日，http：// news. xinhuanet. com /mil/2014 -09/26/c_ 127035681. htm。

莱萨峰会上正式成立金砖国家开发银行，这也被中国视为合作建立“新型国际制度”的重要举措。[①] 与合作筹建相平行，中国从2013年10月就开始准备独立建立亚洲基础设施投资银行。这一倡议在2015年3月获得了突破性进展，吸引了包括英国在内的一大批欧洲国家的加入，甚至在拒绝加入的日本、美国国内都引发了激烈争论。本质上，中国倡导的亚投行是对现有国际经济制度的补充，一方面是要修正现有机制的缺陷，另一方面则是要避免多边机制中所惯有的决策困难的弊端。[②] 同时，这还是中国为推进“一带一路”构想、落实具体项目所构建的保障性框架，是以多边国际机制来打消项目所在国和世界舆论对中国“对外输出”的疑虑。[③]

总体来看，虽然还有人认为中国是在建立与美国分庭抗礼的“替代性机制”，[④] 但是不论是金砖银行还是亚投行，目前中国的关注点仍然聚焦于国家层面的投资规则领域，是对现有国际金融机制的改良而非变革。[⑤] 可以说，中国虽然试图从国际机制层面加强对海外利益的保护，但是并没有改变融入现有国际秩序的基本方向。

结　语

总而言之，2014～2015年，中国在海外利益保护上仍然大体坚持了既有的原则与途径，依然极力避免使用武力，注意保持“不干涉内政”的形象，坚持将保护海外公民安全、海外能源安全、让大型工程项目“走出去”作为拓展海外利益的重点，并致力于海外行动能力建设。与此同时，中国还展现了尝试改革对外援助模式，提倡民间力量“走出去”等新思路，并且

---

① 朱杰进：《金砖银行历史性推进国际经济新秩序》，《文汇报》2014年7月15日。

② 陈绍峰：《亚投行：中美亚太权势更替的分水岭?》，《美国研究》2015年第3期。

③ 王达：《亚投行的中国考量与世界意义》，《东北亚论坛》2015年第3期。

④ Zheng Wang, “China's Alternative Diplomacy,” *The Diplomat*, January 30, 2015, http://thediplomat.com/2015/01/chinas-alternative-diplomacy/.

⑤ 王红英：《亚投行：新的布雷顿森林体系？中国的全面胜利?》，《国际经济评论》2015年第4期。

在以亚投行为代表的国际机制建设上取得了重大进展。整体而言，2014 ~ 2015 年间，在复杂的国际形势中，中国的海外利益保护政策呈现大方向不变、稳步微调的特征。

参考文献

陈积敏：《论中国海外投资利益保护的现状与对策》，《国际论坛》2014 年第 5 期。

陈绍峰：《亚投行：中美亚太权势更替的分水岭?》，《美国研究》2015 年第 3 期。

陈伟恕：《中国海外利益研究的总体视野——一种以实践为主的研究纲要》，《国际观察》2009 年第 2 期。

李志永：《规范争论与协商介入：中国对不干涉内政规范的重塑》，《当代亚太》2015 年第 3 期。

李众敏：《中国海外经济利益保护战略刍论》，《世界经济与政治》2012 年第 8 期。

刘宗义：《印度海外利益保护及其对中国的启示》，《现代国际关系》2012 年第 3 期。

宋莹莹：《简析美国海外经济利益保护机制》，《世界经济与政治》2012 年第 8 期。

苏长和：《论中国海外利益》，《世界经济与政治》2009 年第 8 期。

唐昊：《关于中国海外利益保护的战略思考》，《现代国际关系》2011 年第 6 期。

王达：《亚投行的中国考量与世界意义》，《东北亚论坛》2015 年第 3 期。

王发龙：《中国海外利益维护的现实困境与战略选择——基于分析折中主义的考察》，《国际论坛》2014 年第 6 期。

王红英：《亚投行：新的布雷顿森林体系？中国的全面胜利?》，《国际经济评论》2015 年第 4 期。

王逸舟：《创新不干预原则，加大保护海外利益的力度》，《国际政治研究》2013 年第 2 期。

汪段泳：《海外利益实现与保护的国家差异》，《国际观察》2009 年第 2 期。

薛力：《“马六甲困境”内涵辨析与中国的应对》，《世界经济与政治》2010 年第 10 期。

张炳雷：《国有企业海外投资的困境分析：一个社会责任的视角》，《经济体制改革》2011 年第 4 期。

余万里、肖河：《奥巴马第一任期内的中美关系》，《国际经济评论》2014 年第 5 期。

赵宏图：《“马六甲困局”与中国能源安全再思考》，《现代国际关系》2007 年第 6 期。

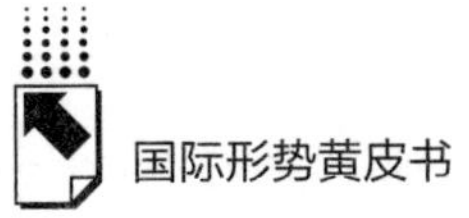

甄炳禧：《新形势下如何保护国家海外利益：西方国家保护海外利益的经验及对中国的启示》，《国际问题研究》2009 年第 6 期。

Duchâtel, Mathieu. Oliver Bräuner and Zhou Hang, "Protecting China'S Overseas Interests: The Slow Shift away from Non - interference," *SIPRI Policy Paper*, No. 41, Stockholm International Peace Research Institute, 2014.

Yung, Christopher D. and Ross Rustici with Scott Devary and Jenny Lin, "Not an Idea We Have to Shun: Chinese Overseas Basing Requirements in the 21st Century", Center for the Study of Chinese Military Affairs, Institute for National Strategic Studies, *China Strategic Perspectives*, No. 7, National Defense University Press, Washington, D. C. , October 2014.

Y.14 从香格里拉对话看南海问题的症结与出路

徐晏卓*

摘　要：　近年来，中国在南海地区陆域吹填引发了美国、声索国和东盟以及周边大国的关注。在应对由此造成的国际社会质疑和周边国家疑虑上，中国有必要寻求利益共同点，利用多边平台阐述自己的主张，减少外界对中方南海战略的误读和误判。以香格里拉对话为例，尽管从表面上看香会一直在西方话语权的主导下，由美国及其盟友针对中国的南海问题频频发难，但实际上，中国与美国、声索国和东盟及周边大国并非不存在利益和主张的交集。因此，寻找扩大这一交集，改变零和思维，将中美战略冲突控制在一定范围内，寻求与声索国协商合作的可能性，利用东盟及区域大国的平衡作用是解决南海问题的方向。

关键词：　中国的南海战略　南海争端　香格里拉对话　南海声索国

香格里拉对话会议（以下简称“香会”）是由英国国际战略研究所于2002年发起的亚洲安全峰会。该峰会的创建理念源自慕尼黑安全政策会议，旨在弥补亚洲地区国防部长正式（非正式）沟通渠道的缺失。成立之初得

* 徐晏卓，中国社会科学院世经政所国际战略室助理研究员，主要研究领域为国际责任、亚太政治、中国对外战略、规范性力量。

到了新加坡、澳大利亚、日本政府的支持和美国两党议员的积极参与。其资金主要来自澳大利亚、日本、英国和新加坡政府，以及包括美国波音公司、日本三菱和朝日新闻在内的一些私人企业。2015 年 5 月 29 ~ 31 日，第 14 届香格里拉对话会在新加坡举行。

一　香会与南海问题的三个层面

可以说，尽管香会是亚洲安全事务对话机制中最重要的年度会议之一，但该会议的举办，包括议题和议程设置，一直是由西方国家强势主导的。中国、东盟以及其他亚洲国家在香会中反而显得低调，如东南亚国家一位举足轻重的人物形容的那样，“香会是百分之七十五的局外人在讨论我们的安全事务”。[①]

2015 年，美国高调介入南海争端，从官方表态、[②] 媒体热议、[③] 到美军战舰战机频繁接近南沙岛礁，甚至有美国防部官员威胁将向相关争议岛礁 12 海里（22 公里）范围内派遣军舰巡航[④]，以及美菲在黄岩岛附近举行年

① David Capie and Brendan Taylor, “The Shangri - La Dialogue and Institutionalization of Defense Diplomacy in Asia,” *The Pacific Review*, Vol. 23, No. 3, July 2010, pp. 359 - 76.

② 2015 年 5 月 13 日共和党议员鲍勃·考克对美联社表示：“我没有看见中国为其在南海和东海的活动付出什么代价”……“事实上，我看见的是我们在付出代价。我们看见我们的朋友们不停地过来向我们表示担忧，我们的立场到底在哪里，我们会在多大程度上介入”。《美参议员促政府切实回应中国南海政策》，BBC 中文网，2015 年 5 月 14 日，http://www.bbc.com/zhongwen/simp/world/2015/05/150514_us_china_south_china_sea。2015 年 5 月 16 日，美国国务卿克里访华，要求中国停止在南海地区日益咄咄逼人的行动，声称中国的行为让美国和南海周边小国感到担忧。《克里周末访华将就南海问题对北京施压》，BBC 中文网，2015 年 5 月 15 日，http://www.bbc.com/zhongwen/simp/world/2015/05/150515_us_china。

③ 美方通过媒体主动透露美军一架最先进的“海神” P8A 反潜侦察机飞过南中国海上空，并靠近永暑礁等三个岛礁，监视中国的陆域吹填活动，受到中国海军要求离开的 8 次警告。参见《中国称美军机南海侦察行动“十分危险”》，BBC 中文网，2015 年 5 月 22 日，http://www.bbc.com/zhongwen/simp/china/2015/05/150522_china_us_south_sea。

④ 《美国考虑派军舰侦察机巡航南海争端海域》，BBC 中文网，2015 年 5 月 13 日，http://www.bbc.com/zhongwen/trad/world/2015/05/150513_pentagon_military_challenge_china_sea_claims。

度“肩并肩”大规模军事演习，将南海问题推至紧张局势。美方强硬的态度，使得“香会”开幕前，中美在安全领域已经风疾雨骤。但与外界认为在5月29~31日举行的香会上美方如上年般与其盟友“一唱一和”“向中国挑衅”[①] 不同，2015年美国防部长卡特在香会上的发言被媒体评价为“放软”。[②] 而与中国有领土争端的越南等声索国，也因其国家加入亚洲基础设施投资银行和“一带一路”倡议，在香会上与中国针对南海问题的争论不及2014年来得激烈。随着香会的落幕，关于南海问题的讨论也逐渐回归理性。

综观此次以香会为波峰的南海争端，可以将南海问题梳理为三个层面：中美、声索国，以及东盟国家和区域大国。首先，香会上中美双方的争论与克制体现了大国政治的连续性以及危机应急处理能力；其次，尽管近年来南海争端在美国重返亚洲的战略布局和周边声索国对美国战略的配合调整下，为美国介入亚洲事务提供了机会和口实，但除菲律宾之外的声索国并非美国的盟友，在南海问题上也不等于反华联盟，其各自对南海问题的观点和预期同样不应被美国的声音所掩盖；再次，2014年8月王毅在中国－东盟外长会议上提出的处理南海问题的“双轨思路”，[③] 为解决南海争端拓宽了思路，显示了中国在南海争端中承认“可以在有限多边场合寻求部分涉及多边利益的问题的解决之道”，[④] 因此在国际会议阐述中方的声音和立场，争取东盟国家和区域内大国的理解和支持是必不可少的。了解各个国家、不同方面在香会前后反映出的态度，有助于逐一厘清中国南海战略面临的障碍与合作可能，阐述南海问题的未来出路。

---

① 《究竟谁在破坏亚洲安全?》，《人民日报（海外版）》2014年6月3日，http://paper.people.com.cn/rmrbhwb/html/2014-06/03/content_1436136.htm。

② 《卡特香会放软　南海并非美国真正威胁》，观察者网，2015年6月2日，http://www.guancha.cn/GuanZhe/2015_06_02_321761.shtml。

③ “双轨思路”是指当事国通过谈判协商妥善解决争议，中国和东盟共同维护南海的和平稳定。参见《“双轨”思路和“五个坚持”是解决南海问题办法》，人民网，2015年8月4日，http://world.people.com.cn/n/2015/0804/c1002-27410490.html。

④ 《媒体解读李克强南海“双轨思路”新思维》，人民网，2014年12月2日，http://politics.people.com.cn/n/2014/1202/c1024-26135471.html。

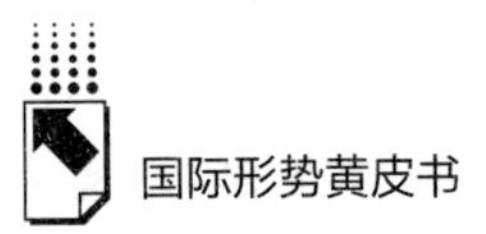

二 从香会看中国的南海战略

在香会举办之初的几年，中国对于参会保持了审慎的态度，一直未派出部长级别官员出席，直到2008年，才由时任国防部长的梁光烈率代表团出席香格里拉对话。然而，与中国低调处理形成反差的是，从美国重返亚太战略实施以来，围绕中国的安全议题一直是香会讨论的中心，而南海问题在近年来又升温成为中国议题最热门的部分。可以说，香会是中国南海战略与美国重返亚洲战略，声索国对于南海的政策与观点以及周边国家在大国间保持平衡的战略选择最直接的碰撞。

（一）中美在南海问题上保持危机控管能力

中国问题学者傅泰林（M. Taylor Fravel）在分析中国南海战略时使用了自创的理论框架，他将国家在处理领土争端上的战略大致总结为三类，即合作、升级和搁置。在2008～2011年完成该理论框架时他认为，中国在南海问题上主要采用了“搁置争议”战略。① 转年，中菲之间发生了黄岩岛事件，傅泰林修正了他的理论划分，认为由于受到声索国在争议地区的压力以及菲律宾对北京的不断挑衅，并在中菲对峙期间寻求美国的支持，中国转而采取了“积极防御”（active defense）② 的策略。也有观点认为，黄岩岛事件和近年来中国在南海的岛礁建设改变了南海地区的现状，制造了区域紧张形势。同时中方通过经济手段对部分声索国施压，将领土争端升级。③ 应该

---

① See M. Taylor Fravel, *Strong Borders, Secure Nation, Cooperation and Conflict in China's Territorial Disputes*, Princeton, New Jersey, Princeton University Press, 2008; M. Taylor Fravel, "China's Strategy in theSouth China Sea," *Contemporary Southeast Asia*, Vol. 33, Issue 3, December 2011, pp. 292–319。

② Andrew Taffer, "State Strategy in Territorial Conflict: A Conceptual Analysis of China's Strategy in the South China Sea," *Contemporary Southeast Asia*, Vol. 37, Issue 1, April 2015.

③ See Andrew Taffer, "State Strategy in Territorial Conflict: A Conceptual Analysis of China's Strategy in the South China Sea," *Contemporary Southeast Asia*, Volume 37, Issue 1, April 2015; Parameswaran, Prashanth, "Will China Change its South China Sea Approach in 2015?," *The Diplomat*, January 8 2015, http://thediplomat.com/2015/01/will-china-change-its-south-china-sea-approach-in-2015/.

说，傅泰林对于中国在处理南海问题上采取的搁置争议和积极防御战略的判定更准确，但其关于国家处理领土争端三种分类的理论框架没有诠释清途径与目的，这也是一些观点误判南海局势或误解中国南海战略意图的原因之一。

根据傅泰林的分类，陆域吹填是在拓宽领土主权，应该被划分为将事态升级。但包括他本人也并没有认定中国在南海的一系列行动是在升级领土争端，相反他强调中国近期在南海的一些行动，只不过是针对其他方强硬行为的回应。所以，有些评论混淆了该理论的途径与目的，称中方陆域吹填是以升级南海争端为目的，制造地区威胁并不准确。陆域吹填、增加实际存在只是中国处理南海问题所采取的途径，并不是以拓宽领土为目的。中方这一做法的目的则是提高与声索国和东盟国家谈判的筹码，改变其他声索国擅自陆域吹填，以及西方跨国公司大肆开采南海油气给中国带来的不利局面，以增加与声索国合作的可能性和机会。

在香格里拉对话上，美国国防部长卡特呼吁有关声索国停止在争议岛礁上陆域吹填，这显示美国亦不得不间接承认在吹沙造地方面，中国并不是事件的始发者，相反越南、菲律宾等国早已在南沙岛礁上修建机场、码头、营房等设施。美方在香会上针对中国岛礁建设的指责是中方在建岛上的速度与规模。中方对此的回应是部分岛礁的建设已经完成，其规模和速度主要是为了承担与此相当的国际责任，向中国、周边国家以及航行于南海的各国船只提供更好的服务。与之前碍于声索国对于中方项目阻挠而放弃在争议海域的石油勘探①不同，这一回应反映了中国在南海战略布局上的稳定性和信心。

综观中国处理此次南海陆域吹填行动以及相关的后续应对，中方试图改变南海声索国“搁置与中国主权争议，共同与西方石油公司大力开发”的被动局面，力图增加在南海的实际存在及后续的谈判筹码。中国所采取的策略，与其他声索国大致相同，但由于中国自身综合国力与其他声索国的巨大悬殊，中国的行动比他国引起的震动和造成的影响要严重很多。面对声索国

① 如20世纪90年代中海油与美国克里斯通签订合作开发合同，中国勘探船在南沙“万安北”－21区块开始勘探，先是遭到越南抗议，后电缆、管道等设备遭到破坏后，中国撤离。

和美国及其盟友在南海争端上的压力，中方的态度坚决，并未改变自己的既有规划。

与此相对照的是，美国的态度与前面所预期的不同。其国防部长卡特在香会上的发言相对克制，表示美方在南海对中国的关注主要在三个方面。其一，中国在南海陆域吹填的规模与速度，以及是否服务于军事目的。其二，航行自由问题。美方再次重申要确保美军军机船舰在南海的航行自由。在香会前不久也多次发表强硬讲话称将讨论是否向南海陆域吹填的海域派遣更多美军飞机和舰船展开巡逻。其三，强调国际准则，包括中国与东盟国家正在谈判的《南海行为准则》和菲律宾针对中国提起的国际仲裁。从美国在香会上对中国在南海陆域吹填的回应可以看出，尽管一般认为美方是在“拉偏架”，但实际上美方的利益并非集中在与中国南海主权针锋相对的方面，而是关于航行自由和国际准则，以及以此为借口，增加周边国家对中国的危机感并借机重返亚洲。因此，中美双方的利益分歧并没有媒体炒作渲染的那么严重。中国对于主权的捍卫，并未影响到该水域的自由航行，也从未否认国际准则在解决南海领土争端中的重要意义。同时，美国政府也不会因为盟友的利益在南海问题上对中方反应过激。美国深知，加剧地区紧张形势，会令大部分与中国经济关系紧密的东盟国家和区域大国选择与美方疏远，甚至导致与中方的“擦枪走火”。

综上所述，中美双方在香会上的表现体现了大国政策的理性、稳定性，以及双方防止事态升级的危机控制和管理能力。中国正在按计划逐步完成南海的陆域吹填，也把与声索国和美国的冲突控制在一定范畴内。虽然美国不承认中国对南海吹填后的岛礁的主权，但是美国军机和船只并没有进入这些岛礁周围 12 海里的范围。中方在后续需要防止的最大的问题，如卡特在演讲中所说，即中国的做法对周边国家造成威慑，而可能导致的“将促使这些国家联合起来共同回应”[①]。显然，卡特所谓联合起来指的是围绕在美国

① “The United States and Challenges of Asia - Pacific Security：Ashton Carter”, The IISS Shangri - La Dialogue—14th Asia Security Summit, May 30 2015, https：//www. iiss. org/en/events/shangri%20la%20dialogue/archive/shangri - la - dialogue - 2015 - 862.

周围，依赖于美国，在海洋纠纷中形成反华联盟。但实际上，中国需要面对的不仅是声索国对于美国的安全依附，更需要面对的问题是声索国各自不同的利益诉求，防止这些国家对中国南海行动目的的误判。

（二）声索国的声音不应被掩盖

香会上中美之间的针锋相对，掩盖了事件当事国的声音。毕竟南海问题不是中国与美国之间的争端，声索国与美国的利益不同，声索国之间的利益也不尽相同，且声索国之间对于各自主权范围的界定也有重合。因此，中国应对各个声索国的需要区别考虑与应对。

菲律宾　在声称对南海拥有主权或涉及海洋划界问题的相关方中，作为美国的盟友，菲律宾对中国的态度强硬。与大部分在中美之间保持平衡的亚洲国家不同，阿基诺三世选择“亲美抗华”战略，并不断将第三方拉入南海问题中，[①] 推动南海问题国际化。菲律宾无视中国基于历史角度对南海主权的诉求，以及既有的双边、多边框架下的协商进展，单方面将南海问题提交国际仲裁。

越南　尽管中方在2014 年 HD981 钻井平台事件中，与越南发生争端，越政府强硬应对，民间也曾因此发生大规模示威，但越南官方从未放弃强调两国之间的“友好合作关系”。[②] 此外，与一般认为越南努力将美国拉入南海争端的印象不同，越南对于美国的介入保持谨慎。越南南海问题专家陈长水认为，南海的主权争端，与外部国家无关，需要声索国在双边或多边会谈中解决，这一立场与中方十分相近。唯一的分歧在于越方认为南海海域的自由航行和安全牵涉多国利益，包括美国的利益，因此美国将在自身利益的驱动下介入。[③]

---

① 2015 年 8 月，日本计划向菲律宾提供飞机用于南中国海巡逻，欲加深日本与菲律宾的国防联系；7 月菲律宾在新德里举办的东盟 - 印度知名人士系列讲座上寻求印度对其将南海问题诉诸国际仲裁的支持。

② 越南总理阮晋勇在2014 年东盟峰会上表示：“越南特别重视并一向竭尽全力维护和加强与中国的友好合作关系”。

③ 《越南南海专家谈美国介入问题》，BBC 中文网，2015 年 6 月 11 日，http：//www. bbc. com/zhongwen/simp/multimedia/2015/06/150610_ vd_ tran_ truong_ thuy_ usa_ involvement。

印度尼西亚 印尼虽然不是声索国，但与中国、马来西亚和越南三国对富含天然气的纳土纳群岛周围部分海域的归属存在争议。长期以来印尼力图在中国与声索国间起到斡旋者的作用，与中方保持了良好的关系。虽然近年来，佐科政府的海洋政策有了更大的野心，在南海问题上加强了与越南、菲律宾的安全关系，2015 年 1 月，印尼还单方面宣布废止了与中国签署的渔业协议，[①] 但总体上印尼与中方的利益冲突不大，雅加达政府对于中国南海主权的主张本身没有太多异议，只是对“九段线”的提法存在质疑。同时，印尼和中国有相当密切的经济和军事关系，双方正在积极打造利益共同体，更无须因为南海的争议破坏整体关系的大局。

马来西亚 中国是马来西亚最大的贸易伙伴，马来西亚政府在处理与中国的南海争端问题上，一直比较低调，虽然马政府在早期的油气开发中获得了较多的实际利益，但中马紧密的经济关系缓解了双方在南海争端上的气氛。

文莱 2009 年与马来西亚签订协议将南通礁划归文莱，并就专属经济区达成协议，尚余外大陆架归属问题没有解决，其在南海争端中主要限于海洋权益的主张，近年来，文莱政府还积极地拓展与中国的军事合作。俄罗斯国防部副部长安托诺夫在香格里拉对话上表示，继 2013 年中俄文三国在南海联合军演以来，俄罗斯将于 2016 年与中国、文莱再次举行联合海军演习。[②]

综上所述，尽管美国在香会上企图通过中国的陆域吹填问题不断扩大声索国的危机意识，进而鼓动声索国加入其重返亚洲的战略布局，但这些国家联合起来对付中国的利益交集并不大。除菲律宾外，其他声索国大多不愿与中国直接对抗，而是在中美之间两面下注，保持平衡。同时，除菲律宾外，

---

① 《禁止外国渔船境内大型捕鱼　印尼废止与中国渔业协议》，联合早报网，2015 年 1 月 26 日，http：//www. zaobao. com. sg/sea/politic/story20150126 – 439430。

② “Russia，Brunei plan 1st Naval Drill Next Year，” June 3 2015，*The Brunei Times*，http：//www. bt. com. bn/frontpage – news – national/2015/06/03/russia – brunei – plan – 1st – naval – drill – next – year.

其他声索国也并不特别支持将南海争端诉诸国际法庭，而是与中方立场接近，倾向于通过双边或一定程度的多边外交途径予以解决。如若中国可以针对具体国家的利益诉求区别对待，尽可能寻找与声索国之间的共识，则其将南海问题的解决控制在双边或一定程度多边渠道的目标，可以在一定程度上实现。

中国与东盟声索国之间最大的分歧在于“九段线”的法理依据，以及历史性权利是否可以与国际法一样作为解决南海争端的依据之一。近年来南海问题的升温，除台湾地区外，所有声索国均对中国的“九段线”以及该画线与本国的实际距离表示疑虑和担忧。常见的说法是中国在地图上把南海350万平方公里中的约90%海域用9段虚线圈起来，这种做法缺乏法律依据。显然，摒弃历史上中国曾经对南海行使管辖和主权的事实，对中方并不公允。但中国国内对于“九段线”及其历史的模糊处理，确实容易造成声索国对中国主权主张的误读。一方面，会增加声索国对中国南海主权主张的畏惧，比如未来是否会将“九段线”的虚线划界坐实。另外又可能导致声索国在中方未实际控制海域肆意开采油气、捕鱼而缺乏有效制止措施。因此，在一定程度上清晰化自己的南海主张，有助于更好地捍卫南海的主权和利益，同时与声索国探讨合作的可能性，而不是把它们推向域外大国。

（三）东盟与区域大国在南海争端中起到平衡作用

部分东盟国家，以及一些区域大国包括俄罗斯、日本、印度和澳大利亚，均不是南海争端声索国，但在南海海域拥有各自的利益并在该地区拥有一定的影响力。随着南海问题的升温，这些国家也在密切关注着南海局势的发展，旨在维护本国在该地区的利益。同样，这些国家的战略诉求并不相同，在南海地区可以发挥的影响力也不同。因此，寻求区域大国的理解与共识，也是平衡南海争端的手段之一。

在香格里拉对话上，东盟的声音被掩盖在美国之下，但从2015年东盟外长会上的风向依然可以窥斑见豹。在第48届东盟外长会议上，在菲律宾的鼓吹与日本的支持下，联合公报采用了有史以来最强硬的措辞，称在南海陆域吹填“削弱了信任，导致紧张局势加剧，并可能损害和平”①。一向对华态度友好的马来西亚，作为东道主也在发言中暗指中国“拒绝与邻国就解决棘手问题进行讨论的态度”②。这显示东盟国家对中国在南海陆域吹填的行动有疑虑。

为回应东盟国家的担忧，王毅外长在此次会议中重申了“双轨思路”，落实《南海各方行为宣言》和磋商《南海行为准则》，并建议探讨制定“海上风险管控预防性措施”，积极寻求与东盟国家的共识。“双轨思路”提出后，中方接受和承认东盟国家在处理南海问题上的重要角色，东盟国家也同样反对将南海问题复杂化。双方的分歧在于东盟倾向于尽快签订约束性更强的《南海行为准则》，但按照东盟的标准，多个声索国均在违反相关准则，而且东盟声索国也拿不出统一的草案。因此，中国主张先落实《南海各方行为宣言》，以在一定程度上就南海争端达成基本共识。此外，东盟国家与中国紧密的经济联系也使得各国在南海问题上不愿意被美国以及盟友挟持利用，如若中国能采取有效措施降低岛礁建设对东盟国家带来的不确定感和危机感，则可以避免将可以合作的东盟国家误导成围堵中国的棋子。

俄罗斯、日本、印度和澳大利亚或出于自身海洋战略需求或受到个别声索国的引入，作为南海北部、西部和南部的大国，也在日益深入南海事务，拓展本国在南海的利益。日本在南海欲以此为口实在国内推动安保法的修改，以谋求亚太大国的地位，阻碍中国进入印度洋，保障南海航道运输，并趁机撬动东海问题的解决。为此，日本一方面倡导国际准则，推动南海问题司法化，另一方面加强与声索国特别是越南和菲律宾的关系，向其提供军事援助。而印度则意在阻碍中国在印度洋和南亚地区的影响力，同时受到美国、日本、菲律宾的拉拢，其南海政策逐步协调至与美日菲三国一致的立场，推动南海问题多边化与国际化。澳大利亚积极与美国、日本合作，扩大

---

① 《外媒：东盟外长联合公报对中国南海问题严重关切》，参考消息网，2015 年 8 月 8 日，http：//www. cankaoxiaoxi. com/china/20150808/896575. shtml。

② 《东盟外长会议：南海问题中国遭遇围攻》，BBC 中文网，2015 年 8 月 4 日，http：//www. bbc. com/zhongwen/simp/world/2015/08/150804_ asean_ china_ us_ scs。

其“印度-太平洋”地区的海军规模和影响力。但与日本和印度不同，澳方并无借南海牵制中国的战略需要，因此在华态度上比较谨慎，试图在各国间保持平衡。俄罗斯鉴于传统上苏联与越南的友好关系，也被越南拉入南海争端以平衡中国，俄罗斯亦借此增加在亚洲的军事存在。但考虑到中俄关系处于历史上较好的时期，因此俄罗斯在向越南出售武器、联合开采油气的过程中，也会避免过度刺激到中方。

综上所述，在南海具有影响力的区域组织和国家里，除了日本和印度出于自身战略需求，与中国南海政策相冲突外，东盟、俄罗斯和澳大利亚均在南海争端中起到了平衡中美战略博弈的作用。对于声索国来讲，这些国家的介入优过中美之间的二元化选择。因此，中国有必要在南海问题上寻求与这些国家的合作机会，降低与美国及其盟友的直接对抗。

三　从香会看南海问题的未来出路

与美国及其盟友在香会上营造出针对中国的氛围不同，南海争端不是由中国单方面挑起，其未来出路也不是中国单方面放弃岛礁建设即可以解决。南海声索国都在争议地区或多或少展开军事演习、能源开采、捕鱼等活动以及修建实际控制的争议岛礁。只是随着中国在南海实际存在越来越多，由此造成在国际社会上的质疑和阻力也越来越大。在可以预见的未来，中国会持续与美国在该地区博弈，而随着美国下届政府上任，这种博弈可能会愈发激烈。但作为成熟的大国，双方都有能力将博弈控制在一定范围内，避免事态升级。

中国与声索国间的实际分歧并没有媒体和评论营造的那么严重，尽管双方在相关海域共同合作开发的可能性短期内不是很大，但除美国的盟友外，其他声索国都与中国的主张有一定协商的空间和余地。可以预计，在双方以及在声索国之间，不时举行磋商并有些许进展但又难以取得积极的实际结果，这将继续成为南海争端的常态。其他东南亚国家和区域大国也将更积极参与南海事务，这对于中国和其他声索国来说是一把双刃剑。尽管这些国家的介入会将南海问题复杂化，但这些国家也不失为平衡美国之外的一种力量。总之，南海问题在短期内很难看到有效的成果，其最终的妥善解决还有赖于各国摒弃管辖和资源独享的零和思维，积极争取合作和谅解的可能性。

对于中国来说，解决南海问题的障碍不仅包括与相关国家利益方面的冲突，沟通渠道不畅通也是重要因素。中国议题往往被西方媒体炒作和误读，阻碍了中国与相关国家的理解与和解的可能性。尽管香格里拉对话的话语权仍然掌握在西方国家手中，但这一会议的发展改变了亚洲国家在安全防卫上依靠美国与区域大国双边军事同盟的传统，开创了亚洲多边机制解决亚洲安全问题的平台。中国对于香格里拉对话的态度也在不断发展，从低调参会，到积极参与，到近年来越发自信。但中国在利用这一平台传递自己在南海的主张，解答周边国家的疑虑方面显得并不十分有效。中方在历届会议上很少派出与其他国家同等级官员，因此发言人讲话的权威性势必受到限制。加上缺乏参与国际会议的经验，特别是在应对西方政客和学者咄咄逼人的问题时，中方发言人往往仅能重复外交部既有的立场，从而失去了与对方辩论和沟通的机会。而香会之后的重头戏双边会谈，本应是与声索国国防部长沟通的良好渠道，也未被有效利用。如果中国可以更加有效地利用多边机制的平台，传达自己的声音，减少官方模糊化、大略性的条文，更加清晰地阐明自己的主张，寻求与相关国家的利益共同点，那么南海问题的紧张氛围可以得到一定程度的缓解。

参考文献

Buszynski, Leszek, "The South China Sea: Oil, Maritime Claims, and US – China Strategic Rivalry," *The Washington Quarterly*, Vol. 35, No. 2, Spring 2012, pp. 139 – 156.

Capie, David and Brendan Taylor, "The Shangri – La Dialogue and Institutionalization of Defense Diplomacy in Asia," *The Pacific Review*, Vol. 23, No. 3, July 2010, pp. 359 – 376.

Fravel, M. Taylor, "China's Strategy in the South China Sea," *Contemporary Southeast Asia*, Vol. 33, No. 3, December 2011.

Hayton, Bill, *The South China Sea, the Struggle for Power in Asia*, Yale University Press, 2014.

Taffer, A., "State Strategy in Territorial Conflict: A Conceptual Analysis of China's Strategy in the South China Sea," *Contemporary Southeast Asia*, Vol. 37, No. 5, April 2015, pp. 156.

"The United States and Challenges of Asia – Pacific Security: Ashton Carter, IISS Shangri – La Dialogue 2015 First Plenary Session," https://www. iiss. org/en/.

薛力:《理解南海争端:来自非声索国专家的观点》,《东南亚研究》2014 年第 6 期。

周琪:《从香格里拉对话看美国战略“再平衡”》,《两岸关系》2014 年第 8 期。

Y.15

乌克兰危机：现状与前景

欧阳向英*

摘 要： 2015年，乌克兰经济大幅下滑，政府信用缺失，东部战火重燃，国家陷入全面危机。危机解决的障碍主要有：其一，乌国内民族-国家认同分歧没有解决，经济-社会发展不平衡没有解决；其二，美俄仍存有冷战思维，大国对抗的心理基础没有消失；其三，欧盟到底要建成一个高质量的以发展经济为主要目标的联盟，还是搞成一个适当降低门槛以扩大政治影响的联盟，这个问题没有解决。美俄欧外部力量僵持不下，调解能力有限；乌内部分裂客观存在，为统一国家蒙上阴影。乌克兰新政府和欧盟明显加快了一体化进程。俄罗斯遭受孤立，进一步转向东方。总的来看，乌克兰危机前景不明，局势不容乐观。

关键词： 乌克兰危机 明斯克协议 欧盟 俄罗斯 战略博弈

从2013年底外交转向起，历经政权更迭、克里米亚事件、大选与内战、制裁与反制裁，乌克兰危机持续发酵近两年。乌克兰饱受战乱的摧残，国家陷入全面危机，而外部势力相持不下，对乌克兰的争夺呈胶着状态。明斯克协议效果有限，阻碍危机解决的主要因素难以消除。危机暂时无解，不排除演变为世界政治经济格局中长期动乱因素的可能。

---

* 欧阳向英，中国社会科学院世界经济与政治研究所研究员，主要研究领域为俄罗斯经济与政治、马克思主义国际政治经济学。

一　乌克兰当前局势

当前，乌克兰东部战火重燃，经济大幅下滑，政府信用缺失，国家陷入全面危机。明斯克协议效果有限，国际社会提出的两种制度安排，即联邦制和芬兰化，都被乌克兰政府否决。社会动荡，前景不明，乌克兰局势不容乐观。

（一）乌克兰遭遇全面危机

1. 东部重启战火

2014 年 9 月，明斯克协议达成后，东部武装和政府军的战斗一度中止，但双方的交战时断时续，从未真正停止过。北约成立快速反应先锋部队和欧盟强化对俄制裁加剧地区局势紧张。2014 年 12 月 6 日，法国总统奥朗德突访莫斯科，与普京就危机的解决达成一定共识，乌克兰局势一度出现缓和迹象。12 月 22 日，诺曼底四方——俄罗斯、乌克兰、法国和德国领导人举行电话会议，再次商讨外交解决乌克兰危机的可能性，四国外长商定 2015 年将在哈萨克斯坦首都阿斯塔纳举行会晤。

2015 年 1 月，阿斯塔纳会晤没有如期举行。1 月 13 日，满载平民的公共汽车在乌克兰东部的沃尔纳瓦哈被击毁，交战双方都将破坏停战的责任归咎于另一方。1 月 21 日，诺曼底四方在柏林紧急召开外长会议，乌方“口头上”同意俄罗斯有关交战双方撤出重型武器的提议。短短 48 小时后，顿巴斯地区战事进一步升级。22 日，顿涅茨克城市公交车站遭袭，24 日，马里乌波尔地区发生炮击平民事件，停火再度提上议程。2 月 11 日，俄、乌、法、德四方在明斯克举行会谈，冲突双方同意从 2 月 15 日开始停火。在此背景下，顿涅茨克和卢甘斯克民间武装与政府军互换战俘。乌克兰迎来短暂和平。

尽管联合国和欧安组织等国际机构从中斡旋，但停火不能消解矛盾。和平表象下暗流涌动，武装冲突再度爆发。随着停火协定期满，双方交火次数猛增，6 月 14 日晚射击更达 200 余次。7 月 18 日，乌政府军对顿涅茨克四个区域展开射击，沃佳诺耶、奥伯特诺耶和泽尼特居民点成为冲突的热点地区。此后，东部民间武装将部分重型武器装备，包括步战车、反坦克火炮和迫击炮等，撤至冲突线 100 公里以外，但冲突仍在持续。据联合国统计，东部战事已导致约 7000 人死亡，超过 1.7 万人受伤。[①]

2. 经济大幅下滑

2014 年，乌克兰 GDP 为 1318 亿美元，比 2013 年下降 28%。2015 年上半年，据乌克兰经济发展和贸易部统计，乌克兰工业数据同比下降 20.5%，农业下降 9.3%，出口下降 35.4%，GDP 下降 16.3%，预计全年 GDP 下降幅度为 8.9%。[②] 乌克兰与主要贸易伙伴的关系复杂化，能源供给不足，投资风险增加，东部工业区遭受重创。2013 年乌外债余额 1477 亿美元，占 GDP 的近 80%。迫于偿债压力，2014 年乌借新债还旧债，将外债减少到 1263 亿美元。据国际货币基金组织预测，2015 年乌克兰外债将大幅上升，约占该国 GDP 的 158%，预计到 2018 年方可逐渐下降至 GDP 的 87%。2014 年，乌克兰通货膨胀同比上升 12%，美元对格里夫纳的官方汇率从 1∶9 下跌至 1∶21，一度跌破 1∶30。国际货币基金组织预测，2015 年底乌克兰通胀率将达到 39%，也有机构预测将达到 45% 左右。战争爆发一年半以来，已有 55 家银行破产，“首都银行”和“激进银行”等被乌克兰国家银行宣布实行临时管制，昭示着乌克兰金融体系出现危机。

3. 政府遭遇信任危机

2014 年 5 月，“巧克力大王”波罗申科以 54% 的支持率当选乌克兰总统，远超季莫申科、利亚什科和克里琴科等候选人。亚采纽克当选总理，新内阁 10 名部长中竟然有 3 人为外籍，即美籍乌裔娅列西卡、格鲁吉亚人克

① 《乌克兰局势最新消息：联合国官员　乌克兰东部冲突至今已致约 7000 人死亡》，中国社会科学网，2015 年 7 月 29 日，http://sky.cssn.cn/gj/gj_gwshkx/gj_zhyj/201507/t20150729_2098967.shtml。

② 《乌克兰上半年 GDP 下降 16.3%　官方称经济复苏前景乐观》，人民网，2015 年 8 月 12 日，http://world.people.com.cn/n/2015/0812/c157278-27451248.html。

维塔什维利和立陶宛人阿布洛马维奇，分别掌管乌克兰财政、卫生、经济发展和贸易。新班底不能阻止东部战乱，也没能使经济状况好转，通货膨胀屡创新高，居民可支配收入不断下降，政府遭遇信任危机。据乌克兰索菲亚社会调查中心5月份数据，约2/3的受访民众认为国家在朝错误方向发展，只有4.1%的人认为“完全正确”。民众对波罗申科的支持率下降到不足20%。48.5%的受访者认为，总统和政府的第一要务是顿巴斯停火，15.6%的人认为应优先考虑改善经济状况和增加就业，而超过80%的被调查者认为政府在中止战事方面采取的措施不够。①

（二）明斯克协议效果有限

明斯克是乌克兰危机多边会谈的平台，涉事国已经进行了几轮谈判，但危机的解决有待更高级别、更广范围的会谈。有政治家建议明斯克会谈暂时搁置克里米亚问题，重点讨论东部和南部两州停火及政治地位问题，但主权和领土完整是波罗申科政府不容谈判的底线。由于核心矛盾无法调解，明斯克协议虽对涉事各方起到了一定的约束作用，但效果有限。

2014年9月5日，乌克兰问题三方联络小组在明斯克达成停火协议。根据协议，双方立即停止使用武器，接受欧洲安全与合作组织的停火审查，给予东部两州法律上的特殊自治地位，乌俄边境设立安全区，并接受欧洲安全与合作组织的监督。另外，根据乌克兰法律《关于顿涅茨克和卢甘斯克地方政府的临时安排》，提前举行地方选举，从乌克兰领土撤离一切非法武装团体、军事装备、战士和雇佣兵，并在顿巴斯地区落实经济复苏与重建计划。9月19日，乌克兰政府同乌东部武装代表签订备忘录，划定30公里宽的缓冲区。由于冲突双方缺乏互信，停火协议和备忘录未得到有效落实。乌方坚持取消东部选举结果是政治对话的起点，遭到东部武装领导的拒绝，原定12月9日在明斯克举行的会谈流产。

---

① Владислав Гордеев：Более 60% украинцев готовы отказаться от Донбасса для прекращения войны，top. rbc. ru，13. 06. 2015.

此后，乌克兰总统波罗申科顶住了国内亲西派的压力，坚持采用有东部武装参与的明斯克谈判模式，而不是有美国参与的“日内瓦模式”来解决东部问题，并积极开展外交斡旋，与德国总理默克尔举行第三轮对话，就明斯克会谈的主要内容“划分界限、撤军和释放人质”进行商谈。2015 年 2 月 11 日，俄、德、法、乌四国领导人在明斯克举行会谈，签署了新的《明斯克协议》。内容包括：2 月 15 日起停火、撤出全部重型武器、建立有效的安全区、对顿巴斯地区的武装分子进行大赦、举行地方选举、通过新的立法赋予乌克兰东部地区高度自治权。《明斯克协议》有效期为 3 个月，为乌东部带来了短暂的和平。

（三）两种可能的制度安排均被否决

乌克兰危机爆发后，外界提出两种可能的解决方案：一是联邦制，二是芬兰化，均被乌克兰当局否决。联邦制是俄罗斯总统顾问提出的解决方案，而芬兰化是美国专家提出的建议，被认为“是一种对于乌克兰、欧盟、俄罗斯三家而言，都各得其利的一种理想模式”。①

对于联邦制，日内瓦会谈前夕，乌克兰常驻联合国日内瓦办事处代表克里蒙科已公开表示，乌克兰愿意缓和与俄罗斯之间的紧张关系，但绝不会在国家内部事务上妥协，特别是所谓“将国家联邦化”的问题，“非常明确的一点是，乌方不会在日内瓦会谈期间讨论任何我国的内政问题。对于俄罗斯提出的所谓让乌克兰修改宪法变为联邦制、赋予东部地区更大独立性的事情，它不会出现在会议议程之上”。②《明斯克协议》达成后，在西方的压力下，2015 年 7 月 16 日乌克兰总统波罗申科向议会提交拟赋予东部两个由民间武装控制的地区更大的自治权的修宪建议案，8 月 31 日该议案已被乌克兰议会投票通过。虽然赋予顿涅茨克和卢甘斯克某些地区“特别自治”权

---

① 冯绍雷：《克里米亚之变和乌克兰未来选择——乌克兰局势分析之三》，观察者网，2014 年 2 月 28 日，http://www.guancha.cn/feng-shao-lei/2014_02_28_209532.shtml。

② 《乌克兰代表：日内瓦四方会谈不会涉及“联邦化问题”》，联合国官网，2015 年 9 月 25 日，http://www.un.org/chinese/News/story.asp?NewsID=21712。

几成现实，但联邦制仍被乌当局看成肢解乌克兰的手段，不大可能被采纳。

至于芬兰化，对乌克兰来说，最大的问题在于克里米亚，即是否承认克里米亚归属俄罗斯。仿效芬兰放弃卡累利阿，承认克里米亚归俄罗斯，这对乌克兰新政府来说是绝对不可接受的。在这个问题上，乌克兰政府不会做出让步，否则既无法在国内向人数众多的亲西方民众交代，也无法在国际上向对俄罗斯实施制裁的欧美大国交代，更何况事情本身不符合乌克兰的利益。

二　解决乌克兰危机面临的主要障碍

目前，乌克兰危机尚未解决，主要表现在两个方面：一是克里米亚的地位问题，俄罗斯与乌克兰有根本分歧；二是顿涅茨克和卢甘斯克的地位问题，作为两个“不被承认的共和国”前途何在。乌克兰危机的复杂性在于它不局限于国内冲突，而是美－俄－欧三方的政治博弈。

（一）乌国内民族－国家认同分歧没有解决，经济－社会发展不平衡没有解决

乌克兰东西部的文化－历史根源不同，造成了人民的心理偏好不同，对多民族国家的走向判断不同。乌克兰缺乏凝聚各民族的统一价值观，没有能够团结东西部的政治力量。现在，乌克兰西部势力的代表占据政坛，东部地区的人民感到利益受损。客观地讲，东部地区关乎乌克兰工业命脉，决非无足轻重，其政治－经济诉求应予以考虑。顿涅茨克州下属的顿巴斯工业区是乌克兰乃至欧洲最主要的产煤区，也是乌克兰的重要创汇来源。乌克兰全国供暖、发电用煤的70%来自顿巴斯。世界银行评估，顿涅茨克和卢甘斯克地区约占乌GDP的16%。两州闹独立，对乌生产生活和国家安全有重要影响。

据乌克兰索菲亚社会调查中心数据，45%处于政府管理区的受访者认为，为了停战和使乌俄关系正常化，政府可以做某些让步，但具体做哪些让步，没有任何一个选项的支持率过半数。认为可以不加入北约的占35%，

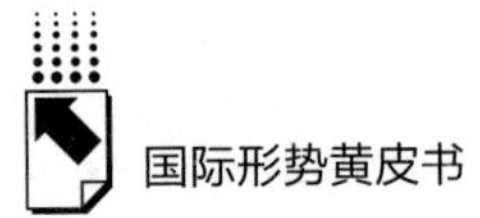

认为可以重审加入欧盟协定的也占35%，承认俄语是国家语言的约占30%，同意克里米亚加入俄联邦的占11%，承认顿巴斯独立的约占12%。[①] 受访民众意见分歧反映出乌政府目前对东部地区尚拿不出整体解决方案，也得不到公众的认可。

（二）美俄仍存有冷战思维，大国对抗的心理基础没有消失

乌克兰危机爆发，尤其克里米亚事件前后，以美国为首的西方集团和俄罗斯频繁军演，对抗情绪激烈。2015 年 2 月 24 日，爱沙尼亚在俄爱边境小镇纳尔瓦举行独立日阅兵，美国、英国、荷兰、西班牙、拉脱维亚、立陶宛和爱沙尼亚的士兵参加了阅兵式，阅兵地点距俄罗斯圣彼得堡只有 60 公里。3 月 10 日，北约在保加利亚海岸军演，美国、加拿大、德国、意大利、保加利亚、罗马尼亚和土耳其 7 国派舰艇参加，距克里米亚半岛约 500 公里。3 月 16 日，驻扎在德国基地的美国空军第 480 战斗机中队派出 6 架 F16 战机，与罗马尼亚空军共同举行代号为“达契亚战鹰”的联合军演。挪威和格鲁吉亚也分别进行了军事演习。美国派遣 300 名军事教官进驻乌克兰的利沃夫，并向乌提供价值 7500 万美元的无人机、多用途军车及其他“非致命性防卫”装备。8 月以来，北约还进行了冷战结束后欧洲大陆上规模最大的空降演习，超过 4800 名北约士兵将进行为期一个月的作战演练。俄罗斯不甘示弱，进行了针锋相对的回击。从 3 月 5 日开始，俄在北高加索、克里米亚、亚美尼亚、阿布哈兹、南奥塞梯和北极圈附近举行军事演习，其中在叶伊斯克举行的防空演习距离乌克兰的马里乌波尔仅 60 公里，俄还在位于欧洲的飞地加里宁格勒部署了伊斯坎德尔战术导弹。3 月 16 日，普京下令北方舰队及西部军区、空降兵部分部队进入全面战备状态，并对 3.8 万名官兵、3360 部装备、41 艘舰艇、15 艘潜水艇以及 110 架飞机和直升机进行突击检查。俄国防部宣布，2015 年举行至少 4000 场军事演习，包括“中央－

① Владислав Гордеев：Более 60% украинцев готовы отказаться от Донбасса для прекращения войны，top. rbc. ru，13. 06. 2015.

2015”首长司令部战略大演习和在西部军区范围内举行的“联盟盾牌－2015”俄罗斯与白俄罗斯联合军演。①

截至目前，双方的军事行动都停留在演习阶段，没有直接武装冲突，但冷战乃至热战的氛围浓厚，给国际和平带来威胁。2015 年 3 月，俄正式退出《欧洲常规武装力量条约》，意味着俄不再控制拥有重型武器数量的上限。尽管国际油价下跌和卢布贬值使俄经济大幅下滑，俄 2015 财政年度的预算支出削减了 10%，但军费开支却上涨了 33%，共计 3.3 万亿卢布，约合 500 亿美元。转型 20 余年后，俄罗斯依然不为西方所容，而俄经济结构不合理，在国际油价下跌的形势下只能发展另一支柱军工产业，是俄走上强军道路的总背景。对抗始终存在，不仅是乌克兰危机的后果，更是危机爆发的原因。

（三）欧盟仍徘徊不定

欧盟到底要建成一个高质量的以发展经济为主要目标的联盟，还是搞成一个适当降低门槛以扩大政治影响的联盟，这个问题没有解决。究竟与德国主导的欧盟一体化，还是与俄罗斯主导的欧亚联盟一体化，乌克兰最终选择了前者，然而欧盟并没有爽快地接受乌克兰。虽然欧盟早已把乌克兰作为“东部伙伴计划”的重点，时常喊话要帮助乌克兰摆脱“鞑靼的”“野蛮的”俄罗斯控制，但是真要接受乌克兰，欧盟并没有做好准备。首先，乌经济崩溃，国家面临破产，目前至少需要 150 亿美元平衡预算，此后每年需要约 500 亿美元援助或贷款，这是身陷经济危机中的欧盟无力承受的；其次，欧盟希望乌改造国民经济，同时改善人权、发展民主，乌没有做到；最后，乌克兰不仅战乱不休，且人口众多（涉及欧盟理事会中的投票权），会在多大程度上拖累欧盟难以考量。

基于以上考虑，欧盟首鼠两端，无法提出彻底的解决方案。一方面，欧

① 孙微、张怡然、柳玉鹏：《俄罗斯今年将实施超 4000 场演习直接震慑北约》，《环球时报》2015 年 8 月 1 日。

盟在乌克兰危机中积极斡旋，德法领导人在基辅和莫斯科间穿梭访问，致力于危机的和平解决；另一方面，欧盟对俄罗斯实行了一轮又一轮的政治、经济－金融制裁，坚决支持乌克兰维护国家主权和领土完整。总体来说，政治表态的成分大于有效支援。欧盟有成熟的一体化机制，其规则必须遵守，而乌克兰暂时达不到入盟条件，出于道义却又不得不考虑接受乌克兰，这让欧盟左右为难。到底坚持经济标准，保证成员国质量，还是降低经济要求，以扩大政治影响，是欧盟必须回答的问题，也是乌克兰何时入盟的关键。

三　乌克兰危机的前景

乌克兰国内被不同的政治派别撕裂，国际上也被不同的大国力量撕扯。乌克兰会不会成为第二个被肢解的南斯拉夫，或者第二个叙利亚？乌克兰国内形势如何发展很难预料，但其国际影响初见端倪。

（一）乌克兰国内形势发展的可能性

乌克兰新政府上台后，对东部武装实施坚决打击，不惜多次征兵，并出动重型武器，但收效甚微。时至今日，顿涅茨克和卢甘斯克“共和国”武装仍在战斗，不见颓势。美俄欧外部力量僵持不下，调解能力有限；乌内部分裂客观存在，为统一国家蒙上阴影。克里米亚已并入俄罗斯，东部两州事实独立，若东南部其他地区（俄语居民占大多数的州，如哈尔科夫州和敖德萨州等）群起效仿，则乌克兰局势难以控制。乌当局如若继续执行偏激的民族政策，在经济快速下滑、货币大幅贬值、人民生活水平下降的背景下，既要平定内乱，又要聚拢民心，难度很大。

乌新政府遭遇信任危机，但再次发生“街头革命”的可能性不大。首先，乌东部地区并不反对加入欧盟。只要政府以切实的手段恢复经济、提高人民生活水平，局势稳定可期。其次，乌缺乏强有力的、能够团结东西部的政治领袖与之竞争。现政府虽然支持率不断下降，但毕竟得到了广大中西部地区的支持。最后，外部势力在乌活动公开化，浑水摸鱼的可能性降低。

（二）欧盟和北约实现扩张

东欧剧变后，北约和欧盟陆续吸收了中东欧大多数原华约组织成员国和苏联部分加盟共和国，包括波兰、捷克、斯洛伐克、斯洛文尼亚、立陶宛、拉脱维亚、爱沙尼亚、罗马尼亚、保加利亚、阿尔巴尼亚和克罗地亚等，并将乌克兰、摩尔多瓦、格鲁吉亚、阿塞拜疆、土库曼斯坦、哈萨克斯坦、吉尔吉斯斯坦、乌兹别克斯坦、亚美尼亚、白俄罗斯和塔吉克斯坦发展为“和平伙伴国”，不断挤压俄罗斯的传统势力范围。对苏联的大本营、东斯拉夫三国俄罗斯、白俄罗斯和乌克兰，北约和欧盟采取了分化政策，但效果并不显著。2013 年底，乌克兰“颜色革命”推翻亚努科维奇政府，新政府和欧盟明显加快了一体化进程。2014 年，乌克兰与欧盟陆续签署了联系国协定的政治和经济部分；波罗申科上台后，不顾俄罗斯的强烈反对，明确提出乌克兰要加入北约。乌克兰全面倒向欧洲，使欧盟的势力范围直达俄罗斯边境，而北约在俄周边部署反导系统，使俄战略安全受到威胁。2014 年底，俄罗斯出台新版军事学说，将北约视为 14 种主要外部军事威胁之首。俄欧关系剑拔弩张，对国际社会的安全稳定形成威胁。在 2015 年，北约举行了一系列针对俄罗斯的大规模军事演习，双方关系有剑拔弩张之势。

危机爆发以来，美欧对俄追加实施了几轮强力制裁，而俄对其进行了有限的反制裁。制裁与反制裁使欧盟和俄罗斯同遭经济损失，政治联系亦大为削弱。唯独美国，作为北约的龙头老大，在乌克兰危机中毫发无损，进可攻退可守，巩固了其在欧亚大陆上的优势地位。美国的全球战略得到了顺利实施，既在传统敌对国家周边制造了麻烦，又打击了欧亚大陆上可能出现的挑战者，为“重返亚太”铺平了道路。

（三）俄罗斯遭受孤立，进一步转向东方

乌克兰危机爆发以来，俄罗斯遭遇制裁和货币贬值困境，不得不将战略重心转向东方。俄罗斯加强与中国、印度、越南、土耳其、委内瑞拉等国的战略合作，积极介入朝鲜、伊朗、叙利亚等国际事务，推动中亚国家加入欧

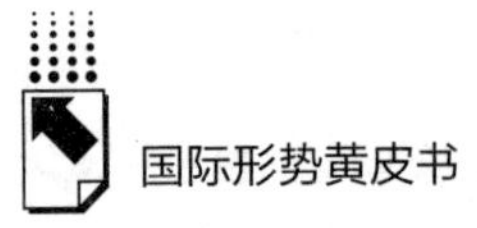

亚经济联盟。俄中两国虽然没有结盟和称霸意愿，但在西方大国的遏制挤压下，两国全方位战略协作伙伴关系得到加强。

鉴于乌克兰在地理和历史上对俄罗斯的重要意义，俄罗斯不会放弃对乌克兰的争夺。普京已积极推动明斯克会谈，但在两个关键问题——克里米亚和东部地区问题上，料其难以做出让步。对俄罗斯而言，克里米亚独立并加入俄联邦，如同西方推动科索沃独立一样，已成定局。为捍卫克里米亚的归属权，哪怕付出再大的代价，俄都将在所不惜。对东部地区的支持是俄罗斯牵制乌克兰“不听话的政府”的砝码，两州是北约东扩的背景下俄强行从乌版图中抠出来的缓冲区。可以预见，有俄强大的军力和财力支撑，乌内战将持续下去，直至乌政府重新考虑俄战略利益。从现实利益来看，俄将在两到三年内处于经济衰退期，全球化进程中断更对其未来发展有深远影响。

参考文献

杨成：《“黑天鹅效应”与乌克兰危机演化的可能情境》，《世界知识》2015 年第 5 期。

赵传君：《2015：普京将如何应对政治挑战?》，《经济研究导刊》2015 年第 4 期。

张春友：《俄退出欧洲常规武装力量条约》，《法制日报》2015 年 3 月 24 日。

李秀蛟：《解析美俄欧在乌克兰危机中的战略博弈》，《西伯利亚研究》2015 年第 1 期。

Александр Ковальчук. Отношения России и ЕС через испытание Украинским кризисом, Международные процессы, №3, Том 12, 2014, с. 83 – 92.

Е. Трещенков. Европейская и евразийская модели интеграции: пределы соизмеримости, Мировая экономика и международные отношения, №5, май 2014, с. 31 – 41.

О. И. Вендина, В. А. Колосов, Ф. А. Попов, А. Б. Себенцов. Украина в политическом кризисе: образ России как катализатор противоречий, Политические исследования, №5, 2014, с. 50 – 67.

В. В. Лапкин, В. И. Пантин. Кризис украинской государственности: политико – правовой, ценностный и геоэкономический аспекты, Политические исследования, №5, 2014, с. 68 – 89.

П. Е. Смирнов. США, НАТО и перспективы “Большой Европы” в свете кризиса на Украине, США – Канада. Экономика, политика, культура, №12, декабрь 2014, с. 3 – 20.

Y.16
动荡不定的西亚北非局势

丁 工*

摘 要： 2015年热点遍布的西亚北非地区依旧延续其战乱频仍、局势动荡的特点，曾经沉静的也门陷入二次动荡，再度引起全球媒体的关注。身处大中东“动荡新月”弧状链条中间环节的叙利亚依旧深陷内战旋涡。“伊斯兰国”激起的震荡波在未来数年甚或更长时间内将仍难以平复，伊拉克混战双方的攻守态势频繁转换。2015年中东乱象与上年相比有增无减，而动荡不定的安全形势又进一步导致西亚北非地区各种力量集合，继续处于不稳定的分化、改组状态。

关键词： 也门危机 伊叙动乱 沙特政局 伊核谈判 “伊斯兰国”

全景式扫描2015年地区事态的发展脉络可见，与2014年相比，西亚北非除继续展现动荡不停的主要特点外，也出现一些新的形势，如民主化逐渐淡出媒体视线，新老热点问题联动升温、各种战略力量加大资源投入等。这些情况反映出当下中东地缘政治仍然处于剧烈震动的持续演变阶段，主要势力群体和地区战略格局的相对平衡尚未建立，仍处于地缘剧变冲击后的加速演进和重构之中。

---

* 丁工，中国社会科学院世界经济与政治研究所博士后、亚太与全球战略研究院助理研究员，主要研究领域为中东格局、中等强国、中国外交和全球治理。

一　安全形势日益严峻，地缘环境显著恶化

2015 年，西亚北非地区面临日益严峻的安全形势，多处热点升级，动荡加剧，国内冲突、国际军事行动、恐怖活动等此起彼伏。

（一）也门危机加剧，伊沙争斗升级

也门位居阿拉伯半岛的西南端，和非洲红海之滨的吉布提共同组成扼锁红海南入口的“双闸”。也门也是一个资源匮乏、土地贫瘠、经济落后的弱小穷国，长期以来很少成为国际社会关注的“风暴眼”，但 2015 年也门危机使其成为全球关注的热点之一。随着沙特领头的逊尼派十国联军对也门胡塞反政府武装发起军事行动，伊朗和沙特围绕区域霸权争斗的“冷战”转向“热战”的可能性大幅上升。[①] 也门危机的出现是以该国潜存的原生态矛盾为起因，但随着胡塞组织向全国的进军和胜利，让刚刚经历最高权力新老交接的沙特皇室大为震惊和恐慌。如果说海湾是沙特迎击伊朗的传统前庭，那么居于阿拉伯半岛边翼的也门则堪称沙特极力经营的自家后院，如今也门政局的变天不仅导致沙特的生存空间受到挤压，甚至还有被纳入伊朗战略边界的危险。同时，在沙特统治集团老国王离世，以及新生代、少壮派掌权后，试图与过去的“懒人惰政”外交告别，也门作为伊斯兰两大派系对决厮杀的疆场，无疑是沙特新一任当权者“内外立威”的上佳之地。基于上述考虑，沙特领导层认为必须对胡塞“叛军”予以遏制和挫败，以帮助也门合法政府平定骚乱。当然，保护受什叶派剥削、压迫的逊尼派也是沙特出兵也门的一个理由。

开战之初，多国部队采取空袭手段和资助逊尼派部落武装空地协同的作战方式，对胡塞武装主要军火库和指挥部进行“精确打击、定点清除”。但从实际战况看，其效果并不理想。其间，胡塞武装的攻势没有减

① 唐见端：《武力干预也门或将适得其反》，《文汇报》2015 年 3 月 29 日。

弱，令沙特统率的国际联军束手无策。但进入 7 月后，战局完成反转，哈迪阵营渐趋占据有利位势，胡塞武装局部战况愈益吃紧。尤其是随着 8 月底沙特、卡塔尔等国派遣地面特种部队，直接对也门冲突进行军事干预后，也门战事间歇性攻防转换、阶段性强弱易势变动不断的基本局面尚未被打破，胜负还未见分晓。回溯也门危机可知，持续大半年之久的也门内战牵动着各方神经，给过去一段时间较为稳定的半岛及海湾次区域战略格局造成了很大冲击。也门危机虽由本国的特殊环境催生，但沙特领衔的伊斯兰逊尼派阵线和伊朗挑头的伊斯兰什叶派集团之间的博弈才是局势演变的支配因素和幕后推手。[①] 在危机冲击下，也门原有政治生态已然发生突变，即使未来战火平息后也不会回到“原地”，也门作为叙利亚之后伊朗和沙特的第二角力点被激活后，将持续一段时间的“燥热”状态。

（二）叙伊战事走向未定，动乱阴影短期难消

2015 年，叙利亚内战已进入第五个年头，尽管国际社会有关各方围绕结束内战已经举办过多轮会谈，但人们仍旧看不到叙利亚战争终结、社会秩序转向和平安稳的些许希望。2014 年黎巴嫩真主党全力加入叙政府军战团、伊朗伊斯兰革命卫队千里驰援，促使战局走向展现有利于巴沙尔逆转翻盘的迹象，叙政府军把握时机采取将“叛乱分子”所占地盘切分成多个相互独立的作战单元，准备逐一收复被反政府武装强占的城池和村镇。然而，进入 2015 年，政府军却连吃败仗，战场形势急转直下。先是西北部伊德利卜省会城市被极端组织攻克，成为内战爆发以来巴沙尔丢掉的第二座省城级行政中心。不久，军事要地吉斯尔舒古尔市和埃里哈镇又先后被“归顺”“基地”组织的“支持阵线”夺取，进而几乎使整个伊德利卜省区落入极端武装之手。吉斯尔舒古尔陷落不仅意味着军港所在地塔尔图斯的外翼侧锋彻底暴露于极端武装的火力覆盖半径内，更是让反对派武装的剑锋直指巴沙尔老

① 刘中民：《沙特在也门或将左右为难》，《环球时报》2015 年 4 月 7 日。

家、先前几乎从未受过战火波及的拉塔基亚政区。[①] 5 月后，巴沙尔方面的战事更加吃紧，在经过反复争夺、几度易手之后，千年古城巴尔米拉沦陷。由于该城地处叙利亚领土物理空间的腹心之地，既是通达四方的联结处，又是联通内陆和沿海的主干道，[②] 故此巴尔米拉之战的溃败导致"伊斯兰国"得以将之前分属伊叙两个战区掌管的领地连成一片，象征着存在近百年的伊叙国界实际上形同虚设。

目前，叙利亚正面战场大致形成两极分立、五强均势的基本格局，即拥护巴沙尔的政府军与反对派武装两大阵营依旧维持着激战厮杀、互有胜负的总体盘面。同时两派内部又分化组合成叙利亚政府军和参战的黎巴嫩真主党、伊拉克什叶派民兵、"伊斯兰国"（IS），"基地"组织及其附庸包括"胜利阵线"（Jabhat al – Nusra Front，也译作努斯拉阵线）、库尔德"人民保卫军"，以及叙利亚自由军（FSA），形成五股力量之间势均力敌、互为敌手的政治图景。从账面上看，反对派有众多强援助战和充足的军需给养，故而整体战备实力略微占优，但现实中由于"倒巴"群体内部派别林立引发的内讧和火并现象接连不断，导致反对派整体力量产生严重的非战损耗，在一定程度上拉近甚至抹平了相对巴沙尔政府军的既战优势。综合分析来看，相较一年之前，巴沙尔政权的处境更加艰难，由于政府军要在全国各地 400 多条战线上与数千支反叛武装作战，常备兵力和粮草辎重面临消耗殆尽的风险，多少已经有些捉襟见肘、强弩之末的感觉。不过，也应该看到，叙政府军控制的致命关隘要塞均未失守，正面阵地攻防战大致维持对垒两方平分秋色的战力分布格局，巴沙尔执政团队的军政要员也并未出现众叛亲离的状况，中枢机关和机要部门等国家机器的核心单位仍然正常运转，从而预示着巴沙尔政权短时间内仍不会陷入绝境。

事实上，自 6 月底开始，叙利亚政府军先是与黎巴嫩真主党联手行动打通叙黎接壤地带，基本解除反对派从侧后对首都大马士革的威胁。紧跟着，

① 王晓枫：《"伊斯兰国" 占领半个叙利亚，政府军 "不战而逃"》，《新京报》2015 年 5 月 31 日。

② 宦翔：《泛极端化武装加剧叙利亚危机》，《人民日报》2015 年 6 月 2 日。

7月护卫南方重镇德拉的当地驻军相继打退以“支持阵线”为主力、多支反对派组织拼合而成的“征服军”数轮进攻，成功挫败极端组织两翼包抄、三面围攻畿辅重地的战略图谋。与此同时，在黎巴嫩真主党和部分亲政府民兵武装的配合协助下，巴沙尔又调转用兵方向对北部和中部战区重拳出击，使局部作战态势的主动权再次倒向政府军方面。

2015年9月30日开始，俄罗斯发起针对“伊斯兰国”的空中打击行动，并且攻击目标还进一步涵盖包括“支持阵线”在内的其他叙反动派武装。俄罗斯选择在此时重拳出击，不仅动作快而且实战效果好，赢得“一石数鸟”的成效。其一，在“伊斯兰国”祸乱多国而美国挑头的国际联军空袭成效有限的情况下，俄罗斯高举“反恐”大旗果断出手相助，一定意义上站在法理和道义的制高点，不仅使俄罗斯“拔高”国家形象增色不少，还给普京提升国内人气加分许多。其二，这几年内战不断的叙利亚事实上已成为各类恐怖组织和极端势力活动的天堂，而在投奔极端组织的恐怖分子中高加索地区的人员就占据了相当大比例。这些恐怖分子如果回流高加索，必然对俄国内反恐形势造成不容低估的负面影响。因此，俄罗斯打击极端组织既能够有效减缓恐怖主义逐渐向周边渗透的进度，从而减轻国内面临恐怖袭击的压力。其三，拯救已陷入困境的巴沙尔政府能够确保俄罗斯在独联体外唯一的战略据点，也可以此抬高与其他当事方的谈判价码。总之，俄罗斯加入战团对巴沙尔无疑是重大的利好消息，使叙对战双方的力量对比天平存在再度朝着政府军一边倾斜的可能。因此，叙利亚战况仍然保持着“动态平衡”的未定格局，参战任何一方都难以占据绝对上风，消耗战、持久战似乎正成为叙战局的“新常态”。

就在叙利亚一侧政府军和反对派武装激战正酣之际，伊拉克一侧的前方战事也日趋激烈，甚至一度进入白热化状态。2015年3月中旬，伊拉克中央军联合什叶派地方军、伊朗共和国卫队圣城旅取得收复萨拉赫丁省首府提克里特的辉煌战果，此战不仅有效缓解“伊斯兰国”步步紧逼伊库区首府带来的切实威胁和沉重压力，还极大地鼓舞和提振了之前广大军民颇为低落的士气。美国军方更是就此预估，国际联军已造成6000多名极端武装分子死亡，并很快就可以发动对“伊斯兰国”大本营摩苏尔的攻势。然世事难料，4 月底“伊斯兰国”突然对伊拉克面积最大的行政区安巴尔省发起猛攻，并在成功冲破伊安全部队重兵把守的层层防线之后，一举攻占该省都会驻地拉马迪市，使得首都巴格达西部的羽翼屏护近乎被完全清除。

“伊斯兰国”此番大举疯狂反扑不仅令各界大为震惊，也使伊拉克政府脸面无光，还将奥巴马总统本人置于极为难堪的境地。随后，伊军紧急抽调精锐之师火速增援，并着手组织反攻试图重新夺回失陷的城池，但在付出惨重代价后虽能取得个别战场的有限胜利，却仍旧不能从战略全局实现彻底翻盘，自此交战双方在战役单元上基本形成势均力敌的相持局面。当前，伊拉克已经成为美伊联军与抵抗组织、什叶派与逊尼派、中央政府与伊北库区地方政权三种对决势力争斗的舞台。同时，叙利亚内战也早就不再是自由民主对抗极权专政的简单范式，而是演变成多元力量复合争锋的沙场。综上可知，两国地缘板块和政治生态拼图碎片化的格局构造，无疑是滋生、孵化恐怖主义势力和极端主义思潮的土壤。这一因素也决定了伊叙动乱是短期内难以解决的。

（三）“伊斯兰国”势头不减，斋月攻击意欲“周年献礼”

自“伊斯兰国”“横空出世”以来，任何有关极端组织动向的点滴消息都能成为各国新闻媒体聚焦的重点。从 2015 年看，“伊斯兰国”组织依旧势头不减，面对美军 3000 多次的空袭和伊拉克、叙利亚当局及其友军的合力打击，极端组织并未出现溃败的情景。反而，伴随世界各地“圣战爱好者”前来投奔和踊跃助阵，在诸方势力之间的利益夹缝中愈挫愈勇、越打越壮。[①] 据西方情报机构估算，当下活跃在伊叙边境的“伊斯兰国”武装人员数量，在短短一年时间内已由不足 2 万迅速扩张到迫近 5 万，如果再把“伊斯兰国”的地区分部和衍生团体计算在内，粗略估计少说也得有 8 万余人。不难看出，随着叙利亚半壁江山的陷落、伊拉克 1/3 国土的沦丧，“伊

① 陆忠伟：《欧洲及其周边地带缘何屡遭恐袭》，《光明日报》2015 年 7 月 5 日。

斯兰国”已经成为事实上的割据诸侯。

2015 年穆斯林斋月到来之际，“伊斯兰国”发言人公然煽动散布在全球各地的拥护者和圣战者在斋月期间向异教徒发起“全球圣战”。随后，一连串的暴恐事件使斋月成为袭击频度高发的时段。仅 6 月 26 日一天，欧洲的法国、非洲的突尼斯、亚洲的科威特连发三起恐怖袭击。“伊斯兰国”随即宣称对此次袭击负责。几天后，“伊斯兰国”的埃及分支又用汽车炸弹伏击领导起诉前总统穆尔西及穆兄会成员的埃及总检察长，还接连突袭西奈半岛多个边检哨所和军事设施。此后，“伊斯兰国”又连续在也门、沙特、土耳其、伊拉克以及中亚、南亚等多地制造恐怖事件。考虑到斋月期间正值“伊斯兰国”周年纪念日，分析人士据此普遍认为，“伊斯兰国”号召斋月攻击、鼓动“全球圣战”的真实意图在于通过恐怖袭击制造恐惧心理，从而起到为“国庆”周年献礼的功用。[①] 可以预料，“伊斯兰国”将继续危害和搅乱中东地区，继续给各国反恐带来新的难题和挑战。

二　政治版图分布初变，力量改组定局未现

根据上文所述不难推知，中东四大地区力量的战略新均衡仍处于变动不安的演进之中。

（一）阿盟两极分化日显，沙特盟主势头难阻

埃及以阿拉伯世界的领袖起家，一直以来都承担引领阿拉伯民族团结自强的旗帜和标杆角色。沙特虽然是中东地区“块头”最大、经济实力最强的国家，但很少在地区前台露头，更多时候扮演“幕后英雄”的角色。近年来，埃及由于时局长期动荡导致国民经济增速放缓、政治影响力大幅减弱，特别是随着埃及对沙特能源、资金依存度的日渐提高，阿拉伯双雄的两极分化态势日显。与埃及“江湖”地位持续滑落相反，沙特凭借丰厚

① 马晓霖：《择日出击——“伊斯兰国”的恐怖攻略》，《华夏时报》2015 年 7 月 1 日。

的财力基础，对阿盟及中东事务的影响日益增大，悄然跃居阿拉伯群落的头领位置。2015 年，沙特新生代接过最高权力后，更坚定地打算告别过去隐身幕后的角色，加快从幕后走向台前的步伐，也门危机的爆发就成为沙特检验霸主成色的“试金石”。3 月底，沙特组织了打击胡塞武装的国际纵队，开始向世界显露其盟主作用。现今，阿拉伯国家发展不平衡的特征更为明显，阿盟内部权力拼图已由“双雄分立”向“沙主埃从”演变，预计未来数年内埃及都难以恢复元气，沙特发挥地区顶级大国的作用已成不可阻挡之势，其所力图扮演的“稳定器”“压舱石”角色也渐为世人所认知和接受。

（二）伊核问题已现积极苗头，前景依旧充满悬念

伊朗经历 2013 年换届选举后，新政府便将获取更加宽松的生存空间和回转余地作为施政践行的首要任务。在坚持国际道义和维护国家利益的基础上，结束西方社会对伊朗的经济制裁和贸易封锁成为头号目标。美国与伊朗于瑞士日内瓦进行闭门会晤，以及伊核各方会谈敲定最终协议，标志着伊朗与西方国家的关系即将步入重大转折的历史关口，也预示着伊朗在核计划的军事用意与民事用途之间划定一条边界已为期不远。虽然“5 +1 +1”会谈的巨大成功，使伊朗的战略境遇较之过去赢得一定限度的改观，但也应该看到前路绝非坦途。

从 2015 年看，伊朗与西方的和解仅有量的积累，尚无质的突破。美伊坚冰彻底消融尚需时日，在双方战略互信严重缺失的状况下，伊朗与六国达成的协议随时有成为一纸空文的可能。此外，美、伊两国朝野内部也都存在严重分歧。一方面，伊朗政府需要做出审慎的平衡，为尽快解除西方强加于伊朗的经济制裁，需要满足一部分西方集团提出的要求，同时又要尽量安抚国内强硬派系和保守势力，让他们看到和谈的积极方向。另一方面，美国政府也需要做大量说服工作，来确保与伊朗达成的历史性协议能够在国会获得通过。另外，从地区层面看，核协议的签署已经产生外溢挥发效应，沙特前情报部长费萨尔亲王就表示，如果伊朗可以保有提炼浓缩铀的能力，其他国

家也将要求这么做，这将在全球打开通往核武道路的大门。以色列国防部长亚阿隆则声称，以色列不会被别国利益束缚手脚，如果该协议不会让伊朗在核武意图上退却，以色列只能义无反顾地寻求报复性还击和防御性自卫措施。由此不难看出，伊核问题的僵局已经破题，但前景如何却仍充满悬念。不管怎样，核协议的达成是积极变化的苗头。

（三）土耳其面临内忧外患，崛起势头局部受阻

中东剧变后，土耳其积极实施西稳东进、北固南下的周边外交攻略，并依托中东时局变动的助益崛起为地区性支配力量。但 2015 年以来，土耳其却接连遭遇内忧外患："伊斯兰国"祸乱已殃及自身，叙利亚内战连带效应凸显，与库工党武装的战端再起，国内增速放缓，民众抗议频发，给其能否延续剧变前期的崛起态势平添诸多变数。安全局势的不稳、劳民伤财的政绩工程导致国内民怨沸腾，街头抗议示威事件此起彼伏，在野的反对党也趁机发难，指控正发党描绘的执政蓝图无视民众基本诉求。同时，土耳其议会普选"惨胜"使正发党失去一党单独组阁的权力，[①] 加之反对党的"逼宫"迫使埃尔多安不得已宣布择机提前举行大选，这些都显示正发党的执政地位开始动摇。土耳其面临这种局面的原因在于，一方面在对外政策上，对叙利亚问题的预测判断存在偏差，致使土耳其前期投入的大量人力、物力难见回报，其倾力扶植的叙温和反对派难堪大任。同时，伊拉克和叙利亚战火已然烧向土叙边境，这让土耳其政府在对"伊斯兰国"应该采取什么政策问题上处于无所适从的两难窘境。特别是土耳其暗中为极端组织在土叙边境自由流动提供便利，结果不但没能捞到好处倒是被"伊斯兰国"反咬一口，土叙边境已有近百人死于"流弹"或恐怖袭击。另一方面，正发党引以为傲的经济成就不再亮眼，土耳其开始出现十多年来少有的经济增长低速徘徊，而政府试图通过大力吸引外资来刺激经济的措施又收效甚微。因此，经济萎靡不振也导致整个社会弥漫着强烈的危机感和焦虑感。

---

① 陆忠伟：《值得品读的土耳其外交"新答卷"》，《光明日报》2015 年 8 月 6 日。

（四）美以矛盾加剧，以色列面临转型

正当美国政府就伊朗与核六国协议而展开紧锣密鼓的谈判之际，美国众议院议长却突然邀请与奥巴马关系不睦、与伊朗结怨甚深的以色列总理内塔尼亚胡访问参众两院，并在国会山庄发表“中伤、诋毁”现任民主党政府外交政策的演说。此次内塔尼亚胡作为一国行政长官越过到访国政府部门直接出访最高立法机关，本已让白宫方面和奥巴马总统倍感难堪，更何况又是在美国两党政治激化、矛盾难以调和的当口，这无疑令美国民主党执政团队大为光火。[①] 自二战结束后美苏大肆拉帮结派插手中东事务始，美以便成为绑在同一辆战车上的“患难兄弟”。即使过去美以同盟出现过波折起伏的情况，但双方基本能够互留情面，绝少发生两国邦交严重倒退甚至跌入低谷的现象。如今，美以关系不仅降至冰点，甚至呈现“水火不容”的架势。其中既有奥巴马与内塔尼亚胡数年来累积的个人私怨，包括在奥巴马 2012 年竞选连任总统时毫不掩饰地支持共和党候选人的态度，同时也有美国给伊朗核松绑与以色列索要绝对核安全保障导致的目标对冲原因。以色列对美国宽容、放纵伊朗核研发的做法极度不满，多次不顾美方压力高调表示要保持空袭伊核设施的年度预算，甚至暗示随时准备抛开美国对伊朗单独动武。

然而，美以双边关系紧张的根本症结，则在于西亚北非地缘政治条件的剧变已经使美国的中东战略与以色列的区域定位不再那么一致。[②] 一直以来，美国都将以色列作为窥视中东动态和维系地区霸权的支点，而以色列能够在周邻强敌环伺的环境下生存与美国的祖护密不可分。但随着伊拉克乱局、叙利亚内战外溢效应不断凸显，“伊斯兰国”辟地千里，横扫伊叙两国，伊朗核协议向成果落实阶段迈进，长期作为地区矛盾绝对焦点的巴以争端开始逐渐让位给上述其他热点议题，巴以问题被冷落甚至遭遗弃的概率愈

① 丁工：《美以分歧为哪般?》，《社会观察》2015 年第 4 期。

② Geoffrey Aronson, “Shifting Allegiances: The Israel - Gaza - Egypt Triangle,” Middle East Institute, April 9, 2014, http://www.mei.edu/content/shifting - allegiances - israel - gaza - egypt - triangle.

发增大。再加上美国正全力以赴地实施亚太再平衡战略，从顶层设计到施政对中东整个区域的布局比重持续下降，这无疑令以色列大为不安。从某种意义上说，以色列真正忧心的不是拥有核武的伊朗，而是失去美国战略保护伞的安全庇护。

近期叙利亚战乱连带效应的扩散，导致中东地区出现极端主义盛行、恐怖主义肆虐的景象，以及美伊就核问题达成协议推动双方“化敌为友”步伐的加快，这些因素综合在一起，存在颠覆中东传统“敌友”格局的可能。尽管以色列在此轮格局变动中的绝对收益无损，但以色列始终担心因极端势力突然枪口转向而招致引火烧身的厄运，也担心伊核协议签订后会出现以色列优势不断被稀释的可能。

结　语

近年，随着美国大力实施亚太再平衡战略，干预中东、引领地区走向的能力和意愿锐减，美国准备在中东采取“轻脚印”战略，可能会让英、法等欧洲伙伴和沙特、埃及等地区盟友分担更多责任，自己则更多承担“离岸平衡手”和“均势制衡者”的角色。中东秩序的重建将不得不更多地依赖地区内部的“自发动力”，在此过程中，中东本土力量开始站在格局重组和秩序重塑的斗争前线。这种趋势在2015年表现得愈加明显。阿盟试图自食其力、独自解决也门问题；“伊斯兰国”则更像是在内外因素交织挤压下，多种地区政治生态元素的集成体；一度因穆兄会问题闹掰的土耳其和沙特开始重新协调双方立场，并自动结成推翻巴沙尔的“统一战线”；甚至曾经互为劲敌的以色列和沙特也因伊核、也门问题而在无外力撮合的情况下隐现联手的倾向。同时，俄罗斯以叙利亚危机和伊朗核问题为切入点强势复出，并重新迈上地区前台，这对美国区域主导权也构成一定的冲击。以上事例究竟是偶发个案，还是会成为引发多米诺效应的“第一张骨牌”仍有待观察。但不管怎样，美国无可撼动的霸权地位必将面对越来越多的挑战。特别是随着地区内生力量的迸发涌动，各方势力不再以美画线重新进行站队洗牌的迹象不断浮现，预示着美国独霸中东的日子正慢慢远去，中东地缘政治格局的“再平衡时代”已然到来。

参考文献

李绍先、殷罡、袁征：《中东，处于激变的前夜——从伊拉克乱局谈起》，《世界知识》2014 年第 13 期。

丁隆：《美国与政治伊斯兰的恩怨情仇》，《世界知识》2014 年第 7 期。

于时语：《以色列、伊斯兰极端主义与穆斯林民主》，《联合早报》2014 年 9 月 8 日。

姜英梅：《沙特王国外交政策及发展态势》，《国际政治研究》2005 年第 2 期。

陆忠伟：《欧洲及其周边地带缘何屡遭恐袭》，《光明日报》2015 年 7 月 5 日。

刘中民：《沙特在也门或将左右为难》，《环球时报》2015 年 4 月 7 日。

国际关系研究与智库

International Relations Theories and International Think Tanks

Y.17

国际关系研究的新进展（2014～2015年）

袁正清　董　贺*

摘　要：本报告浏览了一年以来国外主流国际关系研究期刊上所发表的文章，并择其部分具有代表性的文献进行评述，以此把握当前国际关系研究的热点与趋势。目前国际学界对于国际关系的研究出现了若干新动向，包括国际关系多元主义理论的日益深化、中美关系研究的重要性愈加凸显、金砖国家相关议题的研究比重持续上升、对国内战争的讨论更加丰富立体等。这些新的热点与趋势值得国内学界关注。

* 袁正清，博士，中国社会科学院世界经济与政治研究所研究员，主要研究领域为国际关系理论和国际组织；董贺，中国社会科学院研究生院2014级博士生。

关键词： 国际关系理论 多元主义 中美关系 金砖国家 国内战争

回顾2015年，国际关系理论与实证研究领域涌现出丰富的学术成果，取得了较大的进展。国际学界在多元主义理论、中美关系、金砖国家和国内战争等方面的研究取得了新的进展。

一 国际关系理论

伴随国际关系学科的发展，基于不同背景的理论层出不穷，既为国际关系理论范式的革新提供了不竭的动力，也为人们认识国际关系、理解全球政治提供了多元的视角与路径。

（一）国际关系的多元主义研究

各种理论与方法间激烈的竞争仍在继续，与此同时，对于多元化的理解与包容也成为一股主要的潮流，促使着国际关系多元主义相关研究与讨论的进一步扩展和深入。耶鲁·弗格森（Yale H. Ferguson）认为，国际关系理论与方法多元化的提升将为我们理解全球政治带来诸多益处。[①] 毫无疑问，传统现实主义、新现实主义、新自由制度主义与英国学派等曾居主导范式地位的传统国际关系理论方法仍有许多追随者，这在一定程度上决定于它们的传统地位。这些理论流派能够长期存在的原因是长久以来它们似乎能够很好地解释各种重要的事情。然而，传统国际关系理论方法的解释力尚不足以满足不断发展并革新的全球事务，其缺陷也愈加明显。

随着全球化的加速与失衡，非国家行为体地位日益凸显，对于人权、环境、身份转换、主权危机、融合与解体的循环等问题的关注逐渐提升，世界

① Yale H. Ferguson, "Diversity in IR Theory: Pluralism as an Opportunity for Understanding Global Politics," *International Studies Perspectives*, Vol. 16, No. 1, 2015, pp. 3 - 12.

本身正发生着极为迅速而巨大的变化。而后国际主义（Post-internationalism）、规范理论（Normative theory）、批判理论（Critical theory）、后现代主义/后结构主义（Postmodernism/Post-structuralism）、女权主义理论（Feminist theory）等流派的出现与兴起，深刻体现当今世界各领域所发生的变化，并为我们认识并理解这些变化提供了不同的视角，这意味着我们必须接受国际关系的多元化发展，并发掘多元主义所带来的潜力。

理论的多元化与多元主义本身是积极的，同时也通过共同参与为各种理论方法间增进理解创造了机遇。追求不同理论目标的知识自由应伴之以集合与比较，不以统一为名，而以理解为实。哈尔瓦德·莱拉（Halvard Leira）指出，在研究中追求多元化并跨越理论间的界限将同时带来机遇与挑战，尽管这项任务极具挑战性且看似吃力不讨好，但多元参与为持久的范式间对话与维持某种学科凝聚力提供了最好的可能。① 对此形成了两种较为悲观的意见，一种关注于多元研究的可能性，另一种对多元理论的影响提出了质疑。莱拉结合自身学术背景，选择了历史学与国际关系学作为案例。她认为，我们应以业余主义（Amateurism）的精神，更具系统性和组织性地引入历史，这既能够在阐释国际关系理论方法异同的基础上创建相互理解的平台，同时又能够培养求知欲的风潮。其中的业余主义明显不同于专业主义（Professionalism），业余的核心概念是为某种比赛或练习本身而参加的动机，简单而言，业余者参加与否决定于对这一活动是否热爱。同时，业余主义也意味着提升眼界并跨越边界，反过来将有希望振兴智力实践，进而导向创造性思维的增强。

在历史学中，对话能够跨越不同范式间的边界，相同的问题可以有不同的思考方式，好奇心与对整体情况的兴趣更可能推动研究的发展，而国际关系学者则倾向于越来越专业化。多元研究使得我们超越两者不同的专业性，在新的领域，我们将作为具有相对平等地位的业余者，一同推动更

① Halvard Leira, "International Relations Pluralism and History—Embracing Amateurism to Strengthen the Profession," *International Studies Perspectives*, Vol. 16, No. 1, 2015, pp. 23 -31.

加多元的学科与更加智力开放的专业。尼古拉斯·伦格（Nicholas Rengger）认为，正确理解多元主义，有益于对理解与世界之间的关系有不同的认知。[①] 显然，多元主义能够为国际关系研究提供所有人类科学更加真实的图景。

（二）阿米塔夫·阿查亚的全球国际关系学

国际关系学正逐渐摆脱曾经集中于国家与国家间关系、理性决策与西方世界、西方男性学者的藩篱，更加意识到与之相对的一面，包括主观性与规范性假设是学术与实践中不可或缺的一部分，女性主义、非西方学者正在发挥着越来越重要的作用。阿米塔夫·阿查亚（Amitav Achaya）提出了“全球国际关系学”（Global International Relations）这一概念，其目标是使理论竞争环境公平化，并建立一个真正具有包容性和普遍性的学科，切实反映国际关系学者及其知识问题日益增长的多样性。[②] 全球国际关系学并不是一种理论，也不是一种与现实主义、自由主义和建构主义相并列的范式。它也不属于我们所看到的所谓“范式间”辩论的模式，如理想主义与现实主义、行为主义与后实证主义或理性主义与建构主义之间的辩论。全球国际关系学是多种要素的合成物，它包含以下六个核心要素：

（1）它建立在一种多元化的普遍主义之上；

（2）它以世界历史为基础，而非仅是希腊罗马史、欧洲史或美国史；

（3）它包含而非取代现有的国际关系理论和方法；

（4）它融合了地区研究、地区主义与区域研究；

（5）它避免了例外主义；

（6）它承认物质力量以外多种形式的动因：包括抵抗力、规范行为以及全球秩序的地区架构。

---

① Nicholas Rengger, “Pluralism in International Relations Theory: Three Questions,” *International Studies Perspectives*, Vol. 16, No. 1, 2015, pp. 32 – 39.

② Amitav Achaya, “Global International Relations (IR) and Regional Worlds,” *International Studies Quarterly*, Vol. 58, No. 4, 2014, pp. 647 – 659.

阿查亚提出，当前的全球国际关系学者应致力于以下几个方面的工作：第一，在世界历史中发现新模式、新理论与新方法；第二，分析西方主导200余年后权力分配与思想的变化；第三，探索地区化世界中完整的多样性与互联性；第四，从事那些需要深层次与实质性学科整合和区域研究知识的科目与方法研究；第五，探究全球与地区层面间理念与规范如何传播；第六，研究文明之间的互相借鉴，其历史证据多于“文明间的冲突”。全球国际关系学的理念应在不断地争论、解释、细化与引申中保持开放的架构。以上六个主题可以作为相关讨论很好的开始，对于扩展我们的学科也是十分必要的。全球国际关系学的时代已经来临，它以反映全人类的声音、经历、利益与身份为目标，将朝着充满活力、创新与包容的方向不断发展。

二　中美关系与亚太安全

国际社会对中美关系走势的关注度有增无减，中美关系的相关研究也随之逐步深化。

意图（Intentions）在预测大国间冲突与合作的理论辩论中扮演着重要的角色。结构现实主义者认为，国家对于当前及未来他国的意图总是不确定的，由于它们能够给彼此之间造成严重的伤害，这种不确定性造就了一个高度竞争的世界。关于这一问题也存在一些较为乐观的观点。一种观点认为，国家能够通过某些特征，如外交政策目标、意识形态、政体类型等去推断他国的意图；另一种观点更加关注行为，认为国家能够通过观察对方的军事政策、参与的国际机制或在安全领域内过去的行动来判断他国的意图；还有一种观点通过解释为什么一国的意图不太容易改变，得出根据当前的设计能够很好地预测未来的规划这一结论。

塞巴斯蒂安·罗萨托（Sebastian Rosato）认为以上三种观点不具说服力。在他看来，大国并不能够根据他国的特征或行为来评判其当前意图，对于他国未来的意图则更加不能确定。① 由于缺少直接依据，也不能通过对方的国家属性与行为获得可靠的判断，大国对他国当前的意图是不确定的；同时，由于意图在很多情况下会发生变化，大国对他国未来的意图则更加难以预测。大国在决定与他国进行竞争或者合作时，主要是基于对实力的考量。这并不意味着它们不尝试着弄清对方的意图，也不意味着它们在本国的外交决策中忽视意图。由于意图是不确定的，对意图的预测只能扮演较为边缘的角色，大国通常关注更加易于衡量的实力均衡。罗萨托指出，倘若这一论点是正确的，那就意味着，如果中国继续崛起进而成为美国的同等竞争者，即便两国都希望保持和平，也不论两国国内发生怎样的变化、其行为传递出怎样的讯号，两国终将走向冲突，这便是大国政治的悲剧所在。

戴维·莱克（David A. Lake）的观点是，如果说中国对美国形成了挑战，那么其原因不仅在于中国在21世纪将逐渐发展成为一个超级大国，更在于中美两国国内政治经济上的基本差异。② 未来的问题在于，融入美国主导的国际经济是否会促使中国的国内政治经济由国家主义转向自由主义。如果这一过程强化了中国国内经济市场的力量，那么这两个大国将在共同利益的带动下不断深化合作；如果中国继续保持国内经济中政治力量的地位，两国间则可能会出现更大的冲突。对西方而言，增加同中国间的贸易与投资是激励相容的，并可能最终会促进中国的政治平衡朝向更加自由的方向发展，或者说至少能够减少目前以政治为基础的运行体系的利益。与中国对抗只会促使中国同其邻国寻求建立亚洲共荣圈，保障其自身安全与利益。因此，美国与其他西方国家应该尽一切可能去鼓励中国的法制建设与价格引导下的市场激励模式。美国对华的最优策略是维持自身实力并恢复其领导权，强化同其他盟友之间的关系；同时，保障国际经济体系的强大与开放，维持强化经济规则的统一战线，这将对中国的未来及其可能带来的挑战有着极大的

① Sebastian Rosato, "The Inscrutable Intentions of Great Powers," *International Security*, 2014/15, Vol. 39, No. 3, pp. 48 – 88.

② David A. Lake, "The Challenge: The Domestic Determinants of International Rivalry Between the United States and China," *International Studies Review*, 2014, Vol. 16, No. 3, pp. 442 – 447.

影响。

进入冷战后时期以来，学者与政策制定者们普遍认为亚太地区的竞争条件已成熟（ripe for rivalry），并有着军事竞争加剧的风险。许多观察家认为，亚太地区的军备竞赛正在进行之中，安全困境（security dilemma）是这种竞争的主要动因。亚当·里夫（Adam P. Liff）与约翰·伊肯伯里（G. John Ikenberry）认为，尽管已有一些证据表明了亚太地区安全困境导向的军备竞争的存在，且这种态势可能会在未来显著加剧，但实证分析证明，安全困境并非当前这种态势的唯一原因。① 而传统意义上增加国防预算、发展军备也并不是安全困境下国家所能采取的唯一行动。在这种情况下，一方或双方均可采取一定的措施改善现有的安全困境。

通过论证，里夫与伊肯伯里得出了以下结论：第一，中国与美国必须意识到，两国已在某种程度上陷入了安全困境；第二，双方都必须更加坦诚地分享其对对方政策与言论的分析与解释等相关信息；第三，双方都应该提升各自军事能力、战略目标、军事政策决策的透明度；第四，双方应建立并强化用于谈判的外交机制；第五，中美及亚太地区内的其他国家需要在军事竞争已经展开的前提下塑造并扩大更加开阔的政治与战略环境。中美新型大国关系的提出与构建至少基于这样一个事实：对亚太地区所有国家，尤其是中国而言，避免军备竞赛走向军事冲突的悲剧是极为关键的利益所在。

面对中国经济与军事实力的增长，奥巴马政府在其亚洲外交与安全政策中实行“再平衡”，这在对华政策的尺度上引起了很大的争论。查尔斯·格拉泽（Charles L. Glaser）认为，中美两国间存在一个“大交易”（a grand bargain），美国的对华政策需要进行根本性的修正，特别是需要在台湾问题上与中国进行协商谈判。作为回报，中国将以和平方式解决其海上及领土纠纷，并正式接受美国在东亚地区长期以来的军事安全作用。② 但这一“大交

① Adam P. Liff and G. John Ikenberry, “Racing toward Tragedy?,” *International Security*, 2014, Vol. 39, No. 2, pp. 52 –91.

② Charles L. Glaser, “A U. S. -China Grand Bargain? ,” *International Security*, 2015, Vol. 39, No. 4, pp. 49 –90.

易”也不太可能很快实现。在此期间，美国应寻求发展那些能够避免或推迟中美关系龃龉发生的政策，在不影响同中国关系的前提下维持盟友关系，继续保护自身利益。

三　金砖国家与国际经济机制

随着新兴经济体的快速发展，学术界对以金砖国家为主的新兴经济体更加关注，引发了诸多基于不同立场、不同视角的讨论。

爱德华·曼斯菲尔德（Edward D. Mansfield）认为，在分析金砖国家相关的实际问题前，必须首先明确以下几个问题：第一，尽管金砖经济体规模巨大，但目前远达不到能够挑战美国或欧盟的规模；第二，尽管金砖经济体历经了快速的增长，但这种发展是否具有可持续性依然是不明确的；第三，尽管有理由认为金砖国家是依据特定目标形成的整体，但这些国家均呈现十分明显的经济与政治差异；第四，记住日本的教训，并不是说金砖国家将遭受同样的命运，而是说社会科学家对国家经济发展轨迹的预测记录是极为不稳定的。①

金砖国家是否正在推动世界经济的根本转型？一类观点将金砖国家的崛起视作对美国霸权力量的挑战，认为其将导致全球政治经济不稳定性的上升；另一类观点则以同样的热情捍卫美国霸权现状的延续，认为金砖国家正陷于其国内环境所带来的挑战以及相互之间的不信任，对领导全球事务缺乏兴趣，也并未受到其他发展中国家真正意义上的认可与追随。

这场争论远未结束，对于金砖国家崛起的系统化研究还相当匮乏。当前的文献充满描述性数据、历史参照以及基于大理论的宽泛预测，却没有提出具体的可试验的命题。丹妮拉·唐诺（Daniela Donno）与尼特·鲁德拉（Nita Rudra）指出，受国内政治与国际经济问题驱动，金砖国家（特别是

---

① Edward D. Mansfield, “Rising Powers in the Global Economy: Issues and Questions,” *International Studies Review*, 2014, Vol. 16, No. 3, pp. 437 – 442.

中国）的崛起能够促进南南特惠贸易协定（SSPTAs）的形成，进而推进人类发展，有助于确保更大的政治经济稳定性。[①] 通过论证，她们得出，尽管可能通过无意或意想不到的方式，金砖国家能够从根本上改变世界经济的形态，对全球政治经济产生积极的影响。

在开发性金融领域，金砖国家在改革现有机制与创建新机制两方面都做出了一定的尝试。鉴于金砖国家在国际开发性金融领域的重要性，迈克尔·蒂尔尼（Michael J. Tierney）提出的观点是：第一，作为其他研究领域进步的必要条件，关于金砖国家所提供资金的类型、目的与总量需要更多更完善的数据；第二，由于受援国政府拥有附加的外部资金来源选择，应该注意到援助制约性的缩小，且由于受援国有能力与传统捐助国进行谈判，有更多的资金流向受援国更加倾向的部门；第三，由于金砖捐助国的相关数据逐渐可以获取，应该对原有的大量以经合组织捐助国为限定样本的援助分配与援助有效性研究进行重新代入。[②] 如果西方援助体制的规范是有效的，而金砖捐助国拒绝遵守这些规则，那么金砖国家分配的理由及其援助所带来的影响将有别于经合组织的援助。

金砖国家对世界经济的影响并不仅限于金融领域，学者们依据不同视角对金砖国家个体的未来提出了不同的看法。曼斯菲尔德认为，在对全球体系中的新兴大国进行分析时，应该更加着重于中国，更加重视中国在国际政治经济中的作用。通过系统分析中国在国际政治经济中所扮演的角色，能够更好地理解当前的国际体系以及全球经济中崛起大国的行为。而鲁德拉·希尔（Rudra Sil）认为，俄罗斯在推进其全球经济影响力与提升未来25年人民生活水平的过程中将是最具前景的金砖国家。[③] 尽管中国和印度作为金砖国家中最大的两个经济体，将保持比俄罗斯更高的增长率，但也将面临人口持续

---

① Daniela Donno and Nita Rudra, "To Fear or Not to Fear? BRICs and the Developing World," *International Studies Review*, 2014, Vol. 16, No. 3, pp. 447 - 452.

② Michael J. Tierney, "Rising Powers and the Regime for Development Finance," *International Studies Review*, 2014, Vol. 16, No. 3, pp. 452 - 455.

③ Rudra Sil, "Which of the BRICs Will Wield the Most Influence in Twenty-Five Years? Russia Reconsidered," *International Studies Review*, 2014, Vol. 16, No. 3, pp. 456 - 460.

增长所带来的日益复杂的权衡。由于有着更少的人口与更大份额的关键资源，俄罗斯有更多的优势去追求更高的生活水平与更大的影响力。

四　国内战争及后果

安全是国际关系理论的核心概念。国内战争（civil war）历来是主要的传统安全威胁之一。但随着近年来战争原因、目的、方式、媒介等内容的变化，内战往往伴随着传统安全与非传统安全领域的多种威胁，对人类生活产生了更加复杂的影响。学者们从不同的角度出发，对这一命题做出了多种新的理解与阐释。

克里斯托弗·莱恩巴格（Christopher Linebarger）认为，将武装组织出现的时间作为替换内战爆发的因变量，有利于对国内冲突的跨国扩散进行定量研究。[①] 这两个变量之间存在着决定性的区别，武装组织的形成必须先于内战，这代表着一种极为精准的测量，即根据已知数据，及时捕捉反抗群体克服集体行动困难的时刻。这意味着内战爆发的扩散受武装分子集体行动的国际扩散影响的选择效应。在其研究中，莱恩巴格实现了两个既定目标：第一，证明内战扩散模型中的传统变量也与战斗性的全球扩散相关联；第二，检验战前的过程。他根据几个激进组织与暴力非国家行为体的数据集并依靠既有的因果框架去检验国际环境如何预测激进组织的出现，发现全球环境能够对集体反抗行动产生影响，并通过模型进一步证明，许多反抗的出现是为应对更多的全球事件，而在当地情况的影响下其行为得以逐步增强。

盖理·伍佐伊（Gary Uzonyi）论证了内战与种族灭绝（genocide）及政治谋杀（politicide）之间的关系。[②] 一些学者注意到了内战的动态如何增加冲突中政府支持下大规模杀戮的可能性。然而，许多种族灭绝与政治谋杀的

---

① Christopher Linebarger, "Civil War Diffusion and the Emergence of Militant Groups, 1960 - 2001," *International Interactions*, 2015, Vol. 41, No. 3, pp. 583 - 600.

② Gary Uzonyi, "Civil War Victory and the Onset of Genocide and Politicide," *International Interactions*, 2015, Vol. 41, No. 3, pp. 365 - 391.

案例发生在战斗结束之后。伍佐伊探讨了冲突后内战如何为大规模政治谋杀提供基础，并着重于战争的结果如何影响政府是否能够在战后环境中通过种族灭绝与政治谋杀解决其政权的不稳定问题。他得出，以胜利结束战争的一方更能实施大规模杀戮政策。既有研究认为，相较于以协商解决方式结束的内战，以军事胜利方式为结束的内战后会有更长时间的战后和平。而伍佐伊的结论是，军事胜利使得胜利者更便于去推行其理想政策，而无须担心潜在的破坏者，更容易发生政府支持下的对平民进行的大规模杀戮。

伍佐伊的研究为未来这方面的研究提供了路径：第一，学者应对领导者决策与战后政权斗争有更加丰富的认识，决策者应学习如何影响战后政府去推行有利于获得选民支持的政策；第二，作为以重建战后国家与防止大规模杀戮为目标的决策者，应进一步了解国际法和国际法庭在约束领导人实行种族灭绝与政治谋杀暴行上所能够发挥的作用；第三，倘若种族灭绝与政治谋杀的发生遵循的是不同的逻辑，那可能需要重新考虑一些已有的关于政府支持下大规模杀戮的解释。

在内战过程中，派系立场的转换与背叛可能会导向更加持久的战争，造成更多人丧生，也可能使得反暴力运动出现并获得成功，使战争出现根本性的变化，如新组织、偏好、身份的出现。因此，派系立场的转换与背叛通常与暴力的升级以及内战的爆发相关联。内部分裂的武装组织间的暗斗模式可能会导向针对平民的暴力以及暴力策略跨组织的扩散。防止武装组织或个人的背叛成为影响武装组织或国家运动政治与军事有效性的关键性问题。而武装组织内部的凝聚力同样影响着战争结束的方式，如和平解决的可能性，双方之间让步的范围，以及战争再次发生的概率。

李·西摩（Lee J. M. Seymour）选择苏丹为案例，通过分析以武装组织间不固定结盟为特征的濒临崩溃的国家所发生的内战，对内战中的结盟模式与立场转换做出了理论解释。[①] 西摩提出了一种关于仅由身份、意识形态、

① Lee J. M. Seymour, "Why Factions Switch Sides in Civil Wars," *International Security*, 2014, Vol. 39, No. 2, pp. 92－131.

生存威胁所松散约束，在短时间内强调立即回报的机会主义联盟理论。他认为，由以下两个关键因素塑造联盟：第一，促使与提供武器、弹药以及对抗当地竞争对手的支持的一方进行合作的政治竞争；第二，诱发与提供物质优势的一方进行合作的赞助关系。在那些以脆弱的边界控制、轻微的意识形态分歧、复杂的族群关系为特征的国家所发生的内战中，以上因素能够对其惊人的立场转换频率做出解释。在这种情况下，派系领导人利用其能力进行机会主义合作，确保军事支持与物质利益，以暴力夺取资源并保障其权力的稳定。

冲突背景下对人权的侵犯近年来越来越受到国际媒体的广泛关注。然而这种关注对冲突会产生怎样的影响尚未有定论。尽管越来越多的媒体与政府参与到保护人权的行动中，但我们并不知道媒体如何影响冲突本身。一方面，对侵犯人权事件的媒体报道可能构成“点名批评”（naming and shaming），也许会缓和敌意；另一方面，这样的报道可能会引发冲突各方之间的不妥协，导致谈判的复杂化，从而妨碍和平。即对人权的重视或过于关注侵犯行为，可能使得谈判复杂化并以敌对形式结束，或使领导人担忧冲突后会发生对此前侵犯行为的报复而更加不妥协。布莱恩·伯贡（Brian Burgoon）等学者通过探究媒体对人权的关注是否影响内战的持续时间和结果得出，媒体的关注能够在推进内战双方达成正式协议的过程中起到一定的作用，这种作用不依赖于人权侵犯的特定程度或冲突各方的相对实力。[①] 这一研究有益于拓展对于外部干预因素如何影响冲突的认识。

结　语

通过对一年来国际关系主流期刊上的文章进行梳理，可以看出学科发展的一些新趋势：对于多元化的理解与包容成为国际关系理论界一股主要的潮

① Brian Burgoon, Andrea Ruggeri, Willem Schudel and Ram Manikkalingam, “From Media Attention to Negotiated Peace: Human Rights Reporting and Civil War Duration,” *International Interactions*, 2015, Vol. 41, No. 2, pp. 226 – 255.

流，多元主义的相关研究与讨论有了进一步的扩展和深入；对中美关系走势的关注度持续上升，中美关系的相关研究也随之逐步深化；更加重视以金砖国家为主的新兴经济体，诸多基于不同立场、不同视角的讨论业已展开；国内战争逐渐成为威胁传统安全与非传统安全的主要问题之一，关于这一命题出现了许多新的理解与阐释。这些新趋势值得国内学界关注。

参考文献

Amitav Achaya, "Global International Relations (IR) and Regional Worlds," *International Studies Quarterly*, 2014, Vol. 58, No. 4.

Adam P. Liff and G. John Ikenberry, "Racing toward Tragedy?," *International Security*, 2014, Vol. 39, No. 2.

Brian Burgoon, Andrea Ruggeri, Willem Schudel and Ram Manikkalingam, "From Media Attention to Negotiated Peace: Human Rights Reporting and Civil War Duration," *International Interactions*, 2015, Vol. 41, No. 2.

Charles L. Glaser, "A U. S. -China Grand Bargain?," *International Security*, 2015, Vol. 39, No. 4.

Christopher Linebarger, "Civil War Diffusion and the Emergence of Militant Groups, 1960 - 2001," *International Interactions*, 2015, Vol. 41, No. 3.

David A. Lake, "The Challenge: The Domestic Determinants of International Rivalry Between the United States and China," *International Studies Review*, 2014, Vol. 16, No. 3.

Daniela Donno and Nita Rudra, "To Fear or Not to Fear? BRICs and the Developing World", *International Studies Review*, 2014, Vol. 16, No. 3.

Edward D. Mansfield, "Rising Powers in the Global Economy: Issues and Questions," *International Studies Review*, 2014, Vol. 16, No. 3.

Gary Uzonyi, "Civil War Victory and the Onset of Genocide and Politicide," *International Interactions*, 2015, Vol. 41, No. 3.

Halvard Leira, "International Relations Pluralism and History—Embracing Amateurism to Strengthen the Profession," *International Studies Perspectives*, 2015, Vol. 16, No. 1.

Lee J. M. Seymour, "Why Factions Switch Sides in Civil Wars," *International Security*, 2014, Vol. 39, No. 2.

Michael J. Tierney, "Rising Powers and the Regime for Development Finance," *International Studies Review*, 2014, Vol. 16, No. 3.

Nicholas Rengger, "Pluralism in International Relations Theory: Three Questions," *International Studies Perspectives*, 2015, Vol. 16, No. 1.

Rudra Sil, "Which of the BRICs Will Wield the Most Influence in Twenty-Five Years? Russia Reconsidered," *International Studies Review*, 2014, Vol. 16, No. 3.

Sebastian Rosato, "The Inscrutable Intentions of Great Powers," *International Security*, 2014/2015, Vol. 39, No. 3.

Yale H. Ferguson, "Diversity in IR Theory: Pluralism as an Opportunity for Understanding Global Politics," *International Studies Perspectives*, 2015, Vol. 16, No. 1.

Y.18

国际智库研究综述（2014～2015年）

杨　原*

摘　要：　中共十八大以后，中国外交战略开始出现转型和调整，中国的外交姿态随之变得更加积极进取，这对中国的智库建设提出了更高的要求。了解和追踪国际高水平智库的最新研究动态及其主要观点，对更好地建设中国特色新型智库、及时把握国际战略界的思想走向都有重要的参考和借鉴意义。为此本文对最近一年美国、英国、法国、德国、日本等西方主要国家的10个顶级智库在国际政治、国际安全和全球治理领域的部分代表性成果进行了梳理，内容涉及亚太安全合作的现状，中美、俄美关系，美国与其亚太盟国的关系，南海冲突、网络安全、恐怖主义、乌克兰危机等国际安全热点问题以及能源利用和开发、气候变化、消除贫困和可持续发展等全球性问题。通过梳理可以看出，当前国际顶级智库的研究具有紧扣重要议题、政策分析视角和主张多元化、政策建议兼具批判性和建设性等特点。

关键词：　国际智库　中美关系　南海冲突　乌克兰危机　恐怖主义

党的十八届三中全会通过的《中共中央关于全面深化改革若干重大问题

---

* 杨原，政治学博士，中国社会科学院世界经济与政治研究所国际政治理论研究室助理研究员，主要研究领域为大国崛起理论和国际安全问题。

的决定》中明确提出加强中国特色新型智库建设，建立健全决策咨询制度。2015年1月，中共中央办公厅、国务院办公厅正式印发中央全面深化改革领导小组第六次会议审议通过的《关于加强中国特色新型智库建设的意见》，对中国智库建设提出了新的要求。追踪国际高水平智库的最新研究动态，掌握国际智库对当前中国和国际社会所关心的热点问题的主张、判断和建议，对中国特色新型智库的建设和研究工作的开展具有重要的借鉴和参考价值。有鉴于此，本文将对最近一年来国际顶级智库在国际政治、国际安全和全球治理领域的部分代表性成果做出综述，供智库研究人员和相关决策部门参考。

根据2015年1月22日美国宾夕法尼亚大学“智库与公民社会项目”（TTCSP）发布的《全球智库报告2014》（*2014 Global Go To Think Tank Index Report*），① 本文选取了美国、英国、法国、德国、日本等西方主要国家的10个顶尖智库，② 以其最近一年来公开发布的研究报告和评论作为综述对象。本文第一部分梳理了这些智库在亚太安全形势和大国战略关系等议题上的研究，包括对亚太安全合作现状的评估、美国应对中俄战略挑战的战略建议以及美国与其亚太盟国的关系等问题。第二部分展示了国际智库在南海冲突、网络安全、恐怖主义、乌克兰危机等当前国际安全热点问题上的各种声音。第三部分则关注能源利用和开发、气候变化、消除贫困和可持续发展等全球性问题的最新研究动态。文章的最后对国际智库当前研究的特点进行了总结。

一 亚太安全形势和大国战略关系

随着国际力量对比的消长变化，亚太地区正在成为世界关注的中心，

① James G. McGann, “2014 Global Go To Think Tank Index Report,” Think Tanks and Civil Societies Program at University of Pennsylvania, 20 January 2015, http://repository.upenn.edu/think_tanks/8/.

② 这10个智库按排名先后依次是：美国布鲁金斯学会、英国皇家国际事务研究所、美国卡内基和平基金会、美国战略与国际研究中心、美国兰德公司、美国外交关系委员会、美国伍德罗·威尔逊国际中心、法国国际关系研究所、德国国际与安全事务研究所和日本国际事务研究所。

这一地区的安全合作问题也相应地成了各国智库关注的重点。美国卡内基和平基金会2015年8月发布了一份题为《亚太地区的冲突与合作》的战略评估报告，在系统分析未来25年亚太地区安全环境前景和各种正负面因素的基础上，提出了帮助美国规避冲突的建议，包括明确美国在亚太地区的利益排序、加强中美之间的战略对话并相互采取战略再保证（strategic reassurance）措施、明确并强调美国在海洋争端上的立场等。① 德国国际与安全事务研究所在此前不久也发布了有关东亚安全合作的报告，从欧洲的视角对当前东亚地区安全合作的特点进行了阐述。报告认为，东亚地区主要的合作机制都与东盟密切相关，都是基于协商一致原则，因此大都集中于“软”安全议题领域。受此影响，美、中、日等大国虽然都支持这些机制，但在实际中却都倾向于选择双边形式的安全对话。欧盟要想在亚太地区的安全议题上提高影响力，在保持与美国协调的同时还须有自己独立的立场。②

在中国崛起势头不断凸显的态势下，如何维护美国霸权地位是美国当前及未来一段时期的核心战略问题。美国卡内基和平基金会于2014年1月发表了题为《制衡而不遏制：美国管控中国的一种战略》的研究报告，认为无论中国主观上是否有意挑战美国，中美之间的竞争都不可避免。该报告建议美国加强对中国邻国的支持力度，加快推动TPP等贸易协定，保持和加强美国的军事优势，同时重振美国经济。③ 自2013年乌克兰危机爆发以来，美俄关系急剧恶化。选择何种对俄战略以管控危机，是美国面临的另一个紧迫的战略问题。对此，著名战略家、美国战略与国际研究中心顾问委员会联合主席兹比格涅夫·布热津斯基（Zbigniew K. Brzezinski）认为，美国在这场危机中不应追求全面彻底的胜利，因为这不仅缺乏可行性，而且很

① Michael D. Swaine, et al., “Conflict and Cooperation in the Asia-Pacific Region: A Strategic Net Assessment,” Carnegie Endowment for International Peace, Aug. 7, 2015.

② Gudrun Wacker, “Security Cooperation in East Asia: Structures, Trends and Limitations,” German Institute for International and Security Affairs, May. 2015.

③ Ashley J. Tellis, “Balancing Without Containment: An American Strategy for Managing China,” Carnegie Endowment for International Peace, Jan. 22, 2014.

可能刺激俄罗斯做出过激的反应。为避免危机进一步激化，他建议美国在守住底线的同时，向俄罗斯明确表示乌克兰不会成为北约成员。[①] 此外，随着中国与俄罗斯战略合作日益紧密，美国智库也在反思美国的应对策略。美国伍德罗·威尔逊国际中心的学者戴博（Robert Daly）和马修·罗然斯基（Matthew Rojansky）认为，中俄两国长期以来都对美国的优越感非常敏感，往往会将美国所表达出的哪怕最轻微的轻蔑都视为是对其民族尊严的侵犯，因此美国在表达自己主张或反对中俄某些做法时，应尽量就事论事，避免过于笼统的原则性阐述。[②]

美国与其亚太盟国的关系，是国际智库近期关注的一个焦点议题。卡内基和平基金会高级研究员 Ashley J. Tellis 明确指出，盟国不仅能为美国提供各种资源补充，它们的支持还能为美国的各种政策提供合法性，对维持美国全球霸权至关重要。[③] 对于美国亚太同盟体系的核心美日同盟而言，美国外交关系委员会高级研究员希拉·史密斯（Sheila A. Smith）指出，近年来亚太地区地缘政治的复杂形势增加了日本国内政治的敏感性，特别是日本对“正常国家”身份的诉求，增加了美日同盟的管理难度。[④] 布鲁金斯学会和战略与国际研究中心的两份报告分别从内外两个方面给出了加强美日同盟的建议。布鲁金斯学会的报告指出，如果日本政府能够重新解释宪法从而解禁集体自卫权，美国就可以利用在日本的现有导弹防御体系为其东北亚军事基地提供保护。[⑤] 美国战略与国际研究中心的报告则提出，美日两国可以通过

---

① Zbigniew K. Brzezinski, “America's Strategic Dilemma: A Revisionist Russia in a Complex World,” Speech Delivered at the Brzezinski Institute on Geostrategy, CSIS, Mar. 9, 2015.

② Robert Daly and Matthew Rojansky, “Engage China and Russia with Issues, Not Scolding,” Wilson Briefs, May 2015.

③ Ashley J. Tellis, “Seeking Alliances and Partnerships: The Long Road to Confederationism in U. S. Grand Strategy,” in Ashley J. Tellis, Abraham M. Denmark, and Greg Chaffin eds., *Strategic Asia 2014 – 15: U. S. Alliances and Partnerships at the Center of Global Power*, The National Bureau of Asian Research, Dec. 2014, pp. 3 – 32.

④ Sheila A. Smith, “Japan's New Politics and the U. S. -Japan Alliance,” report, Council on Foreign Relations, July 2014.

⑤ Ariana N. Rowberry, “Advanced Conventional Weapons, Deterrence and the U. S. -Japan Alliance,” report, Brookings Institution, Dec. 2014.

加强与东南亚国家的接触，为其提供安全方面的公共物品，以换取本地区国家对一个更加强大的美日同盟的支持。①

关于美韩同盟，韩国总统朴槿惠于 2013 年提出“东北亚和平与合作”倡议，提议美韩两国共同扮演地区安全合作前景“建筑师”的角色。美国外交关系委员会的研究员斯科特·斯奈德（Scott Snyder）等认为，该倡议与美国“亚太再平衡”战略目标一致，加入这一倡议能够为美国提供一个专门旨在解决东北亚安全合作问题的地区性平台，同时韩国也会帮助美国增加在本地区的收益和影响力。② 关于美菲同盟，默里·希伯特（Murray Hiebert）等三位美国战略与国际研究中心研究员撰文指出，考虑到菲律宾和美国都将在 2016 年迎来大选，因此美菲同盟必须加强制度化建设以防止因两国领导层的变动而使两国同盟关系弱化。两国已经达成的加强防御合作的协议以及近来两国在南中国海问题上的合作都是当前美菲同盟关系的重要组成部分，但两国还应继续加强战略对话，明确《美菲共同防御条约》的地理适用范围，推动澳菲、日菲等多边军事合作。③ 关于美澳同盟，美国战略与国际研究中心的一份报告指出，美国和澳大利亚都意识到深化两国战略关系的重要性，但在很长时间里两国对优先开展何种安全合作以及如何开展缺乏明确的认识。报告分析认为，鉴于美国在两栖作战能力方面依然存在短板而澳大利亚这方面能力又在不断提高，美澳两国在两栖作战问题上的合作将有可能在两国的军事合作中扮演重要角色，并成为维护地区安全的重要基石。④

---

① Ernest Z. Bower et al, “Southeast Asia's Geopolitical Centrality and the U. S. -Japan Alliance,” A Report of the CSIS Sumitro Chair for Southeast Asia Studies, Jun. 2015.

② Scott Snyder and Woo Jung-yeop, “The U. S. Rebalance and the Seoul Process: How to Align U. S. and ROK Visions for Cooperation in East Asia,” Council on Foreign Relations, Jan. 2015.

③ Murray Hiebert, Phuong Nguyen, and Gregory B. Poling, “Building a More Robust U. S. -Philippines Alliance,” A Report of the CSIS Sumitro Chair for Southeast Asia Studies, Aug. 2015.

④ Maren Leed, et al., “Advancing U. S. -Australian Combined Amphibious Capabilities,” A Report of the CSIS Harold Brown Chair in Defense Policy Studies and the Georgia Tech Research Institute, July 2015.

二　国际安全热点问题

（一）南海问题

南海问题是目前与中国直接相关且最具直接挑战性的地区安全问题，不仅关系到中国自身的领土主权和周边安全环境，还关系到东亚地区的和平以及中美之间的冲突管控。美国外交关系委员会中国问题专家葛莱仪（Bonnie S. Glaser）分析了美国在南海问题上所面临的两难局面：一方面，如果美国面对中国“强势的”“改变南海现状”的行为未能做出有力的回应，其在盟国中的战略信誉就将受损。而另一方面，一旦做出回应从而在南海地区引发冲突，美国则面临将中美两国卷入直接军事对抗的风险。她认为，美国应坚持推动中国和其他相关国家意图的透明化，鼓励各方依据国际法和平解决分歧，同时美国应当继续帮助菲律宾和越南提高其防御能力，并加强本国海军力量的对华威慑能力。① 就美国应如何表达其对菲律宾的同盟承诺这一具体策略问题，美国战略与国际研究中心研究员格雷戈里·波林（Gregory B. Poling）建议，美国一方面应明确承诺，如果菲律宾的任何军队、舰船或飞机在南海争议地区遭到攻击，美国都将依据《美菲共同防御条约》做出回应。而另一方面，美国不应明确表示菲控南沙岛礁适用于该条约。前者旨在强化对中国的威慑，后者则有助于抑制菲律宾的冒险举动，降低美国被迫卷入地区冲突的风险。②

（二）网络安全问题

网络安全问题是近年来各国日益关注的一个重要的非传统安全问题。兰德公司2015年的一份研究报告指出，尽管目前企业和政府都已充分意识到

① Bonnie S. Glaser, “Conflict in the South China Sea,” Council on Foreign Relations April 2015.

② Gregory B. Poling, “Grappling with the South China Sea Policy Challenge,” A Report of the CSIS Sumitro Chair for Southeast Asia Studies, August 2015.

维护自身网络安全的必要性和紧迫性，但对维护具体哪些环节的安全、如何真正有效地维护网络安全等认识仍然十分模糊，对遭遇网络袭击后的真实损失也缺乏全面合理的评估。此外，该报告还指出，网络安全治理是一场攻击者和保护者之间的“军备竞赛”，只有充分考虑到攻击者可能采取的各种“反防护”措施，才能制定出真正有效的网络保护对策。[①] 网络攻击主体和意图的难确定性，是网络安全问题相较于其他安全问题的一个显著的特殊性。美国外交关系委员会研究员本杰明·布雷克（Benjamin Brake）分析认为，这种难确定性容易导致危机过度升级，还可能妨碍或延误对网络攻击的回应，削弱网络安全治理机制的可信度和威慑力。他建议美国在继续提高自身网络的安全性和报复能力的可信度的同时，积极联合其他有相同处境的国家共同推动国际网络安全规范的建立。[②] 美国外交关系委员会的另一份报告更具体地指出，美国要想推动网络安全规范的建立，必须首先改革自己的情报工作使其更为公开透明，同时鼓励其他国家和国内社会行为体在网络规范的建设中发挥更大的作用。[③]

（三）恐怖主义问题

2015 年 6 月美国国务院发布《2014 年国家反恐报告》，报告统计显示，2014 年全世界共有 1. 3 万次恐怖袭击事件，超过 3. 2 万人死亡。恐怖袭击次数比 2013 年增加 35%，死亡人数增加 81%。[④] 美国战略与国际研究中心的最新报告指出，中东、北非和南亚依然是世界上恐怖主义活动最集中的地区，而且往往集中于那些政府虚弱腐败，宗教、民族、种族和部落摩擦尖锐的失败国家。而且现有数据显示，恐怖主义并非源于文明间的冲突，而是更多地来自

① Martin C. Libicki, Lillian Ablon, Tim Webb, “The Defender's Dilemma: Charting a Course Toward Cybersecurity,” RAND, 2015.

② Benjamin Brake, “Strategic Risks of Ambiguity in Cyberspace,” Council on Foreign Relations, May 2015.

③ Henry Farrell, “Promoting Norms for Cyberspace,” Council on Foreign Relations, April 2015.

④ United States Department of State, *Country Reports on Terrorism* 2014, June 2015.

文明内部。[①] 兴起和活跃于叙利亚和伊拉克境内的“伊斯兰国”（“Islamic State”，简称“IS”）无疑是最近一年多以来威胁最严重的恐怖主义组织，国际智库纷纷发文探讨应对之策。美国外交关系委员会国家安全研究项目高级研究员马克思·布特（Max Boot）提出了具体的美国军事打击“伊斯兰国”的战略步骤：①加强空中打击；②取消美国地面部队禁令；③增加美军规模；④加强与伊拉克和叙利亚温和派系的合作；⑤派驻联合特种作战司令部；⑥动员土耳其加入反恐战争；⑦在叙利亚全境或部分地区设立禁飞区；⑧尽可能争取逊尼派部落的支持；⑨为国家重建做好准备。[②] 布鲁金斯学会研究员查尔斯·利斯特（Charles Lister）也从切断 IS 资金、削弱其军事动员能力、加强情报收集、铲除其政治社会基础等角度提出了更宽泛意义上的反 IS 战略。[③] 不过，也有智库分析人士认为，相比较于“伊斯兰国”，“基地”组织对西方的直接威胁可能更大。2015 年 1 月法国《查理周刊》杂志社遭遇恐怖袭击，据称其中一名嫌疑人就与阿拉伯半岛“基地”组织有关。威尔逊国际中心的南亚问题专家迈克尔·库格曼（Michael Kugelman）认为，“伊斯兰国”目前的主要目标是扩大和巩固其在叙利亚和伊拉克境内的“领土”，而不是深入西方世界实施恐怖袭击。相比之下，“基地”组织在西方国家境内实施恐怖袭击的意图更明确，这种威胁相比“伊斯兰国”要更为紧迫。[④]

（四）乌克兰危机

2013 年底爆发的乌克兰危机，目前已发展为冷战结束后欧洲最严重的地缘政治危机，深刻地影响着俄罗斯与欧美的战略关系走向。[⑤] 兰德公司的

---

① Anthony H. Cordesman, “Broad Patterns in Global Terrorism in 2014,” Center for Strategic and International Studies, Jun. 19, 2015.

② Max Boot, “Defeating ISIS,” Council on Foreign Relations, Nov. 2014.

③ Charles Lister, “Profiling the Islamic State,” Brookings Doha Center Analysis Paper, No. 13, Nov. 2014.

④ Michael Kugelman, “Why Al Qaeda Poses a Greater Terror Threat to the U. S. Than ISIS,” Woodrow Wilson International Center for Scholars, Jan. 9, 2015.

⑤ 周弘、黄平、江时学主编《欧洲发展报告（2014～2015）》，社会科学文献出版社，2015。

一份报告分析了这场危机对美国和北约军事战略的影响。报告指出，冷战后美国的欧洲政策曾一度基于两个基本假定：一是冷战后欧洲总体上是稳定和安全的，因此美国可以将更多的注意力集中于世界其他地区；二是俄罗斯更多的是西方的伙伴而非对手。然而俄罗斯兼并克里米亚的举动及破坏乌克兰东部稳定的尝试，迫使美国必须修改这两个假定，必须加强而非减少对欧洲的军事承诺。① 布鲁金斯学会的报告持相同的立场，并进一步警告称，如果听任俄罗斯在乌克兰继续扩张，将诱使其在其边界的其他地方寻求更大的领土改变，从而引发对北约的更直接挑战。西方应大幅提升在乌克兰的威慑力，这需要美国和其他北约成员为乌克兰提供直接的军事援助，包括更大规模的致命和非致命性防御武器。② 法国国际关系研究所的一份研究报告从欧洲的视角指出，此次乌克兰危机暴露出西欧军队迅速移动实施远距离作战能力的不足。为适应欧洲安全形势的变化以及北约欧洲盟国的自身特点，该报告建议，除了共同的后勤和训练部门外，每个北约盟国都应保留完整的军事作战体系，从而使北约能够更多地通过加强对各盟国军力的协调更有效地应对地区安全威胁。③

三　全球性问题

（一）能源问题

石油和天然气依然是目前全球最重要的能源形式。英国皇家国际事务研究所于 2015 年 7 月发布的一份报告分析了影响石油和天然气行业投资前景的中短期和长期因素。从中短期来看，金融环境的收紧是影响石油和天然气

① Larrabee, F. Stephen, Peter A. Wilson and John Gordon, “The Ukrainian Crisis and European Security: Implications for the United States and U. S. Army,” RAND Corporation, 2015.

② Ivo Daalder et al., “Preserving Ukraine's Independence, Resisting Russian Aggression: What the United States and NATO Must Do,” Brookings Institution, Feb. 2015.

③ Andres Vosman and Magnus Petersson, “European Defense Planning and the Ukraine Crisis: Two Contrasting Views,” French Institute of International Relations, Jun. 2015.

投资的直接因素。而从长期来看，气候谈判的压力会推动更严格的防止气候变化政策的出台，从而抑制全球对化石能源的需求。中美两国所做出的相关承诺是影响这一进程的关键因素。[①] 在气候变化压力不断增大的情况下，包括核能在内的清洁能源的开发和利用日益受到世界各国的广泛重视。但2011年日本福岛核电站事故以及当前朝鲜和伊朗的核扩散问题对核能开发的安全性提出了质疑。美国战略与国际研究中心2015年2月的一份报告探讨了核燃料循环的安全问题，指出与传统观念相反，将铀浓缩和乏燃料后处理能力完全交由政府控制比处理主体的多元化风险更高。为尽可能降低潜在的核风险，核浓缩的生产必须与全球需求相平衡，同时不应再生产民用目的的高浓缩铀。[②]

作为近年来广受关注的一种非常规能源，页岩气的开发是当前能源研究的一个新热点。威尔逊国际学者中心2014年12月的一项研究认为，只有当石油价格在每桶70美元以上或者天然气价格在每立方英尺5美元以上时，页岩气的开发才会可持续。不过，尽管短期资金方面的压力会制造一些障碍，但是从长期看，美国及亚洲等地区经济的恢复和增长将拉动传统能源的价格和对页岩气的需求，因此至少对美国而言，页岩气革命是一个真命题。而对于包括中国在内的其他页岩气储藏地，能否出现这种革命则取决于其地质特点和开采激励机制。[③]

（二）气候变化问题

气候变化问题是与能源问题密切相关的另一个全球性问题。法国国际关系研究所的一份报告指出，基于现在的技术水平，大多数可再生能源的使用

---

① John Mitchell, Valérie Marcel and Beth Mitchell, "Oil and Gas Mismatches: Finance, Investment and Climate Policy," Research Paper, Chatham House, Jul. 2015.

② Kelsey Hartigan, "A New Approach to the Nuclear Fuel Cycle: Best Practices for Security, Nonproliferation, and Sustainable Nuclear Energy," A Report of the CSIS Proliferation Prevention Program and the Nuclear Threat Initiative, Feb. 2015.

③ Jan H. Kalicki, "The U. S. Shale Gas Revolution: Consequences and Opportunities for Korea and Asia," Woodrow Wilson International Center for Scholars, Dec. 11, 2014.

仍必须同时辅之以化石燃料这种更具可预测性且更稳定的能源形式。在各种常规化石燃料中，天然气的单位温室气体排放量最低，可这种相对最“绿色”的化石能源在各国能源消费中却未能得到充分的重视。报告分析认为，这主要是因为决策者和利益相关者对天然气对环境保护的显著意义仍缺乏足够的认识，对其可靠性和可负担性仍存有质疑。[①] 此外，德国国际与安全事务研究所的一份研究报告对当前全球气候治理范式的变化及其对相关科学性政策研究的影响进行了深入的探究。报告指出，在过去很长一段时间，延缓气候变化遵循的是一种自上而下的治理路径，即以 1992 年《联合国气候变化框架公约》为依据，各国分别制定减排方案。然而由于近年来气候谈判进展缓慢，气候治理所面临的政治环境正变得越来越趋向实用主义，而所采取的治理路径也开始转变为由各国自主决定和宣布减排承诺这种自下而上的治理范式，其关注的核心已不再是减排目标和方案能否有效抑制气候恶化，而是是否具有现实可行性。该报告认为，在治理范式转移的压力下，研究人员应当坚持科学的标准，坚持为决策者提供有实证依据的——有时可能是不受欢迎的政策建议，以尽可能中和目前这种实用主义的负面影响。[②]

气候变化对人权及南方国家的影响是国际智库在气候变化问题上的另一个关注点。法国国际关系研究所近期的一份报告强调，尽管所有国家都有责任采取行动抑制和延缓气候变化，但富国还多了一份以身作则的道德义务，因为富国在造成大气二氧化碳排放量过多问题上负有更多的责任，而南方国家也有发展繁荣的权利，因此必须将公平原则纳入温室气体排放和气候变化的治理进程。[③] 美国布鲁金斯学会的一份报告则呼吁应对气候变化政策的制定和实施应同时对人权保护问题给予足够的关注。该报告指出，气候变化会

① “Is Natural Gas Green Enough for the Environment and Energy Policies?” Theme Paper by the French Institute for International Relations and the Clingendael International Energy Programme, Jun. 3, 2015.

② Oliver Geden, “Ensuring the Quality of Scientific Climate Policy Advice,” German Institute for International and Security Affairs, May. 2015.

③ Sunita Narain, “Climate: Injustice for the South,” French Institute of International Relations, Jun. 2015.

带来海平面上升、极端天气事件增多等灾难性后果，这些后果最突出的影响就是导致受灾地区大量平民流离失所，这种影响对儿童、老人、残疾人和土著居民等脆弱群体人权的伤害尤其显著。①

（三）消除贫困与可持续发展问题

消除贫困与可持续发展问题是全球治理的一个重要议题，国际智库在这方面也进行了充分的研究。2000 年制定的“联合国千年发展目标”于 2015 年到期，将被另一个为期 15 年的“联合国可持续发展目标”所取代。英国皇家国际事务研究所近期的一份研究报告指出，“千年发展目标”主要集中于那些最为紧迫的发展问题，如极端贫困、可预防疾病引起的大面积死亡等。与之相比，“可持续发展目标”所关注的问题更加广泛。但随之而来的风险就是一些最需优先解决的问题可能得不到充分的重视。该报告建议各国应当就基本发展问题所应达到的水平取得共识，并制定明确可测量的目标，同时保证充足的资金来源。②

此外，对于那些资源丰富的欠发达国家，一般认为存在“资源诅咒”（resource curse）问题。近年来一些研究机构和企业认为，通过积极利用地下资源同时加强开采部门的管理，能够冲破“资源诅咒”。皇家国际事务研究所的另一项研究对这种乐观判断提出了质疑。该研究认为，现有的政策建议与具体国家的实际能力往往不匹配，而依赖高碳燃料出口的经济目前又正面临全球经济低碳转型的压力，因此“资源诅咒”问题依然存在，经济生产多元化依然是欠发达国家经济发展的根本出路。③ 除此之外，消除贫困问题实现可持续发展，合理制定援助方案至关重要。对此，卡内基和平基金会的一份研究报告建议，援助方案必须对各种可能的反对改革的阻力以及由此

① Jane McAdam and Marc Limon, “Human Rights, Climate Change and Cross-border Displacement,” Brookings Institution, August 2015.

② Mark Suzman, “How The Sustainable Development Goals Can Be Made to Work for the World's Poorest,” Chatham House, July 2015.

③ Paul Stevens, et al., “The Resource Curse Revisited,” Chatham House, August 2015.

带来的挫折做好充分的预期，同时尽可能地争取当地合作伙伴的支持，并确保所制定的计划、预算和预期目标具有灵活性。[①]

结　语

本综述从一个侧面展示了最近一年国际顶级智库在国际政治、国际安全和全球问题领域的研究现状，从中可以总结出当前国外优秀智库研究三个方面的特点。

第一，紧扣所在国家所关心的热点和重点议题。例如当前亚太再平衡战略是美国的一个核心性的外交战略，与此相应的，近期美国智库对美国与亚太地区盟国关系的研究和政策建议就非常集中。研究议题以国家战略需求为导向，是智库研究的基本原则。

第二，政策分析视角和主张多元化。例如对于乌克兰危机的应对策略，兰德公司和布鲁金斯学会的报告更多地主张加强对乌克兰政府的军事援助以遏制俄罗斯的扩张，而战略与国际研究中心的声音则强调不应对俄罗斯施加过大的压力以免刺激其做出过激的反应。对同一重大战略问题存在不同角度甚至不同倾向的意见，有助于更全面地认识问题，避免由于某一种意见的主导而造成决策的片面化和极端化。

第三，政策建议兼具批判性和建设性。批判性要求智库研究的观点不应跟风和人云亦云，而应基于科学理性的分析做出判断。建设性则要求能够提出具有可操作性且能切实解决问题的政策建议。国外优秀智库在这两方面都有不错的表现。例如德国国际与安全事务研究所的一份报告就强调，对气候变化问题的研究应抵制实用主义的倾向，坚持以有效抑制全球变暖为首要目标。再如，美国在强化同菲律宾同盟关系与避免和中国在南海发生冲突这两个目标之间面临两难，就如何处理这种两难，美国战略与国际研究中心的一

① Rachel Kleinfeld, "Improving Development Aid Design and Evaluation: Plan for Sailboats, Not Trains," Carnegie Endowment for International Peace, Mar. 2, 2015.

项建议就非常具有启发性和可操作性：强调对菲律宾船只的攻击行为适用美菲同盟条约，而不强调争议岛礁本身适用该条约。国际智库在上述这些方面的特点，值得我国智库在未来的研究实践中借鉴。

参考文献

Ashley J. Tellis, Abraham M. Denmark, and Greg Chaffin eds., *Strategic Asia 2014 – 15: U. S. Alliances and Partnerships at the Center of Global Power*, The National Bureau of Asian Research, Dec. 2014, pp. 3 – 32.

Ashley J. Tellis, "Balancing Without Containment: An American Strategy for Managing China," Carnegie Endowment for International Peace, Jan. 22, 2014.

Gudrun Wacker, "Security Cooperation in East Asia: Structures, Trends and Limitations," German Institute for International and Security Affairs, May. 2015.

James G. McGann, "2014 Global Go To Think Tank Index Report," Think Tanks and Civil Societies Program at University of Pennsylvania, Jan. 20, 2015, http://repository.upenn.edu/think_tanks/8/.

Michael D. Swaine, et al., "Conflict and Cooperation in the Asia-Pacific Region: A Strategic Net Assessment," Carnegie Endowment for International Peace, Aug. 7, 2015.

Zbigniew K. Brzezinski, "America's Strategic Dilemma: A Revisionist Russia in a Complex World," Speech Delivered at the Brzezinski Institute on Geostrategy, CSIS, Mar. 9, 2015.

特　稿

Special Report

Y.19

当今世界仍然处于金融帝国主义时代

李慎明*

摘　要：　列宁当年所说的帝国主义就是金融帝国主义的简称；列宁当年所说的帝国主义是资本主义发展的最高阶段，就是金融帝国主义是资本主义发展的最高阶段的简要表述；我们常说的当今世界仍然处于帝国主义时代，就是当今世界仍然处于金融帝国主义时代。我们一定要辩证看待形势，居安思危，坚定信心。

关键词：　时代　帝国主义　资本主义　战争　革命

1916年，列宁在其名著《帝国主义是资本主义的最高阶段》中十分明

* 李慎明，全国人大内务司法委员会副主任委员、中国社会科学院原副院长、世界社会主义研究中心主任、研究员。

确地指出："帝国主义的特点，恰好不是工业资本而是金融资本"[①]；"20世纪是从旧资本主义到新资本主义，从一般资本统治到金融资本统治的转折点"[②]；"帝国主义，或者说金融资本的统治，是资本主义的最高阶段"[③]。

科学判定时代性质，是世界上所有无产阶级及其广大劳动人民群众和社会主义国家制定路线方针政策和战略策略的根本依据。认清当今世界仍然处于金融帝国主义时代，对于进一步认清西方霸权主义、强权政治和以美国为首的西方强国所主导的经济全球化的本质，正确应对其和平演变即西化、分化的图谋，具有重要的战略意义。

一　何谓时代及时代主题

何谓时代及时代主题？这是讨论当今我们所处时代必须首先要明确的。

人们用生产工具作为划分时代的标准，如石器时代、青铜器时代、铁器时代、蒸汽机电力时代甚至"互联网＋"时代等；人们也用主要产业和产业的产值作为划分时代的标准，如农业时代、工业时代、信息时代等。

马克思、恩格斯用占社会主导地位的阶级来确定和划分"过去的各个历史时代"、社会发展形态，并明确提出了"资产阶级时代"这一概念。

列宁发展了马克思、恩格斯的思想，他所说的时代，是其对资本主义社会发展不同阶段划分的独创，是对资产阶级在资本主义社会不同发展阶段阶级本质特殊表现形式认识的独创。列宁明确指出："这里谈的是大的历史时代。……我们能够知道，而且确实知道，哪一个阶级是这个或那个时代的中心，决定着时代的主要内容、时代发展的主要方向、时代的历史背景的主要特点等等。"[④]

按照列宁划分时代的标准，我们可以把马克思、恩格斯所说的资产阶级

① 《列宁选集》第2卷，人民出版社，1995，第653页。

② 《列宁选集》第2卷，人民出版社，1995，第612页。

③ 《列宁选集》第2卷，人民出版社，1995，第624页。

④ 《列宁全集》第26卷，人民出版社，1988，第143页。

分别细分为三个阶段：一是商业资产阶级，二是工业资产阶级，三是金融资产阶级即金融帝国主义。同时相对应，把资产阶级这一“大的历史时代”分别细分为三个较小的历史时代。一是商业资本主义时代，二是工业资本主义时代。商业资本主义时代和工业资本主义时代同为自由竞争的资本主义时代。三是工业资本和银行资本加速集中并日益融合为金融帝国主义时代。金融帝国主义时代则是垄断的、腐朽的资本主义时代。

依据列宁的思想，我们还可以作如下判断：时代，是在“世界历史”范围内按一定标准划分的社会发展的一定历史阶段；是处在时代中心的特定阶级，即矛盾的主要方面，决定着时代的主要内容、发展方向和历史背景的主要特点等。处在时代中心的阶级本质的表现方式发生了改变，即矛盾的主要方面发生了改变，那么时代的主要特点即时代主题也就会跟着发生改变。时代问题、时代主题或时代潮流，则是一定“时代的历史背景的主要特点”，也就是一定时代的不同时期所需要解决的主要矛盾，是世界各种政治力量斗争的焦点。从时间上看，“大的历史时代”、时代，常常是比较漫长的历史阶段，而时代问题、时代主题或时代潮流，则由于“有各种不同的斗争形式提到首位，成为主要的斗争形式”而转换，由于世界格局的重大变化而变化，其时间相对“大的历史时代”、时代则要短暂很多。因此，时代与时代问题或时代主题有着必然的联系，但无疑有着本质的区别。时代规定着自身所特有的不易被人们所直接感知的时代性质的本质内涵，是时代问题或时代主题的上一个层次的问题，而时代问题或时代主题则是易被人们感知的特定时代性质的本质内涵的多样的外在表现形式。时代性质与时代问题或主题是决定和被决定的关系，而不是并列关系，更不是相反。现在理论界有的同志把时代性质与时代问题或时代主题混为一谈，把时代性质的本质内涵与时代性质本质内涵的外在表现形式混为一谈，就有可能得出不正确的结论来。

列宁当时所讲时代的国际关系是围绕着战争与革命展开的，战争与革命是时代的主题。第二次世界大战以后直到20世纪五六十年代，世界形势虽然发生了巨大的变化，但仍是以战争与革命为主题。正是由于“战争与革命”时代主题的演进，推动了社会主义阵营的诞生和第三世界的民族独立和民族解放运动，世界范围内阶级力量对比发生重要变化，为时代主题的转换、为“和平与发展”时代主题的到来提供了历史的可能性和必然性。正是由于“战争与革命”时代主题的演进，国际资产阶级虽然仍然处在时代的中心，决定着时代的性质，但国际资产阶级受到了极大的削弱、战争的力量受到了极大的削弱、和平的力量得到了极大的发展。同时，我们也要看到，随着苏共二十大后苏共对马列主义和社会主义逐渐脱离、背离，特别是苏联大国沙文主义和霸权主义行径，战争的力量又得到了增长。还有，随着社会主义中国的发展壮大，包括独立自主研发“两弹一星一潜艇”的问世，随着美苏争霸和苏联对中国进行军事打击的企图而引起的中美关系的松动，随着以美国为首的西方世界对社会主义国家实施“和平演变”战略的逐步倚重，随着20世纪70年代末80年代初，一些社会主义国家及发展中国家以市场为取向的经济体制改革的开始，等等，总之由于这些“历史的合力”，国际力量对比和世界格局开始发生重大变化，使得战争与革命的时代主题逐渐转换为和平与发展。

“战争与革命”“和平与发展”的时代主题都是处在资本帝国主义或金融帝国主义这一相同的历史时代内不同时期的时代主题、时代问题。“战争与革命”和“和平与发展”两大时代主题又属于对立统一、相互转化的关系，永远处在既矛盾又统一并最终发生质的变化的历史运动之中。矛盾的核心或者说主要矛盾就是国际资产阶级与国际无产阶级的斗争。当然，国际资产阶级与国际无产阶级在各个不同时期都有很多的表现形式，在世界范围内有“多种多样的层次”。矛盾的主要方面仍然是国际资产阶级。所以，我们一方面要看到，国际资产阶级即金融帝国主义依然处在时代的中心，当今时代依然是“资产阶级时代”这一大的历史时代，同时又是资产阶级这一大的历史时代中“金融帝国主义”这一相对小一点的历史时代，还要看到矛盾的运动和转化，看到金融帝国主义的相对下降与国际无产阶级的总体上升，看到由十月社会主义革命所开始的由资本主义向社会主义的过渡。这就是我们对于时代性质判断的“两点论”。看不到前者，看不到国际资产阶级即金融帝国主义仍然很强大，我们就可能在时代性质判断上犯“左”倾错误，就可能盲目乐观，急于跨越金融帝国主义时代，放弃在一定条件下与一些发达国家和平共处、合作共赢的机会，与西方国家搞全面对抗，企图“毕其功于一役”，犯“关门主义”“冒险主义”等错误，甚至“唯我独左”“唯我独革”，把自己置于孤家寡人的境地。看不到后者，看不到国际资产阶级即金融帝国主义的相对下降与国际无产阶级的总体上升，看不到由资本主义向社会主义的过渡，我们就可能在时代性质判断上犯“右”倾错误，就会对中国特色社会主义共同理想和共产主义远大理想丧失信心，社会主义初级阶段这一伟大理论就会失去立论的前提和理论的基础；丧失对金融帝国主义本质的深刻认识和必要的警惕性，甚至重蹈苏联亡党亡国之覆辙。

在马克思主义的字典中，对于战争与革命、和平与发展，从来不是孤立、片面和静止地去理解，而是从矛盾运动、对立统一、相互转化中去理解。“战争与革命”“和平与发展”都是十月社会主义革命所开始的由资本主义向社会主义过渡的历史进程中的不同斗争形式。正因为处于“大时代”之中的时代主题不会凝固不变，和平与发展的时代主题何时转化、如何转化即转化的空间方向、方式和具体内容值得我们认真研究。

二　如何对时代主题进行判断

如何对时代主题进行判断？可以说，和平与发展仍然是当今时代的两大主题，同时也是当今世界所要解决的两大课题，更是跨入 21 世纪后我们所竭力要解决而没有解决的两大问题。随着世界经济、政治形势的变化，这两大问题极有可能变得更为严重，也决不排除在特定条件下所发生的转化。和平与发展这“两大主题”“两大课题”“两大问题”，绝不是几十年甚至上百年乃至更长的历史阶段所能轻易解决得了的。原始社会存在 100 多万年、奴隶社会存在 1600 多年、封建社会存在 2000 多年、资本主义社会方才存在 370 多年，尽管现在历史加快了自己的发展步伐，但我们没有理由更没有力量让资本主义现在就寿终正寝。从一定意义上讲，西方强国只要主导着我们这个世界，这两大主题、两大课题和两大问题就不可能从根本上得到解决，战争就不可能完全避免。列宁的判断依然科学而准确：帝国主义是战争的策源地。冷战结束以来，世界范围内发生了十多起较大的局部战争，都直接或间接与帝国主义大国有关。之所以说世界和平有希望，主要是说世界各国人民其中包括所有发达国家和发展中国家的广大人民对世界和平有着强烈的愿望和追求，对帝国主义的现象和本质的认识、对帝国主义是战争的策源地的认识都有不同程度的深化。另外，以美国为首的西方国家正处于衰退之中，世界多极化也在深入发展，美国称霸全球常常是力不从心。鉴于用“和平演变”的办法在苏联获得成功，它们今后将主要运用其经济、政治和文化等霸权对世界上的社会主义国家搞“和平演变”，对其他发展中国家搞“颜色革命”，以企图达到永久称霸世界、掠夺世界之目的。正因如此，世界和平的整体格局仍将会维持一段时间。

列宁之所以判定19世纪末20世纪初人类社会进入帝国主义和无产阶级革命的时代，时代的主要内容是开始由资本主义向社会主义过渡，主要是依据当时世界存在着以下三个基本矛盾：一是包括各国内部和国际的无产阶级与资产阶级之间的矛盾；二是各帝国主义国家和集团之间的矛盾；三是帝国主义国家与殖民地国家之间的矛盾。随着生产方式和交换方式的变化，这些基本矛盾从形式到内容都发生了许多深刻的变化。正是资本主义生产方式和交换方式的深刻变化，决定着时代的性质和基本特征。为了深刻理解列宁的时代思想，有必要重温列宁的相关论述。1914年，列宁指出：“帝国主义是资本主义完成了它所能完成的一切而转向衰落的这样一种状态”；“这是一个并非……虚构而是存在于实际关系之中的特殊时代”；“这个时代将延续多久，我们无法断言。”① 1916年，列宁指出：“帝国主义是资本主义发展的最高阶段。在各先进国家里，资本的发展超出了民族国家的范围，用垄断代替了竞争，从而创造了能够实现社会主义的一切客观前提”；② “只有在资

① 《列宁全集》第26卷，人民出版社，1988，第36页。

② 《列宁全集》第27卷，人民出版社，1990，第254页。

本主义发展到一定的、很高的阶段，资本主义的某些基本特性开始转化成自己的对立面，从资本主义到更高级的社会经济结构的过渡时代的特点已经全面形成和暴露出来的时候，资本主义才变成了资本帝国主义。”① 在 1915 年底和 1916 年初，列宁还明确指出：“典型的世界‘主宰’已经是金融资本。金融资本特别机动灵活，在国内和国际上都特别错综复杂地交织在一起，它特别没有个性而且脱离直接生产，特别容易集中而且已经特别高度地集中，因此整个世界的命运简直就掌握在几百个亿万富翁和百万富翁的手中。”② 重温列宁上述包括文中一开始就列举的一系列论述，我们可对迄今为止的资产阶级的商业资本主义、工业资本主义和金融帝国主义这三个时代作如下分析。在商业和工业资本主义时代，资产阶级均处于上升时期。尽管它野蛮、冷酷、无耻，但它打破封建藩篱，到处开拓市场，推进了科学技术的发展和社会生产力的极大发展，对促进社会进步和人类文明做出了重要贡献。由资产阶级所主导的金融帝国主义的这一时代，从总体上来说，则逐渐步入寄生、腐朽、反动和没落的历史阶段。现在，以发达国家为代表的金融帝国主义正在世界范围内忙着“收获”其金融霸权所“创新”的金融及其各种衍生品的暴利。当金融帝国主义把全球几乎所有财富都数据化为金融及其衍生品并装入自己私囊之后，生存权遭到最终剥夺的全球占绝大多数的人们必然要叩问全球占主导地位的资本主义私有制生产关系的合理性与正义性。在这种情势下，资本要么忍痛改良（英国著名经济学家皮凯蒂就主张在维持私有制的前提下，通过对资本的高征税以对金融帝国主义实行改良），相对缩小仍在急剧拉大的贫富两极分化，在权宜之计下增加社会相对的有效需求，以推迟自己的灭亡；要么在当下就激起人民的强烈反抗，现在就开始走向死亡之路。从一定意义上讲，资本主义一旦踏入金融帝国主义之路，也就是踏上了死亡之路。在通往死亡之路上，改良，仅仅是延缓死亡而已。正是从这种意义上我们说，金融帝国主义是垄断的、腐朽的、垂死的资本主义。也正

① 《列宁全集》第 27 卷，人民出版社，1990，第 400 页。
② 《列宁全集》第 27 卷，人民出版社，1990，第 142 页。

因如此，我们说，如果使用列宁的“金融帝国主义”这一提法，将有助于我们更加直接、更加深刻地认识帝国主义的本质，有助于深刻认识当前在全球范围内爆发的国际金融危机和当今世界上所发生的各种主要事物的本质，有助于科学地找到应对的战略举措。

当今时代主题是和平与发展，那么，列宁当年所说的帝国主义和无产阶级社会主义革命时代，其性质是否已经变为“和平与发展的时代”了？这要看决定时代性质的基本矛盾是否解决或消失了。在基本矛盾没有得到解决或消失之前，时代性质是不会改变的。二战后，特别是东欧剧变以来，20世纪初马克思主义经典作家指出的世界的三个基本矛盾虽然发生了很大变化，但都没有得到根本解决。国际垄断资本有了新发展，但由于社会主义国家以及社会主义阵营的出现，帝国主义国家之间的矛盾缓和了，却没有消失。帝国主义国家与殖民地国家之间的矛盾，由于20世纪五六十年代原有殖民地民族民主解放运动的风起云涌，迫使帝国主义采取了新的剥削和统治方式，从而使矛盾转变为西方发达国家与发展中国家之间的矛盾这种新的表现形式。无产阶级与资产阶级之间的矛盾，在国际上集中曾经表现为第三世界和第一世界之间的矛盾，表现为社会主义国家与资本主义国家之间的矛盾，又主要表现为广大发展中国家与以美国为首的西方发达国家之间的矛盾；在资本主义各国又表现为贫富两极的急剧拉大，这使得无产阶级与资产阶级之间的矛盾重新尖锐起来。前几年发生的以美国“占领华尔街”为代表的政治行动，便是这一矛盾重新尖锐的突出表现。无产阶级与资产阶级这个决定时代性质的根本矛盾并没有消失，反而在特定条件下有所激化，这更加彰显了资本帝国主义时代的存在。尤其是国际金融垄断资本的发展，使美国成为剥削、掠夺全世界的唯一金融霸权和超级帝国主义国家，并在世界上引发一次又一次金融危机，其本质上是资本主义的经济危机。为摆脱这些危机，它们首先要把这些危机转嫁到广大发展中国家甚至一些发达国家。2008年爆发国际金融危机后，美国金融垄断资本已经在这么做了，并且已经获得很大的成功。与此同时，它们还会并必将继续在世界各国、各地进一步挑起各种各样的冲突、战乱，甚至赤裸裸地对外发动战争，其寄生性、腐朽性达到了一个新的高度。

资本主义向社会主义的过渡时代是长期的，其进程是曲折的，有时甚至会发生逆转。对苏联东欧的剧变，对当今社会主义的低潮，完全可以做如是的理解。

在由资本主义向社会主义过渡中，社会主义革命有迅速发展时期，也有消沉时期。社会主义的彻底胜利要经过漫长的、艰苦的道路；革命在发展中既有“一天等于二十年”的迅速发展时期，也会有“‘和平’龟行发展”的“政治消沉”时期。[①] 这种现象，既会在一国革命中发生，也会在世界范围发生。因此，不能把当前世界社会主义革命处于消沉时期的这一现象，看成是时代的根本性质改变了，甚至要告别革命，它仅仅是不同时代发展阶段上主题的变化。在世界社会主义低潮之时，我们应该如列宁所说，“无产阶级的策略都要考虑到人类历史的这一客观必然的辩证法”，“要利用政治消沉”时期“来发展先进阶级的意识、力量和战斗力。……并使这个阶级在‘一天等于二十年’的伟大日子到来时有能力实际完成各项伟大的任务”。[②]

毫无疑问，经济全球化的深入发展和高新技术革命的加速推进，使得广大发展中国家的快速发展与资本主义盘剥发展中国家的方式发生了重大转变，进而使得时代主题或时代特征发生了新的重大变化。对和平与发展这一时代主题，我们一定要清醒认识，决不能轻易发生动摇。应该说，2008 年底爆发的国际金融危机就是世界各国人民反对霸权主义和强权政治、进一步推进世界多极化与国际关系民主化的大好时机，是进一步弘扬和平与发展时代主题的大好时机。但是，也决不能轻易据此就认为时代的根本性质发生了改变，“直把杭州作汴州”。

几年前，有的同志提出了“当今世界是和平与发展的时代”的观点是值得商榷的。如前所述，时代和时代问题、时代主题或时代潮流尽管有着一定的内在联系，但是，两者所特有的内涵和特指的范畴都是特定的。作为子

---

① 《列宁全集》第 26 卷，人民出版社，1992，第 78 页。

② 《列宁全集》第 26 卷，人民出版社，1992，第 78 页。

系统的时代的问题、时代的主题或时代的潮流不能随意顶替作为母系统的时代。邓小平提出的和平与发展两大问题，一是充分反映了世界各国人民的愿望；二是明确提出了中国人民为之奋斗的任务和目标，以及实现任务和目标所应解决的最重要的问题；三是指明了在大的时代背景中，有可能争取到的甚至是有可能利用的时代主要特点的历史机遇。正因如此，我们说，邓小平不仅坚持而且还丰富发展了马克思主义关于时代主题的思想。在谈到和平与发展时，邓小平都称之为问题；当然，如前所述，他也赞同“和平与发展两大主题”的提法。但是，时代和时代主题是不应混淆的，也是不能随意顶替的，否则，就可能走到问题的另一面。

提出当今世界是和平与发展时代的主要理由之一便是：和平与发展是相对于世界大战而言；只要不打世界大战，便可称之为和平与发展时代。但资本主义兴起后，仅有20世纪上半叶发生两次共10年的世界大战，那么，除这10年外，是不是都叫和平与发展的时代？美苏冷战对峙时期，特别是两个霸权主义国家倾其国力进行战备的准战争时期是叫和平与发展时代还是叫别的什么？处在战争时期的朝鲜、越南、波黑、南斯拉夫、巴基斯坦、以色列、伊拉克、阿富汗、利比亚等和我国在第一、二次国内革命战争和解放战争时期时，算不算处在和平与发展的时代呢？观察、理解和判断时代，不应机械地从战争进行时间的长短和两个战争间歇期的长短来确定。毫无疑问，战争与和平都有不同阶级和力量的主导，即性质的不同，又是对立统一和质变与量变的关系。在人类的历史长河中，就时间而言，就整体而言，相对温馨的和平时期是常态，而血与火的战争却是短暂甚至是极其短暂的。但是战争一旦发生，既会给一个国家、民族和人民带来十分巨大的灾难，在一定条件下又可以导致一个国家、民族和人民的新生。这正如同经济危机与经济发展时期一样，经济发展是常态，经济危机是非常态，但短暂的经济危机的非常态的发生，可能会对一个国家、民族和人民造成较长甚至很长时段的极大苦难，又可能促使一个国家、民族和人民走向觉醒和振兴。

从一定意义上讲，在经济全球化日益发展的今天，列宁所说的资本主义国家是“总资本家”的时期正在发生新变化，各资本主义国家特别是各资本主义强国的国家机器，都已不是自身完全意义上的全部“法人”，它们正在进一步强化为国际垄断资本的奴仆和代理。马克思主义国家学说在各资本主义强国更加明显地表现出来。真正主导我们这个地球经济政治文化秩序的是操纵资产阶级国家机器背后的以极少数人为主导的日益联合成为一体的国际金融垄断资本联盟。北约、国际货币基金组织、世界银行与各资本主义强国的政权，互相勾结、互为补充，一起构成了国际金融垄断资本联盟的“新型全球性的国家机器”。“人权高于主权”可以从这一跨越民族国家形式的“新型全球性的国家机器”中找到事实根据和理论根据。美国在这一跨越民族国家形式的“新型全球性的国家机器”中，是核心和主导。这一金融垄断资本集团内部，当然同样会相互“倾轧”“争霸”，但是它们也会依靠直接结成鲜为人知的神秘组织，运用各种方式控制甚至直接操纵各种国际组织，以企图达到极少数人永久掌控和享用世界上愈来愈少的各种资源之目的。

综上所述，我们可以明晰地看到，列宁所讲的“金融帝国主义时代”是特指资本主义社会发展的最高阶段和各种矛盾积累激化到一定阶段并由此向新的社会形态过渡的一定历史时期。金融帝国主义绝不是一种暂时现象和政策，而是资本主义社会发展的一个特殊的也是最高即最后的阶段。尽管时代的主题随着形势的变化而变化，但当今帝国主义时代的本质并没有任何改变。金融帝国主义绝不仅仅是一个属于上层建筑领域的问题，更主要、更根本的是属于经济基础领域的问题。金融帝国主义的历史，绝不是在一个短时期内就结束了的，而可能要持续一个较长的历史时段。随着世界长期积累的各种各类矛盾的不断深化，我们这个世界就可能进入真正的“一个更加动荡和跳跃、充满灾变和冲突的时代”①。如果轻易认为时代性质发生了根本性变化，把“和平与发展为主题”错误地等同于人类社会已经进入“和平与发展的时代”，虽然可能是由于没有正视客观现实的良好愿望使然，但这必然会犯急于跨越社会大的发展阶段即资本主义最高阶段的“左派”幼稚

① 《列宁全集》第27卷，人民出版社，1990，第141页。

病或其他什么错误，也就不可能从根本上认清这次仍在深化的国际金融危机的根本原因，找不到正确的应对之道。如果在时代性质及时代主题上发生误判，将会对“党和国家的全局事业”“长远事业”，对国家的长治久安带来重大的消极影响甚至犯下不可挽回的颠覆性错误。

结　语

第一，高度重视对时代问题的研究。对时代问题的认识紧紧联系着我们的最低和最高纲领。有同志认为，共产主义虚无缥缈，只提中国特色社会主义共同理想就行了。甚至有同志认为，只要提共产主义理想就是“左”。在社会主义初级阶段，我们当然不能实行共产主义政策，必须坚持社会主义初级阶段的基本经济制度和各项政策。但是，我们必须坚定共产主义理想和社会主义核心价值观，坚定正确的理想信念，解决好中国特色社会主义共同理想与共产主义远大理想的有机、有效结合与统一，并脚踏实地一步一步地为此奋斗。

第二，当今时代仍然是金融帝国主义时代。当今时代是金融帝国主义时代，这是时代性质的主导方面。从一定意义上讲，资本帝国主义时代，就是国际金融垄断资本主导甚至统治全球的时代。尽管这一趋势在减弱，但仍然没有质的改变。金融帝国主义时代还可能会持续一个相当长的历史阶段，我们决不能把这一时段看轻了、看短了。认为当今时代已是和平与发展时代，就是把金融帝国主义这一时代看轻了、看短了。当然，从一定意义上讲，这一时代的长短，取决于世界各国人民特别是代表其根本利益的共产党人对这一时代的认识和与金融帝国主义合作、竞争、博弈本质上是较量的主观能动性的发挥。从总的历史趋势讲，资本帝国主义无疑是腐朽的、垂死的资本主义，是纸老虎，在战略上和本质上，我们必须这么看。因为这是规律和未来必然的事实。但是，我们也必然记住列宁如下的其他论述。列宁在《帝国主义是资本主义的最高阶段》里明确指出：“如果以为这一腐朽趋势排除了资本主义的迅速发展，那就错了。不，在帝国主义时代，某些工业部门，某些资产阶级阶层，某些国家，不同程度地时而表现出这种趋势，时而又表现出那种趋势。整个说来，资本主义的发展比从前要快得多”，① 甚至会出现“惊人迅速的发展”。因此，在战术上看，金融帝国主义又是真老虎、铁老虎，真老虎、铁老虎是要吃人的。苏联这个社会主义的大党大国不是被吃掉了吗？只有认清金融帝国主义既腐朽、垂死又可以在特定条件下惊人迅速地发展这一重要特征，我们才可能头脑清醒、积极主动地准备应对各种复杂形势的伟大斗争，才能在任何情况下赢得主动。

第三，和平与发展的时代主题依然没有变化。一是美国已踏上衰落之路。尽管这一进程需要几十年甚至更长时间。二是世界多极化正在深入发展。三是各大国各战略集团都深谙“不战而屈人之兵”之道、之妙。所以，可以较为肯定地说，较大规模战争在未来三五年内极可能打不起来。在人类历史上，从资本主义向社会主义过渡，社会主义战胜资本主义是一个相当长的历史阶段。从这个角度看，资本主义社会和社会主义社会必然有一个相当长的共处阶段，相互间以各种形式和方式合作、竞争、博弈直至较量；合作、竞争、博弈直至较量的本质与实质，则是阶级的国家的经济利益，而政治则是经济的集中表现，所以，在各种较量的形式中，也决不排除赤裸裸的战争这一政治的最高手段。我们应长期坚持和平共处五项原则，努力避免一切战争，但也要下决心做好一切必要的军事斗争准备，立足打赢捍卫祖国领土和海疆的任何一场战争。

第四，高度警惕西方敌对势力对我进行“西化、分化”的图谋。金融帝国主义的表现形式首先是金融霸权。我们应该高度警惕防范和化解潜在甚至是现实的金融风险。二是主要表现在知识产权和贸易上的规制霸权。三是以互联网为主要工具的意识形态霸权。意识形态霸权中，历史虚无主义不仅是其主力军，而且是新自由主义、民主社会主义和普世价值等各种错误思潮的开路先锋。四是军事霸权。在警惕军事霸权的“硬实力”即“硬战争”的同时，我们更要高度警惕广义上的战争，即硬战争 + 软战争。软战争有三

① 《列宁全集》第 27 卷，人民出版社，1990，第 436 页。

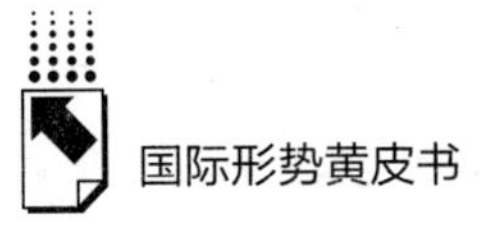

种形式，即金融战、规制战和意识形态战。

第五，辩证看待形势，居安思危，坚定信心。我们一定要居安思危。但完全可以预言，在21世纪中叶前后将要诞生一大批符合自己国情的社会主义国家。我们之所以做出这一乐观预言，根本依据如下：从一定意义上讲，生产工具决定生产力，生产力决定生产关系。以“互联网+”为生产工具的大变革必然极大地促进社会生产力的高速发展。在未来几十年内，必然会出现一批又一批的无人工厂，并必然带来工人大量失业，全球范围内的贫富两极分化必然进一步急剧拉大，社会矛盾必然进一步激化。现有的资本主义私人占有的所有制及分配关系越来越容纳不下以“互联网+”为代表的社会生产力的极大发展，必然呼唤着新的生产关系和社会制度的诞生。

Abstract*

The *Annual Report on International Politics and Security* (*2016*) is part of the series of annual reports on the international situation. The purpose of these volumes is to describe and analyze the overall international political and security situations and to attempt to make corresponding predictions about the future.

With regard to world patterns and the current international security situation during the past year, this book analyzes the characteristic of the "new normal" relations among the major powers, as well as the key factors that are influencing relations among China, Russia, and the United States. It also focuses on the Chinese border security environment, global armed conflicts, and the global military situation, emphasizing the challenges and opportunities that China faces during this period of instability. In the section on global issues and global governance, the authors present in-depth analyses of major global issues, for instance global cyber-governance, counter-terrorism, global energy, and international migration and the refugee issue. This annual report includes special discussions on China's "One Belt, One Road" initiative, protection of China's overseas interests, and the seventieth anniversary of the United Nations. As focal points in 2015, the crisis in Ukraine, the disputes in the South China Sea, the situations in West Asia and North Africa are key areas of attention. The book also includes reviews of the development of studies on international relations, as well as research by major international think tanks during the past year.

Based on academic research and statistical data, the authors of this volume

* English proofreading by Nancy Hearst, the Fairbank Collection of the H. C. Fung Library, Harvard University.

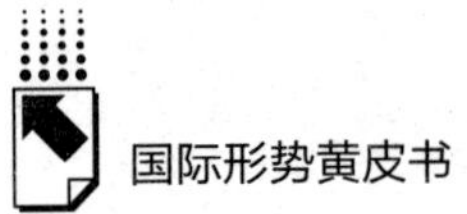

offer generalizations about the basic characteristics of the contemporary international situation and describe possible future prospects. The book will be a valuable reference source for researchers on international studies, foreign policy decision-makers, and readers who are concerned about developments in the international situation.

Contents

Ⅰ Introduction

Abstract: During the past year, the global political and security situations continued the development trends from the previous year. Although no new major conflicts emerged, there were some changes in the development of the various existing hot issues; they were either resolved, mitigated, or reached a stalemate. With respect to relations among the major countries, Sino-Russian relations are still the best in history; conflicts in Sino-US relations increased, but after Xi Jinping visited the United States, they were effectively channeled into cooperation and dialogue; although the conflicts between Russia and the United States have still not been resolved, cooperation seems to be on the horizon because of the Iranian nuclear issue. In China, the peripheral security situation is remains grim and complicated: it will be difficult to improve Sino-Japanese relations within the short term; however, the disputes over the South China Sea, though still intense and involving other countries, are basically under control. China's diplomatic initiative to shape its peripheral security environment and its participation in international affairs were significantly enhanced. The "One Belt, One Road" initiative was successfully promoted and periphery diplomacy, summit diplomacy, and multilateral diplomacy achieved positive results, revealing a big-power outlook for China's diplomacy during the new period.

Keywords: International Security; Major Country Relations; ISIS; European Refugee Crisis; China's Peripheral Security

Ⅱ World Patterns and International Security

Abstract: The political basis for Sino-Russian relations is good. Although economic cooperation remains to be furthered, as long as both sides regard the relations in their overall interests and establish a correct roadmap, the long-term goals of Sino-Russian relations, jointly determined by leaders on each side, are expected to be achieved. There were some highlights in Sino-US relations in 2015, such as President Xi Jinping's successful visit to the United States, the ongoing bilateral military exchanges, stable economic and trade relations, and so forth. But the strategic distrust between the two sides has become deeper. The hostile attitudes between Russia and the G7 have been ongoing since 2014 mainly because of the conflict in eastern Ukraine, the Western countries' economic sanctions against Russia, the military exercises, and the crisis in Syria. In short, compared with the past two years, in 2015 Sino-Russian relations were still good, Sino-US mutual distrust was deepening, and confrontation between Russia and the Western countries remained on-going. Relations among the major countries have simply repeated last year's status and trend.

Keywords: Sino-Russian Relations; Sino-US Relations; Public Opinion; The G-7

Y. 3 China's Border Security Situation: 2014 –2015

Wang Lei / 028

Abstract: During the past year, China faced some new challenges to maintain its border security. First, in order to continue its hegemony in the Asian-Pacific region, the United States strengthened its rebalancing strategy and intensified Sino-US competition. Second, the initiatives by the Abe government, for instance, to revise the pacifist constitution and to promote military expansion in order to alter the postwar system and to contain the rise of China, exacerbated antagonism in Sino-Japanese relations. Third, with the reinforcement of interference in extraterritorial powers, legal disputes, and the arms race, marine territorial issues became increasingly serious. Fourth, some regional hot issues weakened the stability in China's periphery. In addition, China's willingness and ability to shape its border security environment was strengthened, The "One Belt, One Road" initiatives now facing new opportunities as well as new challenges.

Keywords: China's Border Security; Rebalancing Strategy; One Belt, One Road Initiative; China's Security Concept

Y. 4 The World's Major Armed Conflicts and an Assessment of the Military Situation: 2014 –2015

Xu Jin, *Guo Chu* / 040

Abstract: The major armed conflicts in the world from 2014 to 2015 were almost the same as those during the previous year. The Middle East, South Asia, and Northeast Africa were the scenes of the majority of the armed conflicts. The war on ISIS, the civil wars in Syria and Ukraine, and the armed conflicts in Iraq, Libya, Pakistan, and Nigeria all attracted global attention. Global military expenditures in 2014, which were influenced by turbulence in the price of oil, were a little lower than those in 2013, but military expenditures in Asia and Oceania were growing steadily.

Keywords: Armed Conflicts; Syrian War; Civil War in Ukraine; Military Expenditures; Armaments

Ⅲ Global Issues and Global Governance

Y.5 Cyber Security and Internet Governance: New Issues and New Challenges *Lang Ping* / 054

Abstract: In 2015, with the continuous development of the Internet, cyber security and international Internet governance issues have become more prominent on the international stage. On one hand, the hacking of Sony Pictures Entertainment not only resulted in economic losses to the enterprise and affected Western universal values of free speech, but also was indicative of a major challenge for countries during the cyber era as cyber-attacks and espionage against enterprises and critical infrastructure became increasingly common. The challenge is how to deal with cyber-attacks that pose an increasingly serious threat to economic development and national security. On the other hand, with the US announcement of its intent to transition stewardship of the IANA functions to the global community of multi-stakeholders, the internationalization and reform process of ICANN are moving forward. The introduction of proposals regarding the transition of IANA stewardship and accountability arrangements will now have to await final approval from the US Congress and the US Department of Commerce. Given the historical experiences, the United States will continue to maintain its dominance and absolute superiority in cyberspace and Internet governance, but the unique nature of cyberspace will also means that the healthy and orderly development of cyberspace can only be achieved through multilateral cooperation, which will be conducive to the interests of all global parties.

Keywords: Cyber Security; Internet Governance; Hacking of Sony Pictures Entertainment; IANA Stewardship Transition; Sino-US Relations

Abstract: Governance of the international climate is not only a special environmental issue, but it is also an extension of the agenda of human development against the background of the new global strategic patterns. As a kind of " mandatory global public goods," climate-related problems can only be formally resolved by setting up a binding framework for international climate governance. In the context of the modern global economic system, which is composed of developed economies, emerging industrial economies, and the less-developed economies, the focus of international climate negotiations has always been on how to divide and implement the responsibilities of climate change mitigation, adaptation, finance and technology arrangements, and so forth. The year 2015 will be one of the key nodes in such negotiations. After the Kyoto Protocol, the world will again sign a new binding international climate agreement at the Paris climate conference at the end of 2015 that all parties will have to follow. This agreement will be an important milestone in the process of international climate control and will have a profound impact on the future climate regime.

Keywords: Climate Change; International Climate Negotiations; Intended Nationally Determined Contributions (INDC); International Climate Regime

Abstract: Since the second half of 2014, the price of oil and gas began to slump. This nose- dive benefited the main importing countries as part of the game of energy politics. However, it resulted in huge losses to the main exporting countries. There were differing responses from the exporting countries. For instance, Saudi Arabia insisted that it would not reduce production, whereas

Venezuela took the opposite position. Russia furthered its confrontation with the EU and the United States, whereas Iran sought cooperation. During the past year, Ukraine still remained at the hub of the game of energy politics in Europe and this will probably be the case for the foreseeable future. In addition, some hot spots emerged in Western Asia. The ISIS problem and Yemen's civil war will continue. Sanctions and non-sanctions between the United States and Venezuela are the main case of energy politics in the Western hemisphere. The economic situation in Venezuela became worse. Oil production increased in South Sudan, but it decreased dramatically in Libya, though both countries were engaged in civil war. The nuclear power industry experienced a further recovery. There was a breakthrough with respect to the Iran nuclearcrisis, with the key issue in the future being implementation of the agreement.

Keywords: International Oil Prices; Russia-Ukraine Gas Dispute; West Asia Energy; Venezuelan Oil Production; South Sudan Oil Production; Nuclear Power

Abstract: In 2014 –2015, based on bot hstatistical data and developmental trends, terrorist activities and the internation alanti-terrorist situation tended to deteriorate. Four major terrorist organizations, including the Islamic State, Al Qaeda, Boko Haram, and the Taliban, were malignant tumors that threatened world peace and security. This was especially the case of the expansion of the perverse influence of the Islamic State. The development of global terrorism and the fight against terrorism are characterized by the following features: more Western countries are facing serious and realistic threats of terrorist attacks within their respective territories; the atrocities of the Islamic State and of Boko Haram highlight their anti-humanity and anti-civilizational nature; Syria's political turmoil and the violence by the Islamic State resulted in a major refugee crisis;

international cooperation in the fight against the Islamic State created a complex situation; and China's ability to withstand the terrorist pressures increased.

Keywords: Global Terrorism; Anti-Terrorism; Islamic State

Abstract: In 2014 we saw the greatest number of forced global displacements on record. The developing regions near the area of the conflicts hosted 86 percent of the world's refugees, but they received less attention than they deserved. Some 3, 729 migrants died in attempting to escape the humanitarian crisis. Hot debates in the media about the influx of refugees were overwhelming in the EU member states, but in the recent three years the number of non-EU nationals living in the EU began to decline. Statelessness has accelerated in Southeast Asia because of the lack of effective governance. Actions by states to combat illegal migration will not reduce the number of refugees but will situate the forced migrants in an even more miserable situation.

Keywords: Refugees; Forcibly Displaced Persons; Death Road; Regional Governance

Abstract: During the past seventy years, the United Nations has promoted the trends of pluralism, equality, and inclusiveness in the postwar international system, and it has contributed to the construction of international law as well as to the setting of global agendas. In many respects, the role of the United Nations is irreplaceable. The new post-2015 development agenda will be one of the future focuses of the UN, and additionally the UN is expected to play an important role in areas like climate change, counter-terrorism, humanitarian assistance, and conflict resolution. However, due to increased tensions between the great powers, it will be difficult for the UN to play a role in some hot-spot issues, such as in Syriaor and Ukraine. The reform of the United Nations and the selection of the next UN secretary-general in 2016 will attract more attention during the seventieth session of the General Assembly. Chinese leaders have clarified China's new development and security concepts in the UN and have expressed China's further support and commitment to the UN.

Keywords: Seventieth Anniversary of the UN; Sustainable Development Agenda; Reform of the United Nations; Election of the UN Secretary-General; China and the United Nations

Ⅳ Special Topics: Global Hotspots

Y. 11 "The Belt and Road" Initiative from the Perspective of International Political Economy *Ren Lin, Zhang Jian* / 137

Abstract: The design of the Silk Road economic belt is to gradually form a large regional cooperation. "The Belt and Road" initiative emphasizes mutual cooperation and a "win-win situation," complementary advantages, and effective distribution of resources. It cannot be separated from support from those countries along the Silk Road. It will result in the propulsion of the entire region. "The Belt and Road" initiative will make an important contribution in terms of the following: shaping a fair and equitable global governance order, promoting the economic growth of the emerging and developing countries, and providing public goods for global governance. "The Belt and Road" initiative is a huge systematic project. Against the background of the changing global political and economic patterns, "the Belt and Road" initiative will confront both opportunities and challenges. China's future diplomacy will face the following two issues. How to foster its strengths and circumvent its weaknesses? How to engage in effective countermeasures?

Keywords: "The Belt and Road" Initiative; Interconnections; Global Governance; Emerging Countries

Abstract: In 2015, thirty-five countries throughout the world held presidential or parliamentary elections. Such a situation has not often occurred in the past. The elections in the main European countries were more or less linked to the EU and had impacts on related domestic affairs and situations as well as on the EU. In Africa, most of the elections were conducted in a relatively peaceful atmosphere, which will be beneficial to political, economic, and social development in Africa. The elections in the Central Asian countries were quite smooth and lacked suspense, but those in Burma, Sri Lanka, and Turkey were highly competitive and attracted a lot of attention. In the Americas, the 2015 elections highlighted some innovative features. The Argentine right challenged the left and Mexico reformed its hundred-year-old electoral system, reflecting the people's willingness to change.

Keywords: Elections; EU; Peaceful Transition; Burmese Elections; Reform

Abstract: This article attempts to demonstrate China's complex policy and practices regarding protection of overseas interests between 2014 and 2015, and to illustrate the latest changes and future trends. Although there are many criticisms of the structure and specific Chinese policies to protect overseas interests, as well as some serious challenges from the external environment and outside events, there have not been substantial changes to China's system of interest protection, including its principle of non-intervention, its foreign investment model, or its international regime building. Chinese policy has been improving cautiously, while maintaining its basic direction.

Keywords: Chinese Overseas Interests; Protection of Overseas Interests; Chinese Diplomacy

Abstract: China's land reclamation in the South China Sea (SCS) has raised concerns from the United States, the various claimants, ASEAN, and the regional powers. In response to international concerns and surrounding doubts, China sought common interests and clarified its position in the international arena in order to reduce external misunderstandings and misjudgments about China. In the case of the Shangri-La dialogue, despite domination of the topics and the agenda by the West, reflecting the fact that the United States and its allies have frequently taken advantage of the SCS issue to contain Beijing, it is worthy to note that China's SCS position is not necessarily incompatible with that of the United States, the various claimants, ASEAN, or the regional powers. As a result, the future possible resolution of the SCS disputed ends on expanding the compatibility and changing the zero-sum mentality. As for China, this means controlling Sino-US strategic conflicts, exploring negotiations and cooperation with the claimants, and taking advantage of ASEAN and the regional powers to play a balancing role.

Keywords: China's Strategy toward the South China Sea; South China Sea Disputes; Shangri-La Dialogue; Claimants

Abstract: In 2015 Ukraine faced many problems: the economy declined precipitously, the government lost its credit, and the renewed conflict in the east became worse. These problems dragged the country into a full-fledged crisis. The main obstacles to resolving the crisis include the following. First, the domestic national identity of Ukrainians remains unresolved, and the imbalance sin socio—economic development are still obvious; Second, the United States and Russia still have a Cold War mentality and confront each other psychologically; Third, the goals of the EU is still unclear: is the EU aiming to achieve high-quality economic development or to expand its political influence at a lower threshold? The external forces of the United States, Russia, and the EU are deadlocked, and their capacity for mediation is limited. The Ukrainian internal split casts a shadow over possible reunification of the country. Ukraine's new government and the EU haves ignificantly accelerated the integration process, and Russia has suffered isolation, pushing it farther to the East. Future prospects of the Ukraine crisis are uncertain, but the overall situation is not optimistic.

Keywords: Minsk Agreement; Ukraine Crisis; EU Strategic Game; Russia

Abstract: In 2015 the situation in West Asia and North Africa remained unstable: the recurrence of instability in Yemen, the continuing civil war in Syria, the influence of the Islamic Stateon regional order, and the fierce battle among the Iraqi government, the army, and the extremist groups. Compared with the previous year, the regional security situation in the Middle East has deteriorated further. This unstable situation will resulted in serious changes in the geopolitics of Middle East. It will lead to instability in the strategic balance among the regional forces as well as to the polarization and reconstruction of regional patterns.

Keywords: Yemen Crisis; Unrest in Iraq and Syria; Saudi Arabia; Iranian Nuclear Issue; ISIS

V International Relations Theories and International Think Tanks

Abstract: This report reviews some representative articles in mainstream foreign journals appear on international relations during the past year, and comments on their grasp of the hot issues and on trends in current research. The authors think that there are several new trends in the study of international relations in international academic circles, including the deepening of pluralism in international relations theory, the more prominent importance of research on Sino-American relations, the rising proportion of research on issues related to the BRICs, more plentiful and richer discussions of civil wars, and so forth. These new issues and trends are worthy of attention in domestic academic circles.

Keywords: International Relations Theory; Pluralism; Sino-American Relations; BRICS; Civil War

Abstract: China's diplomacy has been transforming and becoming more aggressive since the 18th CPC National Congress, which set forth stricter requirements for China's think-tank development. It is beneficial to track the progress and major views in the latest research of the top international top think tanks in order to construct better new types of think tanks with Chinese characte risticsin China and to timely grasp trends in international strategic circles. This article reviews some representative research and reports presented during the past year by the ten most influential think tanks in the major Western countries (i. e. , the United States, Britain, France, Germany, and Japan), focusing on issues related to international politics, security problems, and global governance. This review shows that the current research of the top international think tanks is closely linked to strategic topics, and their policy recommendations are both critical and constructive based ontheir diverse analytical perspectives.

Keywords: Foreign Think Tanks; Sino-U. S. Relations; South China Sea Conflict; Ukrainian Crisis; Terrorism

Ⅵ Special Report

Abstract: According to Lenin, "imperialism" is an abbreviation for financial imperialism, and imperialism is the highest stage in capitalist development. Hence, financial imperialism is the highest stage in capitalist development. We often say that the world today is still in the era of imperialism. This means that the world today is still in the era of financial imperialism. We must look at the current situation dialectically and be prepared to proceed with confidence.

Keywords: Imperialism; Capitalism; World War; Revolution

皮书起源

“皮书”起源于十七、十八世纪的英国，主要指官方或社会组织正式发表的重要文件或报告，多以“白皮书”命名。在中国，“皮书”这一概念被社会广泛接受，并被成功运作、发展成为一种全新的出版形态，则源于中国社会科学院社会科学文献出版社。

皮书定义

皮书是对中国与世界发展状况和热点问题进行年度监测，以专业的角度、专家的视野和实证研究方法，针对某一领域或区域现状与发展态势展开分析和预测，具备原创性、实证性、专业性、连续性、前沿性、时效性等特点的公开出版物，由一系列权威研究报告组成。

皮书作者

皮书系列的作者以中国社会科学院、著名高校、地方社会科学院的研究人员为主，多为国内一流研究机构的权威专家学者，他们的看法和观点代表了学界对中国与世界的现实和未来最高水平的解读与分析。

皮书荣誉

皮书系列已成为社会科学文献出版社的著名图书品牌和中国社会科学院的知名学术品牌。2011 年，皮书系列正式列入“十二五”国家重点出版规划项目；2012~2015 年，重点皮书列入中国社会科学院承担的国家哲学社会科学创新工程项目；2016 年，46 种院外皮书使用“中国社会科学院创新工程学术出版项目”标识。

中国皮书网

www.pishu.cn

发布皮书研创资讯，传播皮书精彩内容
引领皮书出版潮流，打造皮书服务平台

栏目设置：

- □ 资讯：皮书动态、皮书观点、皮书数据、皮书报道、皮书发布、电子期刊
- □ 标准：皮书评价、皮书研究、皮书规范
- □ 服务：最新皮书、皮书书目、重点推荐、在线购书
- □ 链接：皮书数据库、皮书博客、皮书微博、在线书城
- □ 搜索：资讯、图书、研究动态、皮书专家、研创团队

中国皮书网依托皮书系列“权威、前沿、原创”的优质内容资源，通过文字、图片、音频、视频等多种元素，在皮书研创者、使用者之间搭建了一个成果展示、资源共享的互动平台。

自 2005 年 12 月正式上线以来，中国皮书网的 IP 访问量、PV 浏览量与日俱增，受到海内外研究者、公务人员、商务人士以及专业读者的广泛关注。

2008 年、2011 年中国皮书网均在全国新闻出版业网站荣誉评选中获得“最具商业价值网站”称号；2012 年，获得“出版业网站百强”称号。

2014 年，中国皮书网与皮书数据库实现资源共享，端口合一，将提供更丰富的内容，更全面的服务。

法 律 声 明